国家社会科学基金（教育学）重大课题
"中国特色社会主义教育理论体系研究"（项目批准号：VAA190001）研究成果

"生命·实践"教育学研究

"Life-Practice" Educology Research

——新时期教研质量提升与新骨干教师培养

华东师范大学"生命·实践"教育学研究院 编

第五辑

Volume 5

名誉主编　叶　澜
主　　编　李政涛

本辑执行主编
　　　　　张　永

本辑主编助理
　　　　　王梦娟　吕航莎　邵聪祎

编　　委　（以姓氏笔画为序）
　　　　　卜玉华　王　枬　叶　澜　伍红林
　　　　　刘良华　孙元涛　李政涛　李家成
　　　　　吴亚萍　吴黛舒　张　永　张向众
　　　　　庞庆举　侯怀银　袁德润　徐冬青

前　言

李政涛　张　永

为及时总结"新基础教育"研究中合作校的教研创新成果，促进共生体学校之间经验交流与成果创生，"生命·实践"教育学研究院年会暨第十二次全国"新基础教育"研究共生体会议，于2021年5月22日在上海市闵行区实验小学举行。此次会议的主题是"新时期教研质量提升与新骨干教师培养"。在后疫情时代和高质量教育体系建构背景下，基于当前"新基础教育"研究自身的发展需要，面对骨干教师"新老交替"所致的教师队伍变化，以及骨干教师迭代赓续的需要，如何提升教研质量，推动新骨干的培养，持续推进"新基础教育"向纵深发展，成为本次会议的聚焦点。

《"生命·实践"教育学研究（第五辑）》是这次会议相关成果的集中呈现，包含了围绕会议主题的理论开掘、主题研讨、实践探索和研究新论四个部分。通过对叶澜"教育理论—实践观"的理论开掘，读懂理论与实践的关系，增进建构新型转化融通关系的探究自觉；通过对叶澜教师观的主题研讨，读懂教师，提升教师转型发展的自觉；通过对骨干教师发展策略的实践探索，从区域、集团、学校、团队、个体等不同责任主体角度呈现骨干教师发展的独特经验；通过一系列研究新论，进一步在学校整体转型性变革的具体领域进行丰富与拓展。

培养骨干是"新基础教育"研究始终不变的三大铁律之一，而常态化的高质量教研是培养骨干的重要路径。"新基础教育"研究紧盯骨干，把常态化教研作为支点，借此撬动教师队伍的整体发展。在这一过程中，"新基础教育"研究的复杂性不仅在于研究层次、领域与主体等方面的广度和多样性，还在于不同研究层次、领域与主体之间的协同互动和交互作用。

作为一种特殊的合作研究系统，"新基础教育"研究包含了由多个研究层次构成的共生体，即班级、学校、生态区、全国及其之间的各种中介层次，如年级、校区、生态圈或生态群等。"新基础教育"研究也包含了多个研究领域，即学校领导与管理、学科教学、学生工作三个领域。其中，学科教学领域又由不同学科或学科群等具体领域构成，学生工作也由班级、年级和学校等不同层面的多种类型的综合活动构成。"新基础教育"研究还包含了多种研究主体，即理论研究者和教育实践者。其中，理论研究者包含来自不同研究机构和不同领域的指导者，教育实践者则包含班级、年级、校区、学校和生态组或生态区等不同层次，以及承担领导与管理、教学和学生工作等不同领域的教育实践者。

就研究主体而言，协同互动与交互作用不仅发生在理论研究者与教育实践者两个群体之间，还发生在两个群体内部。其中，在教育实践者一方，有处于生态区层面的区域教育领导与管理者，也有处于学校层面的领导与管理者，还有具体领域的负责人、骨干教师和其他参与者。"新基础教育"研究的基本理念和实践策略在不同层面承担着不同领域职责的主体之间传递和生成，从而形成协同效应，并为参与其中的不同主体提供了新的实践空间和发展可能。在多层次、多领域与多主体之间的共通互化过程中，"新基础教育"研究的独特性在于理论研究者与教育实践者在成事与成人、理论与实践、时代转型与学校转型互动过程中的共生共长，同时创造了建构与发展理论研究者和实践工作者两大主体关系的"新基础教育"范式。

《"生命·实践"教育学研究（第五辑）》汇集了新时期教研质量提升与新骨干教师培养的相关研究成果，既有"新基础教育"研究在多层次、多领域与多主体之间共通互化的理论研究，也有与之相辅相成的实践研究。其魂魄则在于"生命·实践"教育学的理论与生命发展之道，以及"新基础教育"的研究追求和研究精神。

目　　录

第一编　理　论　开　掘

转化融通在合作研究中生成
　　——四论教育理论与教育实践的关系
叶　澜　　　　　　　　　　　　　　　　　　　...003

叶澜"教育理论—实践观"对教育学及实践哲学的双重贡献
李政涛　　　　　　　　　　　　　　　　　　　...052

第二编　主　题　研　讨

教师发展：在成己成人中创造教育新世界
　　——专访华东师范大学叶澜教授
叶　澜　王　枬　　　　　　　　　　　　　　　...087

叶澜：创造是教师价值之所在
王　枬　　　　　　　　　　　　　　　　　　　...106

试论"生命·实践"教育学的"共生"
王　枬　李宗霞　　　　　　　　　　　　　　　...112

大中小学合作推进学校整体变革的路径研究
　　——以"新基础教育"研究为例
庞庆举　李政涛　　　　　　　　　　　　　　　...127

第三编 实践探索

研而有道，方能历久弥新
——上海市闵行区"新基础教育"研究之路
陆燕琴 ... 139

新旧相推 日生不滞
——迭代发展背景下学生工作研修的实践与思考
陆 洲 ... 146

从卷入到融入 化节点为节律
——上海市闵行区华漕学校"慧"课堂"慧"教研实践探索
刘厚萍 ... 152

区域联动教研 梯队协同发展
周志华 ... 159

集团背景下教研方式的创新之路
陆 芳 ... 167

创生区域教研转型与变革的实践样本
尤 霞 ... 174

我在"新基础教育"学校变革研究中的成长
——一位区教研员的成长自述
朱志衡 ... 178

第四编 研究新论

论"新基础教育"综合活动的独特性
庞庆举 ... 197

再造结构：小学美术学科课堂教学改革刍议
徐冬青 ... 215

从"漂泊不定"到"稳中求进":一位教师在学校转型性变革中蜕变的叙事探究

郑 蕊 戴 孟 ... 223

由内向外,破"壳"而生

——一小学语文教研组的建设之路

张向众 唐永玲 ... 243

第一编 理论开掘

转化融通在合作研究中生成

——四论教育理论与教育实践的关系*

叶　澜**

教育理论与实践的关系,是教育研究中一个根本性的方法论问题,也是教育学学科建设与发展的深层问题。本文从一般到特殊再到具体三个层面,论述教育研究中理论与实践的关系及其如何实现转化融通。首先,在哲学层面,本文对影响我国教育学界较深的西方哲学史上的代表人物及其观点,做了深入分析和选择性判断,澄清了理论与实践的要义、相互关系及其发展演变。其次,本文对理论与实践关系在教育研究中的特殊性进行分析,提出了关于"教育是什么"的底线式认识,强调了教育复杂事理研究的特殊性,以及教育理论研究者与实践工作者自身发展变化对推进教育理论与实践发展的重要性。最后,本人以总主持并持续亲历20余年的"新基础教育"研究为例,阐明了教育理论与实践如何在合作研究中实现转化融通、交互生成,概括了理论、实践"魂体相融"的关系表现及其建成。

自21世纪初至今,教育研究中一个根本性的方法论问题——教育理论

---

* 本文原载于《教育研究》2021年第1期。
** 作者简介:叶澜,1941年生,女,祖籍福建南安,生于上海。中国"新基础教育"研究与"生命·实践"教育学创始人和持续领导者,华东师范大学终身教授,华东师范大学基础教育改革与发展研究所名誉所长、学术委员会主任,华东师范大学"生命·实践"教育学研究院名誉院长。主要从事教育学原理、教育研究方法论及当代中国基础教育改革研究。

与教育实践的关系,一直是我思考和研究实践中探索的深层问题,也是众多研究者共同关注的问题。2001年、2009年、2014年,本人先后发表了三篇相关主题的论文。① 2019年年底,我全部解除了自1994年启动的"中国转型期学校整体转型"的"新基础教育"研究主持人和实际参与者的责任。② 在已过去的20余年中,就该研究,本人曾发表大量文章并出版专著,但尚未就研究中贯穿始终的教育理论与实践之间发生的真实转化、融通与生成,做过专题性的深入探讨。本文在一定意义上了却了这一心愿。本人在亲历基础上,就这一主题进一步学习,系统梳理,以相对完整的方式表达自己目前的认识,旨在与同仁交流并推进相关研究。

全文从三个方面展开:一是从欧洲哲学史意义上,对理论、实践及其相互关系进行再认识;二是对教育理论、教育实践及其相互关系的特殊性进行再认识;三是以"新基础教育"研究为例,阐述合作研究中如何实现理论与实践的转化融通和交互生成。

一、从亚里士多德到马克思

理论、实践及其相互关系,对于人文、社科研究者来说,都不是陌生的词和话题。但就不同学科、不同的研究个体而言,却有不同的理解和态度。中国自近代以来,学界对这一主题的阐述,主要以欧洲西方哲学研究为基础,教育学界也不例外。然而,在不同的历史时期,欧洲西方哲学主要学派代表人物对相同问题的回答却有很大差异。在此以历史演化为线索,就对我国教育学界有较大影响且具有代表性的人物和观点,做一概要述评,并阐明我们的

---

① 关于教育理论与教育实践的关系,本人先后发表过多篇论文,其中有三篇收录于《方圆内论道:叶澜教育论文选》:《思维在断裂处穿行——教育理论与教育实践关系的再寻找》(第272页至280页)、《大学专业人员在协作开展学校研究中的作用》(第281页至293页)和《大中小学合作研究中绕不过的真问题——理论与实践多重关系的体验与再认识》(第294页至302页)。故本文称作"四论"。

② "新基础教育"研究,现由华东师范大学"生命·实践"教育学研究院院长、教育部人文社会科学重点研究基地华东师范大学基础教育改革与发展研究所所长李政涛教授主持,继续在全国多地、多校开展。

认识与选择。

(一) 传统经典观：亚里士多德人类知识分类的奠基作用

亚里士多德（Aristotle）最早从哲学的意义上，明确将人类知识分为理论、实践和技术三大类，并确认理论知识处于最高级、实践次之、技术为末的排序。① 其评判依据，一在于研究对象的独立和永恒程度，二在于知识的理性思维含量。

理论知识是纯理性思维的产物，故品位最高，可称为"纯粹智慧"。

实践是在理性基础上涉及伦理和政治的知识。在狭义上指以至善为目的之幸福的实现，及其成善之德性养成的伦理活动。在广义上指各行各业相关的人类实践。"合乎正确原理而行动"②即为实践，这里的"原理"是指属人的哲学，它包含着人对完满幸福的一种思辨活动。

特别值得注意的是，对于广义的实践，亚里士多德指出，实践者应该知道自己的行为：自己是什么人或自己在做什么；对什么人和为什么事情而行动；关于什么和在于什么；有时候还要追问使用什么（如工具），为了什么（如救人），以什么方式（如温和的还是激烈的）。实践者还应"对行为的环境和条件逐一认知"。③ 实践需要策划，策划是"树立一个目的之后，去探求怎样和通过什么手段来达到目的"④，具有这样品质的实践是"明智"的实践。总之，在实践成事方面，"理论与实践都为必要，但重要的还是经验"⑤。明智，也称为"实践智慧"。它不同于纯粹智慧的品质，前者在于成事，后者在于至真。

技术是实用性的知识，虽也有理性支撑，但主要由创制的需要而生。它被称为"技术智慧"。

亚里士多德的三大知识分类和三大智慧的提出，让我们看到了在知识论

---

① 亚里士多德.形而上学[M].吴寿彭，译.北京：商务印书馆，1991：119.
② 亚里士多德.尼各马科伦理学[M].苗力田，译.北京：中国社会科学出版社，1999：29.
③ 同上：48.
④ 同上：52.
⑤ 同上：130.

意义上理论与实践的经典分野和内在联系。

理论的特点是指向确定和永恒的真,即对确定性真理的追求,用的是理性思辨的方法。它超然于现实的物之上,称为"形而上学",成为"第一哲学"。理论除了处于知识巅峰地位外,也成为实践和技术必要的、对其有统摄作用的构成因素。为了保证思辨的可靠性,亚里士多德创造了形式逻辑。哲学理论在价值意义上的另一特征是"为学术自身而成立的唯一哲学""我们不为任何其他利益而找寻智慧;只因人本自由,为自己的生存而生存,不为别人的生存而生存"。[①] 显然,哲学作为最高的学问,是与当时贵族阶层的生存状态相匹配的。但是,这道出了今天我们的学术还在追求的"人本自由""为学术而学术"的超然目标,被作为解放了的学术人的目标。亚里士多德对理论的定性直到近代依然保持其传统和尊严,使哲学成为越来越远离人间烟火的独立王国。

与人间烟火紧密相关的是实践。实践一方面直接关系到人的道德生活和社会伦理规范,另一方面,更广意义上的实践涉及人类社会的各种事务。"实践智慧"在一定意义上是处理事务的理性智慧,所形成的是事理。但因影响事务的因素之多样、变化和不确定性,所以它只能是第二等知识。

亚里士多德无法用确定的方式来表达什么是事理,也尚未发展出研究不确定性的思维方式,故只是用列出哪些因素和能力是处理事务所必须顾及的方面来说明事理。也许,这些因素一般学者也能想到,显得有些稀松平常,且哲学家们大多不涉人间杂务,以至近代哲学中关注、理解、阐述亚里士多德实践理论和实践智慧者,偏重取其狭义规定,既成传统。这种取向在康德(I. Kant)哲学中得到了系统的论述与提升。

在区分理论与实践两类知识的同时,亚里士多德的又一重要贡献在于提出:理论与实践两类不同性质的知识,应有不同的研究路径、不同的追求目标和评价标准。这一重要的学科区分的方法论判断,依据就在研究对象性质的区别。在一定意义上,形而上学的哲学、研究物的自然科学、研究人事的人文社会科学以及技术科学的学科空间的"四分架构",在亚里士多德的学术体系中,已有了慎思形成的初步架构。如此格局,虽历经变化,但事实上至今还

---

① 亚里士多德.形而上学[M].吴寿彭,译.北京:商务印书馆,1991:6.

存在于学术世界。

(二) 近代认识论转向与转型：笛卡尔与康德

1. 笛卡尔

西方哲学发展到近代，出现了认识论转向，其中最具影响力的是 17 世纪以培根(Francis Bacon)为代表的经验论和以笛卡尔(R. Descartes)为代表的唯理论。他们在提倡自然科学和反对中世纪神学上具有共同性，但在认识论的创建上却走了完全相反的道路。我们着重选择笛卡尔来分析，原因有二：一是他的学说在方法论上具有更彻底的批判性，二是其精神气质与康德更具贯通性，有助于我们认识理论与实践的关系这一主题的传统经典观之近代演化。

如果说培根的努力主要花在对科学认识方法的研究与提倡，以及人类知识分类及整体结构的创建上，笛卡尔则花大力气用怀疑的方法否定已有的各种书本知识，寻找知识可靠性的新的哲学基础。其中最重要的就是"我自己是怎样运用我的理性的"①。由此开辟了近代认识论普遍的主体主义。

其主要的论点可概括如下。

(1) 世界上没有一种学说真正可靠，实践的结果却可能纠正人的错误

"世界上根本没有一种学说真正可靠，像从前人们让我希望的那样。"②笛卡尔得出这一结论，并非因为他无知，而恰恰是在他完成学业，如饥似渴地学习了当时学校所提供的各种知识，取得了学者资格之后。其中，哲学最让他失望，因为"千百年来最杰出的能人钻研，却没有一点不在争论中，因而没有一点不是可疑的"③。"至于其他的学问，既然它们的本原是从哲学里借来的，我可以肯定，在这样不牢固的基础上绝不可能建筑起什么结实的东西来。"④正是这种认识，使笛卡尔决意"除了那种可以在自己心里或者在世

---

① 笛卡尔.谈谈方法[M].王太庆,译.北京：商务印书馆,2020：5.
② 同上：6.
③④ 同上：8.

这本大书里找到的学问以外,不再研究别的学问"①。但这一相当绝对的结论,并不代表他否定学校教育的必要,"博学旁通……是有好处的,可以知道老底,不上它们的当"②。

笛卡尔不仅批判了书本上的学问,而且批判了读书人关在书房里对思辨道理进行推理的方法,"思辨是不产生任何实效的……思辨离常识越远,他由此产生的虚荣心大概就越大"③。更让人意外的是,常被人认定为唯心主义唯理论的笛卡尔,却相信普通人的推理所包含的真理可能比读书人的更多,因为"普通人是对切身的事情进行推理,如果判断错了,它的结果马上就会来惩罚他"④。

在分析了先哲的生存状态之后,笛卡尔终于大彻大悟:"除了自己的思想之外,没有一样东西可以由他们自己做主"⑤,他也必须走同样的路。笛卡尔从生命经历中发现了应把自我作为认识主体,这是对认识可靠性的切身体验式的发现和确认。此后,笛卡尔在读了九年"世界"的书感到无所大获之后,他转入到对自己内心判断的反思,形成了惊世骇俗的第二个观点。

(2)"我思故我在"⑥

怀疑,先是"破",是清除旧基地,笛卡尔还在为知识寻找可靠的哲学基础。"在完全属于我自己的基地上从事建筑。"⑦什么才是完全属于我的?对"我是什么"的仔细研究使他发现:"可以设想我没有形体,可以设想没有我所在的世界……却不能因此设想我不是。恰恰相反,正是根据我想怀疑其他事物的真实性这一点,可以十分明显、十分确定地推出我是。"⑧从而,"我认识了我是一个本体,它的全部本质或本性只是思想"⑨。

---

① 笛卡尔.谈谈方法[M].王太庆,译.北京:商务印书馆,2020:9.
② 同上:6.
③④ 同上:9.
⑤ 同上:22.
⑥ 这是传统的译法。在王太庆新译本中的表达是"我想,所以我在"(笛卡尔.谈谈方法[M].王太庆,译.北京:商务印书馆,2020:27)。我选择原译文,因为我认为此表达更简洁、准确,也为众多学者熟悉。
⑦ 笛卡尔.谈谈方法[M].王太庆,译.北京:商务印书馆,2020:13.
⑧ 同上:27.
⑨ 同上:28.

这个结论之所以值得重视,在于它实现了三个突破。

第一,认识主体存在的确定,不是用物质性的本体存在来证明,而是用思维活动的自我真实体认作为依据。它至少是提出了认证认识主体存在的另一条路径。这是近代构建以主体内在主动活动为核心的、向主体内心取向的唯心主义认识论的重要起始。

第二,将思维的地位提高到确认知识可靠性的高度,并赋予它审视已有知识和重建新的认识的能动性。较之亚里士多德,笛卡尔赋予理性更为根本和高于一切的地位。

与此同时,笛卡尔还把理性当作区分人与兽、人与机器的重要标准。尤其是后一点,对我们今天还有意义。机器能跟我们的身体一模一样,模仿我们的动作,但"它们决不能像我们这样使用语言……向别人表达自己的思想。……决不能……适当地回答人家向它说的意思……它们的活动所依靠的并不是认识,而只是它们的部件结构"①。但理性却可以用于一切场合。

第三,笛卡尔的认识主体是指每个有理性的个体。以上两点认识,赋予了每个人相信自己有独立思考的权利,从而为解除人在思想上受宗教、经院主义的束缚提供了武器。一个能独立思考的近代人的理想,在哲学意义上得到认证,为自然科学的发展提供了哲学基础。

不少人由笛卡尔表面上与宗教的妥协、承认神是最完美的无限者,得出了笛卡尔软弱的结论。但只要透过上述观点,我们可以看出的却是他对自己哲学信念的坚定不移,与经院主义决裂的坚定不移。在当时宗教势力和经院哲学处于绝对优势地位的欧洲来说,笛卡尔的这种精神显得尤其难能可贵。

(3) 实践哲学、经验、实验有助于科学发展

笛卡尔首先是一位自然科学家,也一直在从事有关自然科学的研究,他撇开经院思辨哲学的目的,就是想借助自然科学的成果,"凭着这些看法发现一种实践哲学,把火、水、空气、星辰、天宇以及周围一切物体的力量和作用认

---

① 笛卡尔.谈谈方法[M].王太庆,译.北京:商务印书馆,2020:45.

识得一清二楚"①。引文中的"实践哲学"显然与亚里士多德的实践哲学不同,前者指的是与自然科学相关的发现与认识。正因为如此,笛卡尔重视经验,认定"认识越进步越需要经验"②。我们要认识地球上可能存在过的物质,"只有通过结果往上追溯原因"③,"只有进行许多特殊的实验"④,而后再"用我的心灵进行复查"⑤。由此可见,他在了解自然世界时,会持一种"实践哲学"的逻辑,他是重视现实的。又一例证是,他在讨论"思"之哲学时,认为形体、外部存在都可抛弃,灵魂具有不依赖身体的本性,故而不灭,但"它必须更加紧密地与身体联成一气,才能在运动以外还有同我们一样的感情和欲望,这才构成一个真正的人"⑥。

笛卡尔的精神世界里,有两副"眼镜",一副向内看认识世界,一副向外看真实世界。他没有把两个世界彻底对立,只是说明各自的对象,其总目标是指向认识人的本性,发现对人有益的其他学问,这都可以归为哲学:"因此哲学好像一棵树,树根是形而上学,树干是物理学,从树干上生出的树枝是其他一切学问,归结起来主要有三种,即医学、机械学和道德学,道德学我认为是最高的、最完全的学问,它以其他学问的全部知识为前提,是最高等的智慧。"⑦这就是笛卡尔的知识谱系,我们可以明显看到他与亚里士多德的相似之处,又能发现他们之间的区别。

综上所述,笛卡尔并不如以往所判定的"唯心主义哲学家"那么简单、唯一,他是多面和丰富的:认识论的独立和向内转向,认识主体主动性的确立,对"思"在保证认识可靠性上的重要地位的固定,对"实践"概念扩展到自然科学研究的努力,强调经验、实验的重要,对形而上学和道德学分别为"根"与"最高智慧"的判断。这些都是笛卡尔的贡献。笛卡尔使古希腊哲学在近代获得新生,成为近代哲学史上开理性主义先河的里程碑式的人物。

---

① 笛卡尔.谈谈方法[M].王太庆,译.北京:商务印书馆,2020:49.
② 同上:50.
③④⑤ 同上:51.
⑥ 同上:46-47.
⑦ 同上:70.

2. 康德：形而上学"哥白尼"式革命的启发

终身致力于自然科学和哲学研究的康德，是继笛卡尔之后，18世纪德国、欧洲乃至世界最伟大的，并给后世留下丰富精神遗产的科学家与哲学家。在马克思主义哲学的形成过程中，康德哲学是不可忽视的因素。[1] 康德著名的三大批判和被称为第四批判的《历史理性批判》，以及由其学生林克(Friedrich Theodor Rink)按康德数次讲课（1776—1789年）笔记整理的《论教育学》，都集中发表在他正式出任哥尼斯堡大学教授职务十年后。这是他持续十多年哲学思考的大喷涌，开创了一个哲学的批判时期。康德所言的批判，并不是"对某些书或体系的批判，而是对一般理性能力的批判"[2]，对理性寻求独立于所有经验而追求一切知识的批判。因为"理性只会把这种敬重给予那些能经受得住它的自由而公开的检验的事物"[3]。作为第一批在大学开设教育学讲座者之一的康德，无疑更应引起我们的关注。

（1）纯粹理性批判的哲学贡献

笛卡尔对"思"的推崇，莱布尼茨(Gottfried W. Leibniz)对"推理真理"必然性、可靠性的坚持，以及"观念与真理是作为倾向、禀赋、习性或自然的潜在能力而天赋在我们心中，并不是作为现实作用而天赋在我们心中"[4]的理性天赋论，至康德发展成为完整且精致的"先验主义认识论"。

18世纪的德国，正处于启蒙时代。康德作为一个自然科学的研究者，对数学、几何学、逻辑学和物理学等自然科学知识的确定性并无疑问。但曾被称为一切科学女王的形而上学，当时却处于僵化教条、被人忽视和淡漠的状态，尤其无力招架休谟(David Hume)的"怀疑论"，无法证明人类认识的可靠性。康德尖锐地指出："对于这个形而上学来说，命运至今还没有

---

[1] 康德的哲学著作体量宏大，运思深邃缜密。中国的译本有多个版本，也出自多位译者。不同的译本不仅在表达上，而且在有些重要概念的命名上，都有区别。本文只能按自己的理解做选择，不做不同版本的比较。
[2] 康德.纯粹理性批判[M].邓晓芒,译.北京：人民出版社,2017：第一版序,3.
[3] 同上：第一版序,2.
[4] 北京大学哲学系外国哲学史教研室.西方哲学原著选读（上卷）[M].北京：商务印书馆,1981：495-496.

如此开恩,使它能够走上一门科学的可靠道路"①,即像逻辑学、数学那样按学科本性规定的道路坚持向前。在形而上学这里,"人们不得不无数次地走回头路……他达不到他所要去的地方"②,而追随者们在主张上远远没有达到一致,反而把形而上学当作战场,各式论战不休,但"其中还从来没有过任何参战者能够赢得哪怕一寸土地,并基于他的胜利建立起某种稳固的占领"③。除此以外,还有人想通过加上其他学科的一些知识来改善形而上学。面对如此的混乱和无能状态,康德决定用自己的研究作出回应,"这个时代不能够再被虚假的知识拖后腿了,它是对理性的吁求,要求它重新接过它的一切任务中最困难的那件任务,即自我认识的任务"④。他坚定地承担起这个任务,并建立起一个法庭,"按照理性的永恒不变的法则来处理""一切无根据的非分要求","这个法庭不是别的,正是纯粹理性的批判"。⑤

康德以数学和自然科学为范例,"对这两门科学赖以获得那么多好处的思维方式变革的最基本要点加以深思"⑥,以尝试着"就两门科学作为理性知识可与形而上学相类比而言对它们加以模仿"⑦。令康德兴奋的是,他终于悟出:"向来人们都认为,我们的一切知识都必须依照对象;但是在这个假定下,想要通过概念先天地构成有关这些对象的东西以扩展我们知识的一切尝试,都失败了。因此我们不妨试试,当我们假定对象必须依照我们的知识时,我们在形而上学的任务中是否会有更好的进展。"⑧他意识到,这一思维方式的改变与哥白尼(N. Copernicus)最初的观点是一样的。哥白尼改变了全部星体围着观测者旋转的传统假设,而是"试着让观测者自己旋转,反倒让星体停留在静止之中"⑨,从而得出了新说。正是这一观测者主动立场的确定,这一形而上学思维路径的翻转,成了康德重建欧洲近代形而上学的牢固基点和运思方式。

此处较为详细地引用康德在《纯粹理性批判》两篇序言中的相关论述,

---

①②③ 康德.纯粹理性批判[M].邓晓芒,译.北京:人民出版社,2017:第二版序,11.
④⑤ 同上:第一版序,3.
⑥⑦⑧⑨ 同上:第二版序,12.

不只是为了更好地解释康德何以构建出先验认识论,更是因为康德对当时形而上学地位与状态的揭露与批判,与我们当今中国教育学研究的现象颇为相似。教育学的发展,如何找到合于本学科的内在特质,实在是我们当代中国教育学者不能不思考的问题。理论与实践关系的研究,可以说是解决研究道路的必议之题。康德多次提到思维方式的革命,提到观测者立场的改变至关重要,以及他从自然科学中引出形而上学重构的方法论(而不是简单移植自然科学的研究方法),本人深感这对我国当代教育学研究依然具有重要启发。

（2）先验理性哲学的突破

哲学界一般都认同康德是欧洲哲学史上最先把认识论和本体论作出区分的哲学家。而他的认识论是先验主义的认识论,与经验主义认识论完全相反,建筑了将经验主动性排除在外、有体系的主体内在先验理性的完整结构。这一先验理性的整体构架,集中体现在《纯粹理性批判》和《任何一种能够作为科学出现的未来形而上学导论》(以下简称《导论》)两本著作中。

把原来作为一体的概念作出内部的细分,并划定不可逾越的界限,是康德在完成哥白尼式转换后,构建先验主义认识论的重要思维方法。在他看来,要清除形而上学领地里丛生的杂草,必须先设定概念的清晰界限,每个概念都有自己的"势力范围"。在清晰的基础上,才有可能建立起联系,才能形成系统。不然,就是混沌一片,争吵不休。在这些分析中,对形成理论体系具有决定性意义的,至少可列出如下四点。

第一,康德把人之外的世界分为物自体与现象世界两大部分。

人的感觉、认识可以达到的只是现象世界,而物自体没有任何直观的规定性,是人永远不能直接认识的。不过,这不等于否定物自体的存在。按康德的说法,人无法认识它,但不能否定它,且可以思考它。这一区分,实际上使他在讨论认识论时避开了本体论问题。

第二,将主体的内在先验能力分为感性、知性与理性,分别处理不同层次的认识问题。

"感性"同现象发生关系,形成的只是内在的表象。现象存在于时空之中，时空也只是感性的先验直观形式。在人的认识活动的起始——形成表象阶段，作为表象的对象（感官的客体）"必须依照我们直观能力的性状"①。表象就是由人内在主动的精神活动构造而成的。"内感官的一切属性都涉及自我作为主体，而且我不能把我自己想成是任何别的主体的属性。"②在这里，我们似乎又遇到了笛卡尔。康德对笛卡尔作出的重要纠正是：关涉"'我存在'这一命题里的'我'并不仅仅意味着（在时间里的）内直观的对象，同时也意味着意识的主体"③。但主体（灵魂）的存在之"常住性"的证明，"只有当它们关系到可能经验的对象时才能得到"④。至于经验，它"本身就是知性所要求的一种认识方式"⑤。

"知性"是康德先验认识论中的核心观念，它是由先验自我意识能力主宰着的范畴与概念体系来表现的规则。"知性的规则则必须是我还在对象被给予我之前因而先天地就在我心中作为前提了……所以一切经验对象都必须依照这些概念且必须与它们相一致。"⑥知性的对象是表象，它是构建对象的形式架构。其作用在于形成关于自然的知识："理性必须一手执着自己的原则，另一手执着它按照这些原则设想出来的实验，而走向自然……依照理性自己放进自然中去的东西，到自然中去寻找它单由自己本来会一无所知、而是必须从自然中学到的东西。自然科学首先经由这里被带上了一门科学的可靠道路。"⑦

知性是康德认识论创造的概念。从以上简单的阐述中可以看出，康德这一概念的创建，不仅是为了使他的知识论先验化，还在于寻找出自然科学创建的路径，在于把自然科学所依据的自然理性与他提出的道德实践理性作严格的区别。

康德的知性范畴体系，是由先天纯粹理智概念组成的，具有形式上的普

---

① 康德.纯粹理性批判[M].邓晓芒,译.北京：人民出版社,2017：第二版序,12.
② 康德.任何一种能够作为科学出现的未来形而上学导论[M].庞景仁,译.北京：商务印书馆,1978：113.
③ 同上：118.
④ 同上：115.
⑤⑥ 康德.纯粹理性批判[M].邓晓芒,译.北京：人民出版社,2017：第二版序,12.
⑦ 同上：第二版序,10-11.

遍性、必然性，因而是自然科学成为一般确定性知识和客观有效性判断的保证。"一切经验的可能性的先天原则也将会恰好被规定为一种客观有效的经验知识。"①"因为一种科学在形式上所要求的体系，在这里②就完全具备了。"③

"理性"在康德的内在认知世界中处于最高层。"理性不可避免地要超越现象去认识超验的本体……理性这种推理的能力由于要从有条件者出发通过推论去认识无条件者，这种自然倾向就成了先验幻相的来源和所在地……先验的理念就是理性关于这类无条件者（如灵魂、世界整体和上帝）的概念，这样三个先验的理念起着一种为知识的经验认识提供可望而不可即的目标以引导其不断前进、并达到越来越大的统一的调节性（范导性）的作用。"④《纯粹理性批判》中译本序的这段话十分概括地表述了康德先验论中"理性"这一概念的定位。

理性的主要作用之一是使知性所能达到的认识，组织、提升成一个系统。但理性不与经验世界直接产生关系，所构成的系统既不直接再生产知识，也不限定知识的继续产生。理性还以批判、反省为主要功能。"批判，而且只有批判才含有能使形而上学成为科学的、经过充分研究和证实的整个方案，以至一切办法。"⑤而且唯有这样的形而上学，"能够使理性第一次地得到持久性的满足"⑥。18世纪自然科学都蓬勃发展，这促使康德决心通过批判走一条"荆棘之路"，寻根问底，创建出可以作为科学知识可靠性、普遍性保证的新形而上学，并使这种形而上学自身也作为科学出现的未来

---

① 康德在《任何一种能够作为科学出现的未来形而上学导论》第69至70页，列出了"三表"：逻辑判断表、先验理智概念表和纯粹形而下的自然科学普遍原则表，在此不抄录。康德认为，只要从这"三表"出发，经过演绎，就能得出各种有关自然的可靠、必然知识。"三表"因此而成了康德形而上学知识可靠性的重要构成与表现。
② 指"三表"中所列，笔者注。
③ 康德.任何一种能够作为科学出现的未来形而上学导论[M].庞景仁，译.北京：商务印书馆，1978：73.
④ 康德.纯粹理性批判[M].邓晓芒，译.北京：人民出版社，2017：中文本序，4.
⑤ 康德.任何一种能够作为科学出现的未来形而上学导论[M].庞景仁，译.北京：商务印书馆，1978：160-161.
⑥ 同上：161.

形而上学的引导。

第三,区分普通良知与形而上学。

在康德看来,形而上学的判断是综合判断,是纯粹理性的思辨科学,"这种思辨认识永远必须是一种理论知识"①。这门科学的建设是如此重要,"世界上无论什么时候都要有形而上学;不仅如此,每人,尤其是每个善于思考的人,都要有形而上学"②。

康德对自己所写的"批判"是有信心的,尽管他因《纯粹理性批判》而引来各种批判,但他并不在意。因为"我并不巴望早受欢迎,而宁愿期待虽晚然而持久的称赞,那是要有很大毅力,要具备不小的忘我精神的"③。康德构建了一个以内在先验论为根基,以人对外部现象世界的主动构建而形成知识为特性的认识论,它完全不同于以外在客体作用于主体、主体被动反应为特征的经验论。但他不同意别人给他带上"唯心主义"的帽子。因为"唯心主义在于主张除了能思的存在体之外没有别的东西"④,而"我说:作为我们的感官对象而存在于我们之外的物是已有的,只是这些物本身可能是什么样子,我们一点也不知道,我们只知道它们的现象"⑤。"它意味着实在的对象的存在。能够把这个叫唯心主义吗?恰恰与此相反。"⑥

集自然科学研究和哲学研究于一身的康德之自我评价,是耐人寻味的。这意味着"形而上学"向科学的品质转向,且开辟了从可靠的科学知识(数学、物理学等)的结论出发,回溯抽绎出形而上学结论的独特路径,科学的理性权威的确立,促使形而上学要改变所谓"玄学"的品质。

此外,康德强调纯粹理性的思辨科学——形而上学,不但要与普通的形而上学相区别,同那些虚伪的艺术、任何华而不实的智慧严格区别,还应特别注意与良知区分。"良知就是判断正确时的普通理智"⑦,"普通理智就是具

---

① 康德.任何一种能够作为科学出现的未来形而上学导论[M].庞景仁,译.北京:商务印书馆,1978:168.
② 同上:163.
③ 同上:13.
④⑤ 同上:50.
⑥ 同上:51.
⑦ 同上:166.

体认识和使用规则的能力"①,它不同于抽象认识规则的能力的思辨理智,这是区别之一。区别之二在于和经验的关系。"普通理智需要一个来自经验的例证……普通理智只有在能够看到它的规则被经验证实的时候(虽然这些规则实际上是它所先天具有的)才可以使用。"②先验的纯粹理性却正相反,它不需要经验,故也无良知插足的余地,且永远不能求助于良知。"形而上学不仅整个必须是科学,而且在它的每一部分上也都必须是科学,否则它就什么也不是;因为形而上学,作为一种纯粹理性的思辨来说,所根据的只是一些总的看法。"③

康德对两种理智的严格划界,同时表明他并不否定普遍良知的存在,而且还认同它们有益,可合理使用,但"这种使用是根据一些完全不同的原则的,而这些原则的权威有多大,则永远取决于它们对实践的关系上"④。康德让普遍良知建立起与实践的直接关系。

我们在理解康德的纯粹理性批判时,必须意识到普通理智的存在,以及它与经验、日常意义上的实践的直接关系。不要错把康德的纯粹理性形成的形而上学的理论知识,等同于我们一般谈论的理论。

第四,区别理论理性与实践理性。

区别理论理性与实践理性是康德哲学的重要标志。前者主要是用来认识自然界,包括人本身作为自然体存在的方面,它遵循的是自然法则。后者还分为两类:一类是理论理性的技术性实践,它遵循的也是自然法则;另一类是道德实践,它遵循的是"自由法则"。康德《实践理性批判》一书中的实践,指的是道德实践。他对人们不注意两类实践的区别表示不满,⑤坦言自己所言的道德实践理性是整个先验哲学体系中最重要、处于最高层次的部分。

"自然法则,作为感性直观的对象本身所委质的法则,必定有一个图型,亦即想象力的普遍方式与之相符合。但是,自由法则(作为完全不以感性为

---

①② 康德.任何一种能够作为科学出现的未来形而上学导论[M].庞景仁,译.北京:商务印书馆,1978:166.
③④ 同上:168.
⑤ 参见:康德.判断力批判(上卷)[M].宗白华,译.北京:商务印书馆,1963:导论,8-9.

条件的因果性),从而还有无条件善的概念,并无一个直观,从而并无一个图型,为了它们的具体的运用而成为它们的基础。"①因此,是否排除感性的参与,成为区分两类法则的基础性差异。但是"如果行为的准则被构造得经不起一般自然法则的形式的检验,那么它在道德上是不可行的"②,这又是从基础性的角度讨论双方不可分割的关联。

从更深一个层次来看,区别主要是在自由法则是实践理性所独有的先验必然性的法则,"思辨理性只能将自由概念以或然的,即并非不可思维的方式树立起来,而不能确保它的客观实在性"③。而这种自由法则先验的必然性对于人之不可或缺,首先在于人的意志需要有出自内心的法则来判定、抉择,以实现道德善的自觉完善之目的。

康德用一段话定义了实践原理:"实践原理是包含意志一般决定的一些命题,这种决定在自身之下有更多的实践规则。如果主体以为这种条件只对他的意志有效,那么这些原理就是主观的,或者是准则;但是,如果主体认识到这种条件是客观的,亦即对每一个理性存在者的意志都有效,那么这些原理就是客观的,或者就是实践法则。"④

"人属于感觉世界;人的理性当然有一个无可否定的感性层面的使命"⑤,亦即照顾感性的关切,为幸福制定实践的准则。"但是,人毕竟不是那种彻头彻尾的动物,以致对于理性向自身所说的一切也都漠不关心……倘若理性仅仅有利于人达到本能在动物那里所达到的目的,那么在价值方面这就完全没有使人升华到纯粹的动物性之上"⑥。人,还将理性用于一个更高的目的,使理性的原则自在地被思想为意志的决定根据。符合法则的行为是自在的善,内在法则成为判断善恶的唯一根据。⑦ "唯有形式的法则,亦即唯有那条规定理性只让其普遍立法的形式成为准则的无上条件的

---

① 康德.实践理性批判[M].韩水法,译.北京:商务印书馆,2020:74-75.
② 同上:75.
③ 同上:序言,1.
④ 同上:17.
⑤⑥ 同上:66.
⑦ 参阅:康德.实践理性批判[M].韩水法,译.北京:商务印书馆,2020:67.

法则,能够先天地是实践理性的决定根据。"①这条法则就是"自由法则"。它是先于人的、善恶道德的先验法则,它涉及自由意愿的决定,可把人的欲求的杂多纳入实践理性的意识统一性中,以作出实践理性的决定。正是在这个意义上,康德解释了自由法则的根本特性:"它们自己造就它们与之关联的东西(意志意向)的实在性"②,就是说,它具有能够指明实践的实在性。

康德给出了有关善恶概念的自由范畴表(包括量、质、关系、模态四大类型十二条③,本文不一一列举),如若将这个范畴表与康德《论教育学》的"导论""论实践教育"等相关部分联系起来看,就会明白这些范畴是如何在教育学中得到体现的,它不是空话。这也是康德为何说"人是唯一必须受教育的被造物"④的道德哲学依据。

道德法则作为自由意志,其"动力本身是能够被先天地认识的"⑤,作为人的人格价值,就是依此法则而行,不是只根据个人情感的快乐与否来决定。道德法则在主观上是敬重的根据,这种感情称为道德感情,它存在于纯粹实践理性之中,对人本身的尊重也限制在遵守其纯粹法则的条件之上。⑥"唯有对与这个法则符合一致的意向的确信,才是一切人格价值的首要条件。"⑦

何为人格?康德用毫不晦涩的语言表达:使人超越自己,"亦即超脱了整个自然的机械作用的自由和独立性……即由他自己的理性所给予的纯粹实践法则的能力,于是,属于感觉世界的个人在同时属于理智世界的情况下,委质于他自己的人格"⑧。人有罪恶,"但在其个人里面的人道对于他必定是神圣的……唯有人,以及与他一起,每一个理性的创造物,才是目的本身。所以,凭借其自由的自律,他就是道德法则的主体。……而唯有凭借这个人格

---

① 康德.实践理性批判[M].韩水法,译.北京:商务印书馆,2020:69.
② 同上:71.
③ 同上:72.
④ 康德.论教育学[M].赵鹏,译.上海:上海人民出版社,2005:3.
⑤⑦ 康德.实践理性批判[M].韩水法,译.北京:商务印书馆,2020:79.
⑥ 参阅:康德.实践理性批判[M].韩水法,译.北京:商务印书馆,2020:80-85.
⑧ 康德.实践理性批判[M].韩水法,译.北京:商务印书馆,2020:94.

他们才是目的本身。"①

还必须一提的是,康德在《实践理性批判》的最后部分,专门谈到了教育改变心灵的重要与艰难。② 他感叹青年的导师们长久未曾运用他关于道德的哲学研究,并提出了一些建议。也许这是推动他在哥尼斯堡开讲教育学的动力之一吧！他希望教育者不要流于空洞的愿望和对于无法攀及的完满性的向往,而是让孩子们遵守普通和平凡的本分。"必须多留意能够期以长久印象的委心职责,因为后者具有原理……不使职责的思想受到自以为是的功业想象的压制。"③这段话有助于我们理解为何康德在《论教育学》中会那么细致地关注日常和每个人需遵守的规则习惯的养成。原来正是在"日常"中具有原理,而虚幻的功业想象只会压制对职责的敬重与履行,只会使人的人格扭曲乃至丢失。他在一篇题为《论通常的说法：这在理论上可能是正确的,但在实践上是行不通的》论文中,从"在道德上理论对实践的一般关系""在国家权利上理论对实践的关系""在国际权利上理论对实践的关系"三个方面作了论述,提出了道德义务的崇高,相信"人类意识到：因为自己应该做到这一点,所以自己就能够做到这一点"④。因此,"以人的资格,作为由于自身固有的理性而在服从某些义务的一种生命,每个人就都是一个事业家"⑤。他不可能自以为更高明,"而以高傲的藐视态度把理论的拥护者贬回到学院里去"⑥。这是康德对怀疑他的实践理论之现实可行性的毫不含糊的回应。

康德对于人类的未来有信心。因为"我们的心灵乃是通过人类未来有可能变得更好的这一展望而被激发起来的"⑦。这不可能以经验的证据来反驳,历史已经证明人类道德的改善,尽管不可能达到至善(上帝处),但至善一直在引导着人类向更善的方向前行。

---

① 康德.实践理性批判[M].韩水法,译.北京：商务印书馆,2020：95.
② 参阅：康德.实践理性批判[M].韩水法,译.北京：商务印书馆,2020：166-169.
③ 康德.实践理性批判[M].韩水法,译.北京：商务印书馆,2020：169.
④ 康德.历史理性批判文集[M].何兆武,译.北京：商务印书馆,1990：179.
⑤⑥ 同上：180.
⑦ 同上：205.

(三)现代哲学:实现多重整体超越的马克思主义

马克思主义是当之无愧的现代哲学的杰出代表。它是古希腊以来欧洲哲学遗产的优秀继承者和别开生面的发展者,并深刻地影响了哲学发展的未来走向。它以自己全部的丰富性,从理论和实践两大方面,回应了19世纪中叶以来,资本主义进入成熟、扩张时期突出的社会、政治、经济、文化等诸方面重大现实问题,唤醒人类社会发展的生力军——广大受剥削、受压迫的劳动者,团结起来,打碎枷锁,解放自己,创造未来属于每个人能自由自主发展的共产主义新世界。是马克思主义,第一次发出了这样的声音:哲学的任务不只在于解释世界,更重要的是改变世界![①] 世界的改变和人的改变的统一,只有在变革的实践中才能完成。[②]

马克思(Karl Marx)思想的宏大、深刻,对人类命运关切的博大胸怀和付诸实践的顽强意志,不仅是哲学史上,更是人类史上无可比拟的典范。而"马克思之所以无比伟大,主要是因为思想的人和实践的人在他身上是密切地结合着的,而且是相辅相成的"[③]。

马克思主义在中国的命运是复杂多变的。一百多年前,马克思主义传播到中国,革命党人开始与马克思主义息息相关。在中国共产党成立,取得政权前,马克思主义及其信奉者遭政府查封、追杀。中华人民共和国成立后,马克思主义成为中国共产党建设国家的指导思想。改革开放后,向西方学习的热潮一度使人认为马克思主义已过时,马克思主义遭到冷落和实际上的忽视。21世纪以来,世界的急剧变化、各类时代新问题和矛盾的突出与尖锐化,促使中国共产党人重新学习和研究马克思主义,反思以往对马克思主义简单化、教条化的错误并认识其危害,首先在党内和哲学界开始了一个重新学习和认识马克思主义的新时期,至今已取得初步成果。

---

① 原文参阅:马克思.关于费尔巴哈的提纲[M]//马克思恩格斯选集(第一卷).中共中央马克思恩格斯列宁斯大林著作编译局,编译.北京:人民出版社,1995:61.
② 同上:59.
③ 弗·梅林.马克思传[M].樊集,译.北京:人民出版社,1965:4."作者弗兰茨·梅林(1846—1919年)是德国工人运动的著名活动家、德国社会民主党左翼杰出的理论家、政论家、历史学家和文艺评论家。"引自该书"出版者说明"。梅林是与马克思同时代的人。

重新认识马克思主义,对于我们当前思考、形成教育研究中的理论与实践及其关系,具有不可替代的指导作用。以下我们基于马克思主义哲学,围绕理论与实践、现实与理想、必然与自由等哲学概念作关联性阐述,以求深化认识马克思主义对哲学传统与现实社会的多重超越。

1. 理论与实践

马克思主义的诞生与超越,首先是一种哲学领域的理论突破。没有马克思主义的理论,就不会产生在此理论指导下的无产阶级革命实践。马克思终身从事的各种研究,包括法学、经济学、历史学、哲学,都是形成马克思主义哲学理论的重要资源。他十分重视理论面对现实世界的事实,并确信只有对事实深刻本质的抽象,才具有理论的价值,"而理论只要彻底,就能说服人。所谓彻底,就是抓住事物的根本"①。理论只有说服了人,才会成为改变世界的巨大力量。这里我们可以看到,马克思承接了亚里士多德、康德等对理论与理性作为人类思维力量的重视,但是走出了将理论看作高于实践、技术的亚里士多德之等级设定,又将康德以排斥人之感性经验影响为前提的先验内在理性,反身为直面现实世界的理性,且不失其必要与深刻的独特价值,实现了理论的现实关怀和抽象超越。

处在19世纪形成的"从自然科学奔向社会科学的强大潮流"②中的马克思,对基于康德知性哲学的科学观作了新唯物主义的改造,将自然界看作是人化的自然界,同时又证明了人的世界是人的本质力量的对象化,人才是创造自己历史和社会的真正动力;指出了黑格尔(Georg Wilhelm Friedrich Hegel)以资产阶级市民社会作为他的"绝对理念"辩证运动的最终现实性归宿,为资本主义市民社会的普遍合理性作哲学辩护的荒谬。马克思在批判资产阶级经济学和旧唯物主义的基础上,构建了人类社会发展历史规律的辩证唯物主义历史科学,即"通过对范畴和观念的扬弃,使思想能够真正地触及和理解社会现实,通过辩证把握既定社会的自我活动,使特殊的、具有本质差异

---

① 马克思.《黑格尔法哲学批判》导言[M]//马克思恩格斯选集(第一卷).中共中央马克思恩格斯列宁斯大林著作编译局,编译.北京:人民出版社,1995:9.

② 列宁语,转引自:户晓坤.马克思的历史科学与方法论的哲学变革[J].哲学研究,2018(8):28.

性的社会历史规定被思想、理论具体地再现和表达出来"①。这是对社会科学发展具有实质性的重大理论贡献和方法论贡献。马克思用自己的理论证明了深刻的理论还可能具有超越时代的巨大力量。

马克思对亚里士多德和康德实践观的继承与超越,通过批判包括费尔巴哈(L. Feuerbach)在内的旧唯物主义所呈现的实践、理论,可以说是马克思主义哲学最坚实的基础。它的丰富性和深刻性以多层次的方式呈现。

首先,在《关于费尔巴哈的提纲》中,马克思批判了旧唯物主义,提出了新唯物主义的"实践观":"从前的一切唯物主义(包括费尔巴哈的唯物主义)的主要缺点是:对对象、现实、感性,只是从客体的或者直观的形式去理解,而不是把它们当作感性的人的活动,当作实践去理解,不是从主体方面去理解。……费尔巴哈想要研究跟思想客体确实不同的感性客体,但是他没有把人的活动本身理解为对象性的活动。"②

这段经典性的论述,指出了旧唯物主义的问题在于只是从客观上、反映式直观地去理解外在对象和人的感性,而非从主体的能动方面去认识。而这一能动的方面,即是感性的人的对象性活动——实践。这一点正是新旧唯物主义的分界点。感性,不是被动的直观,而是人的对象性的实践活动。

马克思对实践的研究,并没有停留在这个分界点,或者说新唯物主义的出发点上,而是进一步分析了对于人类具有不同价值的实践活动,在此,作为提供人类生存和发展的物质实践,列在第一位。

"全部人类历史的第一个前提无疑是有生命的个人的存在。因此,第一个需要确认的事实就是这些个人的肉体组织以及由此产生的个人对其他自然的关系。"③这个关系就是人与自然之间的物质生产关系。人开始生产自己的生活资料的时候,"人本身就开始把自己和动物区别开来"④。人在生产生活资料的同时,也形成了一定的生活方式,"个人怎样表现自己的生活,他

---

① 户晓坤.马克思的历史科学与方法论的哲学变革[J].哲学研究,2018(8):34-35.
② 马克思.关于费尔巴哈的提纲[M]//马克思恩格斯选集(第一卷).中共中央马克思恩格斯列宁斯大林著作编译局,编译.北京:人民出版社,1995:54.
③④ 马克思,恩格斯.德意志意识形态[M]//马克思恩格斯选集(第一卷).中共中央马克思恩格斯列宁斯大林著作编译局,编译.北京:人民出版社,1995:67-68.

们自己就是怎样"①。这一物质生产是人类第一实践活动的观点，不仅是马克思唯物主义的基础，而且奠定了历史唯物主义的基础，并牢固地确立了人自身发展与社会物质生产发展的内在关联。生产劳动不但创造了人的世界，也创造了人类。

与生产实践活动并列的另一类实践就是个人和人类的各种生活实践，它几乎涵盖了除生产活动以外的、一切满足人精神和交往需要的其他生命活动。马克思用一句话做了概括："全部社会生活在本质上是实践的。"②

这两类实践构成了人的全部生命实践，并生产出了满足不同社会发展阶段的物质基础与上层建筑。当构成人之社会生活的这两大方面的内在矛盾到了不能相容时，就会发生革命的实践。"环境的改变和人的活动或自我改变的一致，只能被看作是并合理地理解为革命的实践。"③所以从历史发展演变的阶段转换来看，实践又可以被当作推动历史和人的变革与发展的根本力量。可见，在马克思的实践分类中，还存在着持续平稳的量变性实践和质变性的革命实践。

人的生命价值的实现都要通过每个人自己的实践。是人的实践写出了自己人生命运的轨迹。"我们自己创造着我们的历史"④，尽管都是在一定的具体条件和范围内才有可能。

上述马克思关于实践的多层次区别，已十分清楚地勾画出马克思"实践"概念的丰富内涵，以往的哲学家不能与其比肩。马克思对亚里士多德的超越是改变了理论与实践的关系性质。它们不是上、下位知识的地位等级之别，而是具有基础与抽象表达的内在关联。实践还具有理论所不能直接完成的解决问题的作用，实践在人和社会的生存与发展中都具有基础性的地位。

与康德相比，马克思不再把实践主要局限在人与人的道德关系、社会政

---

① 马克思,恩格斯.德意志意识形态[M]//马克思恩格斯选集(第一卷).中共中央马克思恩格斯列宁斯大林著作编译局,编译.北京：人民出版社,1995：67-68.
② 马克思.关于费尔巴哈的提纲[M]//马克思恩格斯选集(第一卷).中共中央马克思恩格斯列宁斯大林著作编译局,编译.北京：人民出版社,1995：56.
③ 同上：55.
④ 恩格斯.恩格斯致约·布洛赫[M]//马克思恩格斯选集(第四卷).中共中央马克思恩格斯列宁斯大林著作编译局,编译.北京：人民出版社,1995：696.

治法律的传统规定中,而是将实践扩展为全人类的活动,每个人生命的对象性活动是改变社会与人的最根本的变革力量。从这个意义上,马克思主义是现代实践理论范式的决定性的创造者。这一结论至今看来还未为过。

马克思在理论与实践关系的论述上,同样呈现出丰富性。除了在《关于费尔巴哈的提纲》中明确表达为"人应该在实践中证明自己思维的真理性,即自己思维的现实性和力量,自己思维的此岸性"[1]之外,还从相反的方向指出:经验的观察在任何情况下都应该以此揭示"社会结构和政治结构同生产的联系"[2]。他在明确表达了人的思想、观念与物质生产、交往活动和语言的关系之后,进而断言"人们是自己的观念、思想等等的生产者"[3],意识在任何时候都只能是被意识到的存在——现实人的现实生活过程。所以"发展着自己的物质生产和物质交往的人们,在改变自己的这个现实的同时也改变着自己的思维和思维的产物。不是意识决定生活,而是生活决定意识"[4]。马克思补充说明:这样一种考察意识与生活、理论与实践的方法,必需的前提是从现实出发,从"处在现实的、可以通过经验观察到的、在一定条件下进行的发展过程中的人"[5]出发。与康德在理性意义上坚决排除任何感性相反,马克思深刻地揭示了思维与存在、理论与实践的能动关系及其与现实的人的能动生活发展过程的内在关联性。这是继康德之后,认识论上的又一次哥白尼式革命,是理论与实践相互作用、相互转化、相互实现的马克思主义式超越。

请注意:这里用的词是"实践",而非"实证"。两个词虽只有一字之差,但其内涵与价值却大不同。"实证"的作用充其量是一种研究事实的方法和表达方式。而"实践"则是一种改变世界和最终检验思想"此岸性"的标准。有人想用实证来代替甚至否定实践在研究中的价值。读懂了马克思,可能就会明白此想法的问题出在哪里。

---

[1] 马克思.关于费尔巴哈的提纲[M]//马克思恩格斯选集(第一卷).中共中央马克思恩格斯列宁斯大林著作编译局,编译.北京:人民出版社,1995:55.
[2] 马克思,恩格斯.德意志意识形态[M]//马克思恩格斯选集(第一卷).中共中央马克思恩格斯列宁斯大林著作编译局,编译.北京:人民出版社,1995:71.
[3] 同上:72.
[4][5] 同上:73.

任何作为一种活动的人类实践，都包含着目的、价值、计划、手段、方法和结果，包括期望的成功和失败的教训。理论与实践的相互作用在现实的革命斗争中是全程性的。它表现为理论对实践的指导、对实践过程的策划，也包括对实践后的反思与总结，这是理论与实践交互生成的重要环节。

马克思是当时共产党人革命实践的领导人、参与者和积极支持者，他对革命实践的及时反思十分重视。1871年3月18日，法国巴黎的无产阶级举行武装起义夺取了政权，建立了第一个无产阶级政权——巴黎公社。马克思从一开始就关注、搜集着武装起义的发展状态，给予巴黎无产阶级的勇敢壮举以热烈歌颂，称其为："历史上还没有过这种英勇奋斗的范例！"[①]但公社仅存在了72天，5月28日公社最后一批保卫者遭枪杀。两天后，马克思就向第一国际总委员会提出了关于《法兰西内战》的宣言[②]，对巴黎公社政权的无产阶级性质作了翔实的论述。此后，马克思又深刻反思、总结了巴黎公社的经验教训，提出了"工人阶级不能简单地掌握现成的国家机器，并运用它来达到自己的目的"[③]；无产阶级在革命中需要同盟军；新的政府需要经历一个很长的历史时期，来实现环境和人的改造；无产阶级专政也需要在过程中不断完善。虽然这一切都因公社短暂的生命而无法实现，但马克思总结的这些理论却成为20世纪无产阶级夺取政权、建设政权的重要思想武器。革命的理论与实践近时态的相互生成和长时期的交互作用，在有关巴黎公社的实践与理论阐述中得到了历史的证明。

马克思不仅用著作，而且用自己的革命人生阐明了理论、实践的创造能力，以及两者的内在关联之确实可能与存在的一般哲学原理。这一原理的生命力不仅体现在政治斗争中，它对社会各项事业和每个个体生命的发展同样具有原理性的普遍价值。教育研究和教育学的发展、教师与学生的生命成长，都在这一不变的范畴之内。这是马克思主义留给人类的又一重要思想遗产。

---

① 马克思.马克思致路·库格曼[M]//马克思恩格斯选集(第四卷).中共中央马克思恩格斯列宁斯大林著作编译局,编译.北京：人民出版社,1995：600.
② 详阅：马克思.法兰西内战[M]//马克思恩格斯选集(第三卷).中共中央马克思恩格斯列宁斯大林著作编译局,编译.北京：人民出版社,1995：1-122.
③ 马克思.法兰西内战[M]//马克思恩格斯选集(第三卷).中共中央马克思恩格斯列宁斯大林著作编译局,编译.北京：人民出版社,1995：52.

2. 现实与理想

也许不需要多少篇幅就可以表明这一对概念在马克思主义中的存在。只要你读过《共产党宣言》,你就会毫不怀疑马克思、恩格斯是真正的理想主义者。真正的理想主义者都是有信念的人,是拥有自主理想的人,是能够用理想作为指引自己人生和事业的人。马克思主义创始人理想的伟大,显然不止于此,他们树立的是解放全人类的理想,引导的是全世界各地处于最底层、贫穷到几近一无所有的广大民众。而且是在资本主义尚处在上升时期、近一个半世纪前就发出的时代召唤。

然而,从上面关于理论与实践的分析,我们同样不难看出马克思对现实的关注。阅读马克思主义的一些经典著作,经常会遇到的一个词是"现实":现实世界、现实社会、现实活动、现实生活、现实人、现实条件……马克思可能只有在个人的生活中才会忘记现实金钱的价值,常要靠来自恩格斯的经济上的关心和支持。正是在理论上对现实世界不公的深度研究和高度抽象,使马克思找出了劳动的价值和资本的秘密,得出了:旧制度必然灭亡,人类的历史是更多的人不断从奴役走向解放的历史。马克思主义所创建的共产主义理想,正是建立在对人之最基本的生存发展需要的认识,对劳动创造财富、财富转化为资本、资本又反过来压榨劳动者的残酷现实真相的揭示之坚实基础上。所以,有人道主义价值取向和情怀的马克思,坚信理论价值和实践力量的马克思,始终坚守共产主义理想。他用自己的一生写出了为实现理想而奋斗的革命者的生命现实!

在我看来,今天的中国,包括中国教育研究领域,重温马克思主义有关理想与现实关系的认识,尤其必要。以价值中立为前提所提倡的所谓"实证研究"之风,似有大张旗鼓之势。尽管生活条件日益改善,闲暇时间相对增加,但贫穷与剥削在中国尚未全部消除,它们只是被新时代的经济手段与方式掩盖,再加上消费主义盛行,如果教育沿着只管知识与考试成绩的方向再持续延伸,我们会使多少人生因教育而变得扭曲或失去灵魂。

为此,需要呼唤马克思主义理想的现实主义和现实的理想主义。批判各种形式的,包括打着科学主义、技术主义旗号的理想虚无主义,以及只求利益、效益的庸俗现实主义。这本身也应成为教育研究自身的重要课题。当今中国的教育研究需要拿起批判的武器。

3. 必然与自由

在康德的先验哲学中，必然与自由有严格的不可逾越的界限：必然属自然界，是知性认识的范畴；自由属人界，是理性意志的范畴，它关涉到人的尊严。马克思主义沿用了这两个范畴，但都作出了超越。

关于必然，马克思主义不只局限于自然界，而是将其扩展到对人类历史的认识。马克思一方面将黑格尔以绝对理念为出发点的倒置的唯心主义本体论，通过批判作了回归现实社会的颠倒；另一方面又接纳了黑格尔提出的由对立面组成的"事物自身"作为主体的，由内在矛盾推动而变化，有规律可循的自我活动和展开过程的辩证逻辑，作出了将人类社会历史性置入到哲学中的独特贡献。在对黑格尔哲学进行批判性吸收的基础上，马克思将现实的人的对象性活动作为历史辩证展开的基石，这一现实活动的整个过程就是现实的历史。

"当马克思把思辨辩证法的本质性从根本上引导到'现实历史'中去之时，辩证法的唯物主义重建就立即作为唯物史观的创立被开展出来……就此而言，唯物辩证法也就是唯物主义历史观。"①作为"事物自身"自我活动的主体即由社会来承担，成为辩证方法论的现实的、实在的具体承担者，从而彻底抛弃了黑格尔辩证法的神秘外衣，使唯物主义历史辩证法的研究，成为揭示人类社会历史发展必然性的哲学，也打破了黑格尔以市民社会为历史发展完美终点的神话。

正是马克思的这一学说，为无产阶级革命实践提供了历史哲学的理论根据，使革命者意识到自己在历史中，并可以通过发挥主观能动性，在革命的实践中改变社会，推动社会历史向更高的阶段发展。对历史发展必然性规律的认识，使人意识到自己是历史的创造者、主人，而不是历史的奴隶和无奈的顺应者。这是对人的主体性在历史生存意义上的高扬。马克思主义实现了对康德和黑格尔的双重超越。

与必然性密切相关的，是马克思对康德"自由"范畴局限性的突破。使"自由"不只限于道德、精神生活之内，而是与人类的全部活动相关。具体来说，至少有如下几点。

---

① 吴晓明.论马克思辩证法的"实在主体"[J].哲学研究,2020(8)：11-24.

第一，生产劳动使人逐渐摆脱自然界的束缚。

劳动在使自然界成为人化的自然界，在成为人的力量外化对象的同时，又成为提供人生存、发展的必不可少的外在环境。从而，在自然界中，人创造了自己的社会和历史，并且，相对于过往的历史，人在自然界面前赢得了更多实现自己意志的可能与自由。劳动始终具有把握外在对象之内在本质和必然的需要，人类科学的发展也致力于对世界运动、发展必然性的把握。因此，在一定意义上可以说，人与外在世界的关系而言的自由，建立在对其必然性认识的基础上。马克思主义在打通自然与人类历史、自由与必然绝对分割的同时，也为人的自由设定了外在对象世界的界限。

第二，摆脱社会奴役制度，追求劳动自由。

马克思曾依社会生产能力和基础不同所造成的人类社会关系之别，将社会形态分为三大阶段："人的依赖关系（起初完全是自然发生的），是最初的社会形态，在这种形态下，人的生产能力只是在狭窄的范围内和孤立的地点上发展着。以物的依赖性为基础的人的独立性，是第二大形态，在这种形态下，才形成普遍的社会物质变换，全面的关系，多方面的需求以及全面的能力的体系。建立在个人全面发展和他们共同的社会生产能力成为他们的社会财富这一基础上的自由个性，是第三个阶段。"① 其中，第一阶段是前资本主义社会阶段，第二阶段是资本主义社会阶段，第三阶段才进入到理想的共产主义社会。在此，我们以前两个阶段来说明马克思对摆脱社会奴役制度的劳动自由的历史分析。

首先是摆脱奴隶制。把奴隶当作奴隶主的财产，而不当作具有人身自由的人，这种情况不仅发生在古代，也发生在近代资本主义海外扩张时期，诸如把侵占了的殖民地的土著当作奴隶，贩卖奴隶的交易，美国南方的农奴制……其中，特别是女奴处于卑贱地位。在这种制度下，人的解放首先是获得自由民的独立人的身份自由。

在封建制度的农业社会中，没有土地所有权的农民劳动者成为土地占有

---

① 马克思.1857—1858年经济学手稿[M]//马克思恩格斯全集(第46卷上).中共中央马克思恩格斯列宁斯大林著作编译局,编译.北京：人民出版社,1979：104.

者——地主的依附者,他们用劳动为地主创造直接的物质财富,虽然在身份上不再是奴隶,但其劳动依然不是自由的劳动。

资本主义社会的经济已经发展到机器大工业时代,社会分工与市场交换系统以及与此相应的社会制度已趋向成熟。在生产劳动中,工人与资本家的关系转换成雇佣关系,工人出卖自己的劳动换取工资,用以购买维持自己和家庭生活基本需要的商品。马克思明确将"劳动力"理解为:"人的身体即活的人体中存在的、每当人生产某种使用价值时就运用的体力和智力的总和。"①他在《资本论》中深刻揭示了:工人生产劳动赋予产品的价值,除了使用价值之外,还有大量的剩余价值。这些剩余价值被资本家以货币形式占有,并可转化为进一步扩大再生产的资本。"资本是死劳动,它像吸血鬼一样,只有吮吸活劳动才有生命,吮吸的活劳动越多,它的生命就越旺盛。"②资本家通过扩大资本和尽量延长工人的劳动时间这两种方式,实现对工人劳动的剥削和财富的增加。在大工业劳动中,工人还沦为机器的附属物,他们的劳动已被抽去了劳动所可能有的发挥人的智慧和才能的创造价值。有学者称"正是在这个意义上,马克思的《资本论》揭示出现代社会的生命政治"③。

工厂劳动者虽然没有像农民似的被缚在土地上,经历日晒雨打的辛苦,而是有了城市生活意义上的自由,但其劳动依然是被剥削和被奴役的、非为个人多方面自由发展的自由劳动。基于这样的理论分析,马克思主义在指导资本主义社会的工人斗争时,提出的一个具体目标就是:争取"八小时工作制"成为法律规定的制度,以减少工人为资本家创造剩余价值的劳动时间,给工人更多可以自由支配的时间。在资本主义社会中,工人劳动时间的缩短成了在现实条件下获得更多相对自由的重要指标。这一斗争目标在20世纪初取得了初步成效。

从以上关于马克思就摆脱奴役劳动、为劳动者争取自由的简要论点的概

---

① 马克思.资本论(节选)[M]//马克思恩格斯选集(第二卷).中共中央马克思恩格斯列宁斯大林著作编译局,编译.北京:人民出版社,1995:172.
② 马克思.资本论(第一卷)[M].中共中央马克思恩格斯列宁斯大林著作编译局,编译.北京:人民出版社,1975:260.
③ 王庆丰.《资本论》中的生命政治[J].哲学研究,2018(8):36-43.

述中,我们再一次看到了马克思主义深刻的理论研究与工人阶级现实斗争紧密关联的生动范例。

第三,追求人的全面和自由发展。

马克思在青年时期就表现出对人的尊严的关注。他在1835年读中学时所写的题为《青年在选择职业时的考虑》①一文中,就提到:"尊严就是最能使人高尚起来、使他的活动和他的一切努力具有崇高品质的东西,就是使他无可非议、受到众人钦佩并高出于众人之上的东西。""能给人以尊严的只有这样的职业,在从事这种职业时我们不是作为奴隶般的工具,而是在自己的领域内独立地进行创造……""最合乎这些要求的职业,并不一定是最高的职业,但总是最可取的职业。""在选择职业时,我们应该遵循的主要指针是人类的幸福和我们自身的完美。……人们只有为同时代人的完美、为他们的幸福而工作,才能使自己也达到完美。"尽管这只是青年马克思的思想表达,但已经让我们读出他的志向,对人生的价值取向,以及意识到人的尊严和幸福是与富有创造性劳动的、自主选择的职业相关。这是一个成熟的马克思精神世界的雏形,让我们再一次看到青年时期的志向对于人一生的重要性。

马克思对人的全面自由发展的追求,不只是精神上的,他将此与社会的发展、人参与社会的各种实践联系在一起。如上所言,作为人类摆脱奴役的自由劳动,取决于整个社会包括生产力、经济的高度发展,政权性质属于每一个公民而不是属于统治阶级的独裁专制,财富的分配从"按劳"发展到"按需",人人都能享有作为人自己创造的物质财富和精神财富。这是马克思为此奋斗终身的共产主义社会。历史发展至今天,已经证明这是一个需要漫长历史过程的奋斗事业,需要一代又一代人持续努力。但只要政权的性质成为人民的政权,一切改变就应该开始,且日益增长,还要阶段性地实现跨越。人类只有成为历史发展的主人,在改变世界的过程中实现人自身的发展,才能获得越来越多自主发展的自由。

尽管马克思所处的时代,阶级斗争还十分复杂尖锐,无产阶级尚未取得

---

① 马克思.青年在选择职业时的考虑[M]//马克思恩格斯全集(第1卷).中共中央马克思恩格斯列宁斯大林著作编译局,编译.北京:人民出版社,1979:455-460.

政权,但他一方面为争取工人阶级劳动生活的改善而参与现实的斗争,一方面画出共产主义社会在每个人的必要劳动时间缩短后个体生命活动的生动图景,画出生活本身对于个人潜能充分自由发展的美好蓝图:任何人"都可以在任何部门内发展,社会调节着整个生产,因而使我有可能随自己的兴趣今天干这事,明天干那事,上午打猎,下午捕鱼,傍晚从事畜牧,晚饭后从事批判"①。这在一定意义上可以看出马克思对"活劳动"本真的理解。它是指向有自由意志的、自为的、自愿的、无限定的自由劳动。唯有生命的活劳动回归到其本真状态,人的自由和充分发展才可能在最大限度内实现。

马克思主义创始至今,已经过了近两个世纪,但现在读来依然生气扑面,发人深省:深刻的批判和由胸怀、人格、学养以及对历史和现实的洞察所生成的理论,对今日的现实世界依然具有普遍指导的意义;特别是对理论与实践复杂又实存的关系之揭示,马克思登上了历史的高峰。若拿20世纪杜威(John Dewey)实用主义开启的、以研究不确定性为特征的后现代哲学林林总总来比,尽管它们有突破、有拓展、有丰富、有深化,但目前似还只是尚在生长的一个个山峰,有形成群山之势,但要出现高峰,大概尚需待以时日。

二、教育研究的特殊性

以上对从亚里士多德到马克思,欧洲哲学史上理论与实践关系认识的关键转折及代表人物思想的概要分析,旨在从哲学一般上澄清理论与实践的要义、关系模式及其演变过程,明白分歧、区别和发展所在。唯有如此,我们才能作出自己的选择性判断,形成对教育研究中相关问题进行深入探讨的哲学基础。显然,本人作出的选择是以马克思主义为基础,但其并不是唯一依据。即便马克思主义的理论价值的普遍性和当代性被充分肯定,我们依然不能不对相关问题在教育研究中的特殊性作深入、认真的思考。如若简单地套用马克思主义的结论,这本身就违背了马克思主义,是教条主义的典型。

---

① 马克思,恩格斯.德意志意识形态[M]//马克思恩格斯选集(第一卷).中共中央马克思恩格斯列宁斯大林著作编译局,编译.北京:人民出版社,1995:85.

教育研究的目的至少有二：一是发展教育学理论，二是对当前中国的教育改革与发展作出有推进指导价值的贡献。若不以此两方面为目的，不管是直接的还是间接的，教育研究就会成为学者的自娱自乐或者谋生、晋升的工具，那是所谓研究者的真正沉沦。这种状态不在本文讨论之列。

以下，我们将从当前我国教育研究发展问题判断和如何认识教育研究特殊性等两大方面，略作展开分析。

（一）当前我国教育研究发展问题判断

先从理论研究方面看。21世纪以来，教育学有了长足发展，且有了更多高学历、有国际学术交流能力的中青年学者积极投入。但就发展问题来看，总体上，问题不在于有些人认为的学科封闭或不开放，因此需要与其他学科进行交叉，需要以解决问题为中心的多学科综合研究，而在于尚未摆脱一百多年来形成的"两个依赖"：对国外教育学研究理论及其方法的依赖，对其他人文社会学科乃至自然科学的依赖。舶来主义还十分盛行。犹如康德在批判当时形而上学实存状态时所指出的那样，教育学还没有找到自己学科的核心问题，没有找到构建学科理论的路径。如果教育学研究不能认识教育内在的核心问题，不能对什么是构成教育学的核心问题和基本理论形成底线式共识，就难以形成教育学者的学术使命自觉。恰如维特根斯坦（Ludwig Josef Johann Wittgenstein）所言："不确定任何事实的人，同样不能确定他活的意义是什么……怀疑这个游戏本身预设了确定性。"[①]这个确定性就是根基性的认识，是以此为出发点，而不是再后退。若对这些根基性问题产生怀疑，则整个认识大厦都将倒塌。若不明晰教育学的研究领域，必会出现"荒了自家地，种了别人田"的尴尬。教育学作为一门独立学科的建设，是教育学存在、发展的前提，就像孩子能独立站立是独立行走的前提一样。目前，教育学和教育理论的研究正处在增强自己的内在"腿力"，努力实现能独立站立且站稳的阶段。

需要说明的是，我并不反对教育学者要多读文史哲及其他社会科学的论

---

① 维特根斯坦.最后的哲学笔记(维特根斯坦文集·第8卷)[M].刘畅，编译.北京：商务印书馆，2019：129.

文和著作。我自身的大量阅读都是在这些自己感兴趣的领域,且常常能从中学到知识,受到启发,被作者的人格感染。这不仅是因为我个人有这样的兴趣,还因为教育本身所涉及的知识和实践面之广大,几乎无边际。俄国教育家乌申斯基(Константин Дмитриевич Ушинский)所言"凡是与人相关的一切知识,都与教育相关",给我留下了深刻的印象。可以说,人是一个小宇宙,教育就是微缩版的小世界。为此,我庆幸自己选择了教育学,它使我永远感到自己的不足,渴望多读、多了解世界,使不断地充实自己成为精神生命的需要。然而"相关"不等于教育学本身,若教育学本身是虚弱的,"相关"就会撕碎、吞食教育学,最终导致教育学没有自我,只沦为工具和其他学科的领域,即赫尔巴特(Johann Friedrich Herbart)所称"其他学科的殖民地"。

这种状态的改变,只能靠教育学研究者的清醒和自觉努力,作为学科的教育学的主体立场之确立。犹如康德实现的哥白尼式的革命,认识主体立场的确立同样重要。我们要善于捕食其他学科的资源、思想方法,消化吸收以强健自身,而不只是借用,更不是搬用、硬套。教育理论研究若不解决强健教育学自身这一根本问题,那么,它的价值,包括对实践的价值,都会十分有限。有时甚至会因基本理论问题的不清晰而带来误导。

在实践方面,我国当前的教育研究主要指向推动教育改革。出现了宏观、中观、微观研究全面开花的局面。各地教育科学研究机构和教师进修学校中的研究人员是开展实践研究的重要力量,学校教育工作者积极承担并开展科研,这使中国参与学校教育研究的成员形成了一支宏大的队伍,中国教育学会是全国拥有最多会员的协会就是一个明证。这自然是大进步。排除其中为了升职称、发文章、创特色、提高学校知名度等这些直接服务于以争项目、求获奖为特征的功利性研究之外,群众性的教育研究对提升教育实践一线人员的研究意识和能力有一定的积极作用。然而,就问题而言,主要有两种倾向,特别要避免。一是跟风式的研究,有跟文件风、地区领导意志风、名校风、时行风,类似的课题会有许多克隆式的文章、成果出现,犹如种了一大片同类花,看起来很有气势,但看不清朵与朵的区别。没有真正的问题意识,这使研究从一开始就离开了研究的本意。二是碎片式研究,一个主体(或个体、或团队)研究的题目缺乏关联,"打一枪换一炮",有点像"游击战"。这两类倾向,究其问题的要害,在于脱离了本单位的实际情况、经验与不足以及发展需要。它提醒我们：不只是理论研究者存在着脱离实践的倾向,即使是实践者,若没有认清参加研究的意义,也会出现研究与自身实践脱离的问题。这往往造成大量此类研究的投入与推动教育改革实际的期望有不小的落差。

就教育研究中理论与实践之间的关系而言,在某种意义上,不少理论研究者在尽力寻找与实践工作者合作研究的领域和课题,实践工作者也积极支持。这在课程改革的研究方面表现较为突出。在引进了西方教育行动研究和质性研究范式后,这类研究中的合作也呈现增长趋势。自大数据的技术在教育研究中运用始,实践中的数据资源成为理论研究的重要来源,课堂教学录像的制作、收集,也成为教育技术研究的一个方面。课堂教学录像的制作、收集在2020年疫情期间线上教育时发挥了积极的作用。

若从存在问题的一面看,研究中理论与实践的结合,无论是认识还是行动,总体都还处于破冰时期。认识方面的主要表现,除直接否定其必要或认为不可能之外,更多的是处于一般性认同但不深究,且认为并无多少可深究。还有一些在尚未清楚什么是教育理论、教育实践与教育实际的区别何在等前提性认识的基础上讨论着两者的观点。总之,似是而非、不痛不痒的议论多于认真深入的探讨,不把这一关系当作教育研究方法论者多于认同其为方法论者。于是,"议题"成了常议却不多见其新、其深的"问题"。基于这样的认识状态,行动上呈现出困难、表浅、纷杂、短暂,则不可避免。

正是上述一系列问题,使我更深地坚信：认识教育研究的特殊性,是推进中国教育研究提高质量、走向独立,做出理论建树和实践创新贡献的亟须、必议之题。对研究现状的反思与批判性认识,是深化研究的第一步。

(二) 如何认识教育研究的特殊性

"如果想要把一种知识建立成为科学,那就必须首先能够准确地规定出没有任何一种别的科学与之有共同之处的、它所特有的不同之点；否则各种科学之间的界线就分不清楚,各种科学的任何一种就不能彻底地按其性质来对待了。""这些特点可以是对象的不同,或者是知识源泉的不同,或者是知识种类的不同,或者是不止一种,甚至是全部的不同兼而有之。一种可能的科学和它的领域的概念,首先就根据这些特点。"①康德这两段话直接指出了:要分清学科界限,非认识学科特性不可,并点明了从何入手去研究。这对我们认识教育研究的特殊性有直接的启发。

顾名思义,教育研究所涉的研究对象是教育。但要认识教育的特性绝非易事。尤其是在当代,教育已发展成为社会事业中的独特系统,不仅存在于现实空间,而且还存在于虚拟空间;不仅发生在人与人之间,还发生在人机之间。有关学校消亡、传统教育终结、未来教育的畅想,从国外到国内,只要你关注就不绝于耳。正是这种眼花缭乱、众声喧哗,使我们意识到要把握教育的特殊性,需要由外向内、层层深入的认识,需要由现实向历史的回溯,由结果向源泉的追寻,由全球向本土的聚焦,再加上研究者自身的人生经验和研究积累的亲证,方能形成至少自己确认并能与理性思考者交流的观点。我以为:对"教育是什么"的认识,是属于教育研究特殊性的底线式认识,需要形成共识,否则难以形成真正以教育为对象的教育研究及其研究者队伍。

在此有限的篇幅内,本人只能简要表达经历长年探索、思考后,到目前为止形成的基本观点。②

第一,教育是人类社会基于文明的实践活动,不是动物界基于本能的存在和表现出的养育后代的行为。人类的教育行为不是继承或向动物学习的结果。相反,是人类有了教育的认识才形成所谓"动物也有教育"的观点。动物没有对教育的理解,所以也不可能有同类动物的教育进化史。教育的存在,一定意义上可以作为人界与动物界区分的标志之一。这也是对康德所言的"人是唯一必须受教育的被造物"的理解。反过来说,人若不能受到人的教育,人就会退化到如动物一样的生存(如众所周知的"狼孩"事例)。因此,人类社会是人类教育存在的必要条件。

第二,教育从人类社会的其他活动中区分出来,成为相对独立事业的外

---

① 康德.任何一种能够作为科学出现的未来形而上学导论[M].庞景仁,译.北京:商务印书馆,1978:17.说明:康德文中所言"科学"是广义的,包括一切学科,不只是指自然科学,这是德语的习惯用法。

② 观点的展开性论述,散见于《教育概论》《教育研究方法论初探》《"新基础教育"论——关于当代中国学校变革的探究与认识》和《回归突破:"生命·实践"教育学论纲》等拙著,以及《"生命·实践"教育学派的教育信条》等论文中。

在集中标志是学校教育机构的产生。区别的界线在于教育以有意识地影响人的身心发展为直接目的。

人类的一切活动都是由人参加的活动，但活动所指向的直接对象和目的则有区别。虽然人类的每项活动在客观上都会影响人的身心发展，但我们不能把人类的一切活动都称作教育活动，不能把一切社会机构都称为教育机构。故而，必须把"有意识"和"直接影响"所指的对象，作为教育与其他社会活动区别的标志性界线。"有意识"是行为主体目的意向清晰的表现。不少学者认为在区分教育与其他社会活动时必须加上道德价值为善的规定，但本人以为这是区分"好"教育与"坏"教育的标准，是教育的内部划界。人类教育活动无论在历史上还是现实中，肯定存在着一些损害人身心发展的"坏"教育，如当今盲目追求升学率的教育，更为极端的是"法西斯"教育，我们只能还用"教育"这个词，否则这个词组在逻辑上不能成立。这在某种意义上也提醒教育研究者：教育从来都有好坏之分，教育中内含着价值分歧、内容区别、方法差异、过程不一乃至"播下龙种，收获跳蚤"的可能。所以，只停留在理想教育的勾画，没有对错误、坏教育的批判，不研究从理想转变为现实的过程，再好的理想也不会自动变为现实。"影响""有意识"两词在此均为中性，只是为了区分教育活动与其他社会活动，区分教育活动与其他活动的教育影响。只要在教育界线内的活动，以及教育活动内部的各种因素、过程、矛盾、冲突、经验、教训、理论问题、实践类型……都属教育研究的领域。

第三，教育作为活动，其构成的基本要素是教育者与学习者。当二者合而为一时，可称"自我教育"。自我教育是教育的一种特殊形态，它是教育成效和受教育者成长的表现。学习是教育活动的必要构成，当学习成为完全个人式的实践探索时，即不需要教师也不需要他人或其他有经验者时，学习就成为个人意义上的探究与创造活动，溢出了教学范畴，更溢出教育范畴。必须注意的是，所有的学习总是或多或少地从教育开始，人类文化对于个体而言不是遗传所得。今日世界，因信息技术的发展，有人提出人机学习可以使"学习"取代"教育"，未来时代是学习时代等时髦口号。在此背景下，特别要注意区分教育与学习两个范畴。

尽管这种"取代"颇有蛊惑性，似乎迎来了儿童更大的解放，然而它却不可能也不正确，其主要根据如下。

首先，从历史来看，人类社会文化积淀越深厚，就越需要通过教育来实现代际转换，使新一代人有较之前人更强的文化生长力。人类社会需要代际相承，需要由两代人之间文化传承而始的"教育事业"。就个人成长而言，在正常状态下，每个人从出生到身心两方面都有能力独立走向社会，不能没有教育。年龄越小，越是如此。好的教育是让孩子越来越喜欢学习，会学习，会深度学习，会多元吸收，会自找"食"吃，会生出越来越多的想法，乃至为创造而学习。但是在达到创造之前，总还会有可见和潜形的老师与教育存在。只有缺乏历史的眼光，才看不到教育在社会和人生中的必不可少。

其次，教育在构成要素之结构意义上的原型，是人与人之间的交往，是双方借助内容而发生的人与人之间的活动。它不是生产劳动。生产劳动主要是人借助工具对物质产生作用，旨在改造、创造物质财富，是人与物的关系。

教育又是交往的特殊形态。其特殊性表现为：它是人与人之间以知识①为实体所进行的，以知识的多重转换为活动目的所开展的交往活动，活动要依靠人的生命力量和人类文明、文化的积淀，其结果指向因教育介入而产生的唯有人才会有的个体生命的多方面独特发展。教育在一定意义上是教者的生命对象化于学者生命的成长与发展之中，是人的生命与生命间的转化融通。所以，我们可称教育为生命的社会实践事业。

再次，脑神经科学的研究者也强调要研究学习活动与教学活动在人脑中引起反应的区别。阿根廷国家教育研究院院士、教育神经科学研究著名专家安东尼奥·巴特罗（Antonio M. Battro）曾明确提出了"教学脑"的概念。他认为："所有的动物都会学习，但从严格意义上来说，只有人类会教学。……教学的能力是人类意料之外获得的新能力中至关重要的一种。或许，我们应该把人类称为'智人教师'（Docens）。在某种意义上，世界上的第一个人就是教师。最重要的而且常常为人所忽视的是：儿童也能够教学！……在数字化时代，我着重强调的是，数以千万计的儿童自觉不自觉地教其他儿童和成人亲属的行为……这一新的事实在21世纪开辟了一个新的领域，即教学脑

---

① 在此，"知识"泛指教育过程中所涉的一切内容。

的研究。"①有研究者已经发现,儿童在以教学为目的和以玩为目的的竞争性游戏中的表现会有很大不同:以教学为指向,儿童的目的在于弥合知识的不足。五岁的儿童已经具备觉察同伴认知和情感上的差别,以做出要不要改变方法、何时可停止教学等决定,因此"教学需要即时的心理理论"②。然而,他不无遗憾地表示:"目前,对于学习脑,我们了解得很多,而对于教学脑却研究得很少。"③其原因一方面是脑科学的研究大量通过动物实验,但"从人类教学的含义来说,动物不会教学"④;另一方面"大部分脑科学研究都是让单个个体在实验室中完成任务,而教学则是一种社会活动,是教育所创设的一种全新的人类环境"⑤。

巴特罗认同教育至少由两个部分组成,即教与学,但这两个部分常常会被人们简单化地理解为一个硬币的两个方面,"事实上,教法(pedagogy)和学法(didactics)都强调从教师和学生的互动中得到反馈。在每一个教育性环境中,教与学都会形成一个环,一个连续的、交互式的、不断上升的螺旋"⑥。这一复杂的协调和推进过程,需要教师和学生都能猜测对方的心理。教师还需要设定目的,明白学生的"知识空隙",掌握教学技能。而学生在教师指导下的学,则是在读写算方面的进步,是对人类文化的掌握,因此"语言是人类教学的核心"⑦。教学中的种种问题和互动机制,对于脑科学研究是富有前途和意义的挑战,也是教育神经科学今后要发展的一个重要新领域。

在形成"教育是什么"的底线式共识的基础上,我们就不难进一步思考教育研究的特殊性。概要地说,教育研究相对于物理研究、心理研究而言,属于人类社会的事理研究;相对于人类社会的经济、政治、文化、管理等事理研究而言,它属于人类自身以及人类社会更新性再生产的事理研究。因此,它具有事理研究的一般特征,这些一般特征渗透在特殊事理之中,并通过特殊事

---

① 周加仙.教育神经科学的使命与未来[M].北京:教育科学出版社,2016:88.
② 同上:89.
③⑥ 同上:93.
④⑤ 同上:94.
⑦ 同上:95.

理得到丰富和具体的表现。

事理的最基本特征,一是由人为之,人在成事中是主体,是为达到一定的目标去做事。做事就是实践的过程。目标、对象、手段、方法、路径,是主体在做事之前或多或少都必须思考的,策划是想做成事的前提。而每一种策划都必然自觉或不自觉地(出于主体头脑中已形成的世界观与认识,包括思维方式)有相关的理论介入。这是事理研究中普遍存在的、理论与实践在行事前策划阶段的内在关系。二是事理具有生成性。由策划进入到实践阶段,由于事的行进过程是在环境中的主体与对象交互作用的过程,是一个不断朝向既定目标的展开过程,在展开过程中又可能出现始料未及的不确定性因素,故而对事先的策划,包括目标在内作出调整的过程,既是实践的进展又是认识的变化过程,是在行进过程中理论与实践不断交互生成的生动过程。理论与实践在事成之后的相互作用,表现在主体对事过之后的反思和对下一次实践的重建、发展式策划之中。

由此可见,对事理的研究,即使从事象的角度看,也可见理论与实践的关系是事理本身所规定的内在关系。研究者明白此理,是为了在不同的研究中自觉遵循由事理内在规定的方法论原则。

如若从深层思考,教育事理研究的特殊性,在于不仅要研究因教育特殊性而决定的复杂性,还需要不断深入聚焦到教育不同层次的、为实现成教育之事所不可避免的转化与生成机制,如:由人类的经验、知识系统向教学课程和教材的转化与生成,由不同年龄段决定的教学内容结构的转化与生成,由一般教育观念转化生成教师的教育观念,由教师的教育观念转化生成真实的教育行为,由真实的教育行为转化生成学生的成长,等等。这些转化生成是在不同时代、不同群体、不同个体之间的"死生命"与"活生命",以及不同"活生命"之间的转化生成,其机制、有效性、价值与意义、连续与发展等关系的揭示,是教育研究远未清楚揭示,但却是教育学的学科理论立根之基土,是理想的教育得以实现的必答之题。这一艰难任务的完成同样需要理论与实践的综合研究。

教育理论与实践的关系在教育研究中的特殊性,还在于教育理论研究者与实践工作者自身发展与变化的需要。理论研究者除了有深层次问题,需通过研究不断揭示和接近"教育之所是"之外,还因人类社会和时代的变化,尤其是在社会进入转型时期的急剧变化,而面临一系列新的教育问题。这些问题会对原来的教育实践与理论提出很大挑战。有人甚至称之为颠覆性的,如当代信息技术发展带来的人类生活、思维和人际交往方式的一系列变化,计算机人工智能化,信息网络系统的区域全覆盖……使有的人竟愿意把"智慧"一词送给网络系统。每当这类时期到来,研究者和实践者必然要面对和回答新问题;界内必有新旧之争,改革与保守之辩。要能分辨众说纷纭的各种观点并作出时代回答,研究者和实践者都不可避免地、在不同程度上用不同的方式开展合作研究,在对变革时代与实践的研究中实现自身的转型与发展。没有真实意义上人的变化与发展,则难有理论和实践意义上真实且有发展价值的推进。

三、"新基础教育"研究实践的突破性推进

"新基础教育"研究至今尚在进行中。[①] 它是当代中国社会进入转型时期开启,由教育基本理论研究者为主要理论研究成员,义务教育阶段普通中小学的领导与教师为主要实践研究人员,双方长期深度合作开展,在大部分地区还得到地方教育行政和教研部门不同程度支持的,以实现"学校整体转型"为标志性目标的一项长时段、分阶段、分地区逐步推进和推广的大型教育研究。

(一)选择"新基础教育"研究作案例的原因

本人选择以"新基础教育"研究为例来说明教育研究在理论与实践结合上完全有可能向深度推进,主要基于以下几点。

第一,该研究是本人以总主持人和直接持续参与者的双重身份亲历二十多年的研究。从最早的理论研究到研究方案设计,每一阶段的研究计划、评估策划,到每一次的结题总报告和共生体会议的主报告都由我承担。从日常

---

① "新基础教育"研究从 1994 年始,至今已长达 28 年,且尚在继续进行。这一研究的详细总结,由本人主编的丛书已有四套。本人撰写的相关论文及研究报告已收集在《叶澜教育思想文选(三卷本)》之第一卷《方圆内论道》、第二卷《变革中生成》中。本文仅以此研究为例证,从方法论意义上作简要阐述。

化的现场活动、反馈,到举行不同层次、各种类型的座谈会;从本市的研究参与学校,到全国其他地区的参与学校,我几乎都到过。此外,由我负责的以华东师范大学为主的研究团队,长期保持积极、稳定,每人明确研究任务与岗位责任,制度化开展日常研究,建立了每学期的期初策划、总体安排、期中不定期双方沟通、期末交流反思与总结的常规。每一大阶段(以五年为单位)都集中研讨,出版阶段性研究成果丛书。如此亲力亲为、逐渐推进、阶段提升、直接进入学校现场活动,与学校领导和老师长期合作,开展具有鲜明的理论实践交互生成性的研究,使我独具深入其中的切身体验。这是任何外观式、访谈式、调研式、书面资料分析式的研究不可比的,更不是坐在书斋里阅读沉思式的研究可取而代之的。我将其称为理论研究人员"深度扎根式"研究。这项研究花了二十多年的时间,我从中获得了无可比拟的,对教育和教育研究之丰富性、复杂性的体悟与经验,对教育基本理论不断深化的认识,对学校生命场和发展潜力的坚定信心。这是我一生学术研究中从未有过的收获,使我有可能在做成研究的基础上,做出教育研究方法论意义上的提炼。

第二,研究在理论与实践、成事与成人两大方面的目标都取得了真实的成果。理论方面,除在过程中发表的有关论文和著作外,最集中的表现为"生命·实践"教育学的理论初建。2015年,"生命·实践"教育学论著系列丛书的出版是标志性成果。该成果的最大特点是,基于中国的教育学问题和当代中国学校教育转型性变革研究,形成了教育学基础性理论的当代重建,是中国本土研究的产物。与此同时,当时已成为"'生命·实践'教育学合作研究校"①的8所学校,每校都写了一本自己学校的变革史,组成一套"新基础教育"学校变革研究丛书;华东师范大学研究组成员每人就自己分工负责的领域,写出了专题研究论著,也形成了系列。三套丛书的同时出版,是理论与实践交互生成的文本式成果呈现。更为重要的是参与该项研究的学校、校长和教师、学

---

① "新基础教育"研究第三阶段——成型性研究阶段(2004—2009年)结束时,凡通过"中期评估""普查"和"精品"展示的学校,由华东师范大学"新基础教育"研究中心(现已提升为"生命·实践"教育学研究院)命名为"'新基础教育'研究基地校"。第一批"'新基础教育'研究基地校"共有10所。此后,随研究的推广,基地校阶段性增加。第一批基地校在又经过三年扎根性研究后,有9所被命名为"'生命·实践'教育学合作研究校"。

生的变化与发展,表现在整体精神面貌、学校文化与制度建设、教育教学日常生活呈现了研究性变革实践富有创生性的实质性变化,也表现在与同类学校的比较中。以江苏省常州市为例:现在参加"新基础教育"研究的学校有19所,其中,成为常州市"新优质学校"的有8所,都是"新基础教育"研究的合作校,还有4所学校被列入区办学水平优秀校;在全部试验校中,有特级校长1名,高级校长6名,特级教师6名,正高级教师4名,中高级教师295名,华东师范大学新基础教育研究中心的兼职指导员10名,常州市成立的新基础教育研究会还聘了兼职研究员133名。他们都是在"新基础教育"研究中成长起来的,现在不仅在本校组成带动学校研究的核心团队,而且还能指导全国"新基础教育"研究共生体其他地区新参与学校开展变革研究,他们在研究中的角色发生了从被指导者到指导者的重要变化,实现了研究实践者和指导者的统一。上海市闵行区是最早参加"新基础教育"研究的地区,参与校的变化还突出体现在"学生发展"综合指标这样的可比性指标[①]上。闵行区有三所初级中学参与"新基础教育"研究。近三年来,上海市闵行区第四中学"学生发展"综合指标的测评得分,均超过80%的同类学校,居优秀行列;学生六年级入校水平测试与九年级中考成绩相比,该校是全区所有学校中"增值量"最大的学校。该校彻底改变了初进入试验时,学生成绩属地区最低层次的状态。上海市古美学校(九年一贯制)三年里的"学生发展"综合指标测评得分均高出绝大多数区同类学校,学生三年进步值位居区前列。上海马桥强恕学校是一所农村九年制义务学校,据2018年的统计数据,该校初中部三年内"学生发展"综合指标测评得分上升18.9%,中考成绩综合区位上升到第32位,高中录取率上升57.7%。闵行区参与试验的10所小学"学生发展"综合指标测评的得分都高于区同类学校,有的名列第一,有的超过90%的学校,至少高于50%的学校。闵行区也改变了在上海市基础教育相对薄弱的面貌。[②]

[①] "学生发展"综合指标是由上海市教育委员会制定,并在全市实行测评的统一指标,故具有可比性。这一评估只在上海推行,"新基础教育"研究选择闵行区为代表,说明本研究在学生发展的可比性指标层面产生了积极影响。但"新基础教育"研究对学生发展的积极影响,并不限于这些指标。

[②] 以上统计数据由江苏省常州市"新基础教育"研究会和上海市闵行区"新基础教育"研究所提供。

2014年,"新基础教育"研究获全国首届国家级教学成果一等奖,华东师范大学课题组和上海市闵行区教育局双双获得上海市级教学成果特等奖。研究成果还连续三年被推送为全国展出项目。这从另一个角度反映出研究成果的相对价值。

2019年12月17至18日,上海市闵行区和江苏省常州市分别举行了以"'新基础教育'研究二十年"为主题的报告会,两天共有8位理论研究人员、25位校长、22位班主任和学校分管领导、19位学科教师等,以何以和如何在研究中"成人"为主题作了发言,从价值观到思维方式,从教育观、学生观到教育过程与学校生活,从群体到自我,讨论了"新基础教育"如何改变自己。内容丰富多彩,精神感人至深。本人也作了题为《双重转型、交互创生的研究：学术生命、自我成长的实现——我的1994—2019)》的发言。两天的会议成了"新基础人"的一次"成人"大回望、精神大会餐。

第三,研究所形成的理论和实践经验,具有一定的普遍性和可推广性。因为我们选择的合作伙伴大多是城市普通中小学,其中还有一部分原先基础十分薄弱的学校。遗憾的是,研究未能在农村选择合作伙伴,其中一个主要的客观因素是,目前农村教育的大部分问题不是靠教育研究能解决的。另外,我们的研究是在社会常态和学校常态下进行的,只要办学的基础条件有保障,学校领导决心自愿参与研究,就有可能通过长期合作,逐渐改变。目前,分布在全国各地的112所学校的研究实践证明,只要真诚、坚持、投入,经一定时期都会在不同程度上产生发展性的可喜变化。更重要的是,研究在教育理论与实践的合作中,就如何实现理论与实践的转化融通创造了突破性的经验。当然,研究并非十全十美,还有不少问题。但该研究作为本文例证的资格是具备的。

最后,还必须说明的是："新基础教育"研究是中国当代社会转型时期的学校整体转型的创造性、开拓性研究,我们在研究之初有理论信心,但对如何在实践中推进并无先行经验。我们认定这个研究不能以损害学校、家长的现实可见利益,如考试成绩、升学率等为代价,而且坚信只要认真做,不可能出现影响这些利益的问题。所以在选择研究对象时,我们坚持双方自愿合作的原则,并且不作大规模推广的计划,只是"稳扎稳打",目的是探出新路来,不求也不可能在我国当前的社会条件下实现大规模推广。我们对这项研究的规模有清晰的定位：不以规模之大为研究成功的标志。

（二）理论实践魂体相融

理论与实践在"新基础教育"研究中的关系，用最形象贴切的词语来表达就是"魂体相融"。正是这种相融的生命力，带来了"新基础教育"常研常新、生生不息的内生命力，带来了每个真诚参与者生存状态的深刻变化。不少成员表示：参与过不少研究，没有一次有过这样改变自我的体验。正因为如此，两类研究者在研究过程中建立了从未有过的环环相扣的密切关系。

我们可以从以下几个方面来概括"魂体"关系的表现及其如何建成。

1. 形成了对改革研究必要性和价值观的共识

"新基础教育"研究是身处当今中国社会转型大时代，由大学研究人员提出、发起、组织并与基础教育学校自愿参与者共同推进的一项改革，它不是自上而下、以红头文件为依据的规定性改革（如2000年开始的课程改革），而是民间主动开展的当代基础教育学校整体改革研究。这样的改革要产生真实的变革力量，首先需要理论研究者对时代变革的实质、对中华民族发展的价值、对教育培养什么样的人之新需求，以及原有教育观和学校教育不适应时代发展等问题，率先做出批判性研究。只有形成了基本清晰的相对系统的相关理论认识，方有勇气开展实践研究。这恰恰是本人作为教育学基本理论研究者应承担的任务和相对强项。我深信马克思所言：理论只要深刻，就能说服人，就能产生强大的物质力量，并努力在自己的教育学理论研究中提高深入、深刻的水平，在批判和重建性思考中回答一系列首要问题，形成系列文章①。这或许可称为理论自觉先行的"魂"之建立。在此后研究进行中的每一重要推进阶段，我们都坚持了"理论适度先行"的研究原则。理论研究者不能以己昏昏使人昭昭。

"新基础教育"研究的第一阶段，我们先在一所小学、一个班级，用五年时间，在学科教学改革和班级建设两大方面做了试点式研究，坚持直接进入学

---

① 本人20世纪80年代以来与教育学基本理论相关的研究论文，参阅：叶澜.方圆内论道：叶澜教育论文选[M].北京：中国人民大学出版社，2019：87-154.本人与"新基础教育"研究相关的最早发表的论文，参阅：叶澜.方圆内论道：叶澜教育论文选[M].北京：中国人民大学出版社，2019：319-328；叶澜.变革中生成：叶澜教育报告集[M].北京：中国人民大学出版社，2019：3-12，113-128.

校、进入课堂和班级的贴地式研究方式。每次听课或活动之后,我们与教师一起做反思与重建的即时交流。当时本人的感觉是,这种做法颇似中医的把脉、开方,是直接接触的,而非只听对方的言语表达。不同的是,我们有评价意见的交流,有现象背后的原因分析,还有针对改进方式的探讨。研究使我们认识到:学校改革最终必须落实到一线教师的改变与发展,这是一个漫长的过程,变化有起有伏,从反复、疑虑到稳定、自觉。理论研究者在此过程中也逐渐学会了怎样读学校、读课堂、读班级、读教师,怎样把自己初建的理论之"魂"化到学校校长、教师的"体魄"之中。双方有目标的定期、频繁、持续的研究实践是魂体融通的重要催化剂。正是这五年的探索性研究,使我们真实地认识到没有理论和实践双方在价值观与教育观上的共识,就没有"新基础教育"研究。这一共识不仅是前提,而且要贯穿研究的始终,渗透到学校工作的一切领域,学校变革才能真正做好。五年的探索性研究也使我们不仅拥有了原理性认识,以及关于学校改革主要子系统的经验性认识,而且使得改革价值目标增加了"成事成人"这一要求。参与研究的理论和实践双方对马克思关于环境的改变与人的改变唯有在变革的实践中才能得到实现这一著名论断,有了切身体验和深度认同。

2. 形成了新型学校内涵和"'新基础教育'之新"的共识①

"新基础教育"研究的第二阶段,是将第一阶段的试验成果、经验,在更大范围内、在不同地区自愿参加的一批中小学中做验证、进行丰富化的研究。我们称之为研究的发展性阶段,意为在推广中求发展,也用了五年时间。

与探索性阶段相比,这一阶段的研究在规模和范围上有了大扩展,全国华东、华南共有55所中小学参与(其中:中学26所,小学29所),并取得不同程度的改变与发展。从实践(非实证也非实验)验证探索性阶段形成的认识与经验,其可推广性已有较充分的说服力。由于规模大膨胀,研究的组织方式也发生变化,最主要的是形成了"新基础教育"研究共同体,理论与实践研究沟通的平台又增加了一个层次。每个学期由一个地区承办共同体会议。

---

① 具体内容参阅:叶澜.变革中生成:叶澜教育报告集[M].北京:中国人民大学出版社,2019:168-202.

会议为期两天：一天到学校听课、参加活动，做贴地式研究；一天集中举行有主题的共同体会议，各校派代表围绕主题发言，交流经验、体会，同时，我每一次都根据主题和自己的相关研究做主题报告。对我而言，这是一段不断奔走、不断收获、不断体悟、不断提升的岁月。其中最重要的是形成了对新型学校的内涵以及"'新基础教育'之新"的认识。这些认识通过共同体会议及时传播到试验校的领导与骨干教师中，他们又把这些新的认识带到自己所在校，组织老师们学习、研讨。在"新基础教育"研究中，参与校逐渐养成了学习理论的新风气，因为这些理论是从他们的实践中来，又能指导今后实践的。这是我始料未及的一个欣喜的变化：理论对于教师来说不是身外无关、高高挂起之物，而是要改变实践和自己的必需之物。理论通过现场贴地式研究渐渐渗透到学校的改革实践中。

我们用20个字概括了新型学校与近代学校传统不同的本质特征：价值提升、重心下移、结构开放、过程互动、动力内化。在总结学校转型性变革的基本理论与实践更新时，我们从培养目标、课堂教学改革、班级建设、教师发展、学校领导与管理改革等五大方面，提炼出了"新基础教育"研究的"十新"。在五年后的第三个阶段——成型性研究中，我们一直持续发展着对这些"新"的认识，并形成了系统的理论和指导实践的"纲要"。它是较前一阶段更深入到上述领域研究后的理论产物，也是我们对当时国内中小学教育改革出现的一股股思潮、一个个热点的关注、学习、思考与审辨，对照教育的底线式认识和运用马克思主义对立统一、辩证思考的结果。

正因为如此，尽管参与"新基础教育"研究的试验学校不算多，也没有大哄大嗡的宣传攻势，但理论研究对实践的关注并没有囿于试验学校内，而是一直紧追着时代的、中国的社会转型实践和教育转型改革实践的势态与变化。例如，我们认为在教育改革中一直存在着如何认识和处理人类已有文化知识在教育中的地位与意义问题。较传统乃至走向极端的一种方式是以知识为中心，教育为应对各类、各层次的考试服务，以考试成绩作为衡量教育好坏的具体、可琢磨、可用数字测量的实证式依据。这类观点虽然没有在报纸、杂志上大量传播，但它在实践中根深蒂固，所谓"应试教育"是其典型表现。然而，这种认识对教师和青少年的发展是有害的，可以说是马克思主义关于商品、资本、"死生命"奴役"活生命"的异化理论在教育中的现实表现。它使由生命创造、积淀而成的知识这一"死生命",异化成了奴役教师、学生"活生命"的力量,教师的职责窄化成了"知识传递者",教学成了执行教案的流程,学生成了接受知识的器物。在这样的教育中,人及其创造的价值都消失了,学科知识成了真正的"王"。另一个极端是否认知识在教育、教学中的价值,主张打破学科教学的界限,以实际问题为中心,以学生兴趣为中心组织中小学生教育教学,这多少反映出杜威教育思想的影响,但表现似乎更为极端。有的主张小学低年级包班制;有的主张大增选修课,为更好地从每个学生的实际出发,提倡取消"行政班",实行按兴趣、程度分班的走班制,这股浪潮从某些高中掀起,在大规模的宣传、实地参观的推动下,波及大量高中,后向初中下移,再后来有些小学也跃跃欲试参与走班的行列。我们试验校也有校长参加试行。正是针对这些思潮,"新基础教育"研究坚持基础教育应为青少年打下终身发展的坚实基础的立场,一方面坚持分科教学的传统,但把学科知识定位在实现学生主动、健康发展的工具地位,提出教师的教学任务不是简单地传递知识,而是要把"死知识""活化",使它与知识创造者的活生命及其创造活动联系起来,与学生的经验联系起来,与日常的社会生活实践联系起来,与未来知识和社会发展联系起来,成为"活知识",使学科知识成为全面育人的重要资源。此外,教师要转变作为上级、课标规定的教育教学工作简单执行者的角色定位,使自己成为学校研究性变革实践的创造者。为此,要改变课堂教学的过程观,改变对学生差异的忽视,改变期望在最小差异或用走班制、小班化教学达到提高教学效率的要求。"新基础教育"研究提出了充分开发学科教学育人价值的目标,主张把学生群体中存在的个体差异看作是教育、教学的"五大资源"的观点;不主张取消原有的班集体、将其视为学生发展障碍的观点,而是强调改变班集体的组织、活动方式,使孩子发挥才能,学会民主管理,学会做小主人,培养承担责任的意识与能力,形成集体的社会意识,使班级建设成为学生成长的重要实践领域。

正是在这些理论概括和更广泛的学校、教师参与创造的经验激发下,我们将作为教育价值理念核心的"生命性"聚焦到了如何培养健康、主动发展的"时代新人"上。学校的一切活动都应为实现这一中心目标而设计,每天开展的教育、教学实践与学生发展、教师发展互动生成。唯有如此,学校改革才可能回归教育的内在规定。正是发展性研究阶段的这些理论收获和学校发生的积极变化,使我和我的团队获得了关于这一研究的学术价值的点睛式感悟。2004 年,我命名了自己蕴思已久的当代中国教育学学派创建的"基因":"生命·实践"教育学派,该名称即来源于此。

"新基础教育"研究发展性阶段的结题报告,获得了当时上海市哲学社会科学优秀成果一等奖。① 我在获奖感言中用最凝练的句子表达了自己对"生命·实践"与教育学的理解:"在我的教育学研究生涯中,最能打动我的两个字是'生命',最让我感到力量的词是'实践'。教育学说到底是研究造就人生命自觉的教育实践的学问,是一个充满希望、为了希望、创生希望的学问。我愿为研究如何让人间每一朵生命之花绽放出自己独特灿烂的学问而努力终生,并与所有的同行者共享生命成长的尊严与欢乐,共享教育学研究特有的丰富与魅力。"②

马克思主义关于人的尊严与创造性实践的观念,已扎根在"新基础教育"研究之中。

3. 形成了推进新型学校创建的策略、方法、原则、工具等使理论实践互化的系列手段③

自 2004 年到 2009 年,"新基础教育"研究进入创建新型学校的最后阶段——成型性阶段。这一阶段理论与实践研究的特点是,我们已经有了十年由点到面的研究实践经验和持续的理论建设,对"新型学校"创建已从最初的方向式清晰发展到具体式清晰,对如何在现实条件下促进学校转型已有了由研究实践效应支撑的信心,对学校改革基本路径和领域已有了具体深入的认

---

① 本人撰写的《世纪初中国基础教育学校"转型性变革"的理论与实践——"新基础教育"理论及推广性、发展性研究结题报告》获上海市哲学社会科学优秀成果(2004—2005)一等奖。该报告最初收录于《"新基础教育"发展性研究报告集》中,由中国轻工业出版社于 2004 年出版,后选编到《方圆内论道:叶澜教育论文选》中,由中国人民大学出版社于 2019 年出版。
② 叶澜.方圆内论道:叶澜教育论文选[M].北京:中国人民大学出版社,2019:31.
③ 因篇幅所限,不展开详述。可参阅:叶澜."新基础教育"成型性研究丛书[M].桂林:广西师范大学出版社,2009.本人撰写的总报告《在现实中携手走出建设新型学校的创业之路——"新基础教育"成型性研究总报告》,详阅:叶澜."新基础教育"成型性研究报告集[M].桂林:广西师范大学出版社,2009:1-82;叶澜.变革中生成:叶澜教育报告集[M].北京:中国人民大学出版社,2019:203-223.

识。研究已形成了理论与实践研究人员共同组成的骨干力量和先行有成效的核心学校。可以说,我们有了更为充分的信心和研究自觉。

本阶段的核心目标定位在创建成一批新型学校,形成"新基础教育"研究的系列理论著作,使其成为持续十五年研究的一个圆满的句号。为此,研究团队决定作出一系列研究策略的转变。一是收缩试验学校数量,集中精力形成一批能体现"新型学校"理念与实践形态的研究基地学校。二是研究更集中到"成人"上。如果说,前两个阶段更多的是"在成事中成人",本阶段则要"以成人促成事"。我们需要培养出一批理解、认同"新基础教育"理论,并能结合本校实践,实现新型学校创建,创造学校改革新经验和学校新生活的优秀领导团队与各领域优秀骨干教师。理论研究团队在这一阶段的重点任务是:系统梳理各领域研究成果,形成系列"指导纲要"丛书,促进团队成员成为自己研究领域的专家,并为今后本研究的推广提供相对基础和稳定的理论资源。本人则承担了写出《"新基础教育"论》的任务。除此以外,理论研究团队在坚持日常指导的基础上,形成了策略、方法、原则、工具创造等一系列保证"新基础教育"研究有序、有质量、有可能在更大范围内推广的手段,即把"新基础教育"的理论思想转化到有助于实践开展的手段之中,这是理论向实践转化不可缺少的一环。如,我们在五年研究中,从调研、制订切合本校实际情况和发展潜能的学校发展五年规划始,经一段时间的实践后,集中开展"推进型中期评估"。为此,我们研究制订了涵盖学校领导、教学和班级建设三大领域的指标体系作为评估工具,又创造了校长和研究团队集体答辩的新型方式。继中期评估后,第二学期开展"普查",以检验评估的效应。最后,推出"精品"大型研讨,以验收五年转型性变革的骨干发展成效。这一系列节点式的推进策略,使双方看到研究的成效与问题,处于不断前行的状态。它已成为"新基础教育"的研究制度,在"新基础教育"研究推广中起稳定推进作用并不断得到验证与丰富。作为总主持人,我的体会是:这是理论工作者必须承担的一个责任;经过十余年研究,我们也有能力承担这个责任。当然。系列手段的创建内在地包含了众多试验学校成员的实践创造。这是在系列手段意义上的理论与实践的融通与交互化成。十五年的研究,让我有了对马克思研究由一般上升到具体的方法论之重要和可能的初步切实体验。

这一研究阶段的总报告,我以《在现实中携手走出建设新型学校的创业之路》为题,道出了我们十五年奋斗的全部收获和发自肺腑的感受。十五年的历程,使两支研究队伍的成员从"我"和"你"的关系变成了携手共行、相互切磋滋养的"我们";"新基础教育"研究从一个研究项目转化成了一项事业,一项能吸引一批真诚热爱教育事业、愿意改变自己和现实的教育界仁人志士的事业;"新基础教育"研究真实地走出了教育改革中理论与实践深度结合、融通转化的当代中国学校转型性变革之路。这项研究也让我们加深认识了马克思主义相关理论对教育改革的哲学基础意义上的强大指导作用,同时意识到复杂的事理研究必须用复杂理论做方法论的重要与必要性,意识到理论研究成果要变成现实的改革力量,必须进入教育实践的心脏地区——学校!

从理论研究者的角度,我把这项研究的理论实践、"成事成人"关系概括为四个"读懂"和四个"自觉"[①]。现将此作为本篇长文的结语:

读懂时代,唤醒投身教育改革的自觉;

读懂学校,明晰研究性质为整体转型的自觉;

读懂教师,提升教师转型发展的自觉;

读懂理论与实践的关系,双方致力于建构新型转化融通关系的探究自觉。

---

① 参阅:叶澜.变革中生成:叶澜教育报告集[M].北京:中国人民大学出版社,2019:236-246.

叶澜"教育理论—实践观"对教育学及实践哲学的双重贡献[*]

李政涛[**]

理论与实践的关系问题，是包括教育学在内的各学科共同面临的基本问题或基源性问题。叶澜及其开创的"生命·实践"教育学，分别以教育学和实践哲学为参照系，展现了自身独特的基本观点与基本立场，作出了独特的学术贡献。叶澜"教育理论—实践观"（以下简称"理实观"）的生成及梳理透析，既是与实践哲学实现平等对话的机会，也是展示教育学对实践哲学作出反向贡献的机遇。洞悉叶澜"理实观"的过程，是了解叶澜教育学思想与实践哲学思想互动对话的过程。这是提升教育学理论学术地位的突破口。

无论是一个学派，还是一位学者，其思想能否成形与成熟，并为公众所认同，进而实现"代际传承与进化"，特别是"代际跃迁"，理论上的"安身立命"是关键。"安身立命"的根基在于理论贡献或理论突破。

贡献与突破从何而来？如若基于问题导向，至少有两大路径：一是提出新问题，导出新理论；二是回答老问题，导引新观点。相对而言，后者的难度可能更大。既然是老问题，常常是迟迟没有得到彻底解决的问题，成为难题，甚至是世界性难题，它们往往是一些基本问题或大问题，例如：人性问题、存在问题等，都经历了漫长的探索过程，催生出丰富且较为成熟的解决路径和

---

[*] 本文原载于《中国教育科学》2021年9月第4卷第5期。
[**] 作者简介：李政涛，1969年生，华东师范大学"生命·实践"教育学研究院院长，华东师范大学基础教育改革与发展研究所所长。

思想观点,走到了一定的理论高度,形成了专门的"世界纪录"。倘若要"打破纪录",其难度可想而知。然而,能否回应历史难题,发出自己的独特声音,拥有"破纪录"的学术抱负和学术能力,是学派存在价值及能否在学术世界生稳根、扎稳脚的试金石之一。

"在中国"的"生命·实践"教育学自创立以来,除了在与时俱进中提出一些呼应时代精神的新问题之外(如"信息技术、人工智能时代,学校教育如何转型?"),还将重心放在对教育中的老问题或基本问题的再思考、再回答之上。

教育理论与实践的关系问题,就属于这样的老问题,亦被称为"嚼不烂的问题"①。这一问题的属性,在于"普通""原理""基本"或"基源"。

所谓"普通",即"普遍贯通"。"原理",即"常理"或"常道"。

所谓"基本",基础、根基为"基",本原为"本"。它们相通于"原理":只有具有基础性、根基性的本原之"理",才配得上"原理"的称谓。具有"基本"和"原理"性质的问题,就是劳思光所说的"基源性问题":

> 一切个人或学派的思想理论,根本上必是对某一问题的答复或解答。我们如果找到了这个问题,我们即可以掌握这一部分理论的总脉络,反过来说,这个理论的一切内容实际上皆是以这个问题为根源……这个问题为"基源性问题"。②

这种基源性的问题,往往是表面朴素简单,实质异常复杂,且一定是重大问题,如同布莱希特(Bertolt Brecht)所言,重要的是学会如何朴素地思考,朴素的思考就是对重大事物的思考。

对这一重大问题的思考,几乎涉及所有学科及所有流派。不同时代各家各派的研究者,以不同立场、视角和方式介入其中,展示出迥异的思想谱系,借此呈现各自的学派基因与学派个性。作为"生命·实践"教育学创始人的叶澜,自然不会放弃针对这一绕不过去的基本问题,表达基本立场和基本观

---

① 叶澜.思维在断裂处穿行——教育理论与教育实践关系的再寻找[J].中国教育学刊,2001(04):1-6.
② 劳思光.新编中国哲学史:第一卷[M].桂林:广西师范大学出版社,2005:10-11.

点,以期作出学派贡献。

所有的贡献都是相对而言的,整体上的相对面是过往的其他学派。但学派所属的学科领域还可以进一步划分。将相对面放置在教育学的平台上,应是大多数人的选择,本文也不例外:在与教育学界相关学者及其代表性思想的比较、对话中,彰显叶澜"理实观"的独特。代表性人物如迪尔登(R. F. Dearden)、卡尔(W. Carr)等,[①]其论述过程、思维方式和结论等,都带有鲜明的教育学印记,表达了对理论与实践这一亘古有之的公共问题的教育学思索。我们需要明晰:与之相比,叶澜承接了什么?增添了什么?改变了什么?抑或突破了什么?

不过,这种单一安稳的选择可能产生一种风险:窄化或者弱化,因而降低了叶澜思想的学术价值。避免风险的路径在于拓展相对面,改变参照系,打开新的理论视域,让原先陷于某一思考习惯带来的自我封闭、自我遮蔽,得以在新的视域下充分敞开和显现。

新的参照系来自实践哲学。为什么是实践哲学?

最根本的原因是,实践哲学是理论与实践关系研究的代表性领域和思想聚居地。无论是作为学科还是作为学派,或者作为课题,实践哲学都以理论与实践的关系作为贯穿始终的根本问题或核心问题,并作出了丰富和卓越的贡献。要探究理论与实践的关系问题,必定无法回避实践哲学的理论供给。

长久以来,教育学领域对理论与实践关系的探讨,其理论资源主要集中于实践哲学,这造成了一定的交流局限:教育学总是以仰视的心态,以汲取思想资源的方式,与实践哲学在理论与实践关系问题的层面交流,而不是以平视或对视的心态,以对话的方式展开。

叶澜"理实观"的生成及对其进行的梳理、透析,构成了一个重大机遇:既是教育学与实践哲学实现正面交锋、平等对话的机会,也是在发出教育学声音的同时,展示其对实践哲学做出反馈式或反向贡献的机遇,这是提升教育学理论学术地位的突破口。

---

① 瞿葆奎,沈剑平.教育学文集:教育与教育学[M].北京:人民教育出版社,1993:532 - 556, 557 - 575.

通过教育学视域下的理论与实践研究,叶澜与实践哲学的对话其实早已开启,标志性的开端生发于《思维在断裂处穿行——教育理论与教育实践关系的再寻找》一文,此文隐含了对实践哲学代表人物之一马克思(Karl Marx)如下观念的回应:

> 理论的对立本身的解决,只有通过实践方式,只有借助于人的实践力量,才是可能的;因此,这种对立的解决绝不只是认识的任务,而是一个现实生活的任务,而哲学未能解决这个任务,正因为哲学把这仅仅看作理论的任务。①

叶澜"理实观"的"实践方式",就是"新基础教育"变革实践,这是前者诞生的基石。凭借其亲自开启并已持续领导20余年的"新基础教育",叶澜把"生命·实践"教育学的重大理论任务彰显出来:以"生命·实践"的方式,把"理论"形态的"理论与实践",变成"实践"和"现实生活"形态的"理论与实践",借此展现教育学与实践哲学的理论对话。

这种对话需求是一种双向式需求:不仅教育学有与实践哲学对话的需要,实践哲学也需要与教育学就理论与实践的关系研究展开对话。教育学与实践哲学的历史勾连,②为这种性质的对话赋予了历史依据:实践哲学诞生的初始,就隐含了教育意义。作为实践哲学的主要替身,伦理学和政治学的教育意蕴从亚里士多德(Aristotle)开始就内含其中了:"借助于哲学的帮助,亚里士多德想使人成为品德高尚者。"③甚至,亚里士多德的伦理学和政治学被视为一种"教育学",④在他那里,"'教育学'不是以认识和建构教育概念与

---

① 马克思,恩格斯.马克思恩格斯全集(第42卷)[M].北京:人民出版社,1979:127.
② 有关实践哲学与教育学的历史勾连,参见:金生鈜.教育哲学是实践哲学[J].教育研究,1995(01):17-22;金生鈜.理解与教育:走向哲学解释学的教育哲学导论[M].北京:教育科学出版社,1997;李长伟.实践哲学视野中的教育学演进[M].武汉:湖北科学技术出版社,2012:5,14-15,20,24.
③ 李长伟.实践哲学视野中的教育学演进[M].武汉:湖北科学技术出版社,2012:56.
④ 针对亚里士多德式"作为教育学的伦理学"的相关阐述,参见:赫费.实践哲学——亚里士多德模式[M].沈国琴,励洁丹,译.杭州:浙江大学出版社,2011:25-27.

原理为目的的'理论教育学',也不是以把握教育技术原理和程式进而操控师生生命活动为目的的'技术教育学',而是始终以人的善好实践的实现为目的的'实践教育学'"①,这样的实践哲学理论,由于具有"帮助自我和他人思考并过一种美好的生活"的教育实践哲学意蕴,因而也被视为"教化哲学"②。

实践哲学与教育学的双向需求,既为二者的对话提供了可能,也为廓清叶澜"理实观"之于实践哲学的理论贡献创造了前提条件。

本文由此试图开启并把握一个前所未有的学术机遇:把洞悉叶澜"理实观"的过程,变成叶澜教育学思想与实践哲学思想互动对话的过程。

对于实践哲学来说,这样的互动对话一直是一个不可被掩盖的漏洞与缺失。历经多次沉浮,复兴成为显学之一的实践哲学,③若以教育学的眼光审视揣摩,可以发现这一看似宏伟严密的大厦的致命漏洞:它是无教育实践的实践哲学,作为人类一种基本实践样式的教育,④被亚里士多德以来的众多实践哲学家有意无意地忽略了,⑤他们或许会利用边角料般的学术时间,像康德那样谈谈对教育的理性思考,也不会否定教育之于人的价值,但从不会将教育作为实践哲学的内在构成,更不会将教育实践赋予伦理实践、政治实

---

① 李长伟.实践哲学视野中的教育学演进[M].武汉:湖北科学技术出版社,2012:22.
② 参见:理查·罗蒂.哲学与自然之镜[M].李幼蒸,译.北京:三联书店,1987:314-415.
③ 关于实践哲学的复兴,可参见:李长伟.实践哲学视野中的教育学演进[M].武汉:湖北科学技术出版社,2012.
④ 本纳曾经将人类实践划分为经济、政治、伦理、艺术、宗教和教育等多种形态。这一划分打破了传统,尤其是以芬克为代表的无教育的人类实践。但他的划分依然是在教育学领域内的划分,而并非实践哲学本身。参见:底特利希·本纳.普通教育学——教育思想和行动基本结构的系统的和问题史的讨论[M].彭正梅,徐小青,张可创,译.上海:华东师范大学出版社,2006:275;FINK E. Grundphänomene des menschlichen Daseins[M]. München: Verlag Karl Alber GmbH Freiburg, 1979.
⑤ 亚里士多德先后在《尼各马可伦理学》和《政治学》中讨论教育问题,但在我看来,他是以伦理(学)和政治(学)的眼光和方式讨论教育问题的。作为实践的教育没有赢得和伦理实践、政治实践一样的独立且重要的地位,即作为人类的基本行为或基本实践样式,教育只是作为后两者的附属;存在目的是"促进人之德性养成",在亚里士多德那里,这是一种伦理(学)目的,而不是后人期望并阐发的教育(学)目的。对亚里士多德实践哲学的教育学式理解,是后人依据当下的"教育学视野"阐发的产物,而不是亚里士多德的本意。真正改变教育实践在实践哲学领域的卑下地位的,是杜威的经验哲学和教育哲学。从教育学的角度讨论亚里士多德哲学,可参见:李长伟.实践哲学视野中的教育学演进[M].武汉:湖北科学技术出版社,2012.

践等同等重要的位置,至多像亚里士多德等人那样,将教育行为归属于伦理行为和政治行为。教育实践或湮没或边缘化的卑微地位,贯穿于实践哲学漫长的历史。与教育实践的被忽视相应,以实践之眼审视生命,或以生命之尺度审视实践者同样稀少。代表性的方式,是在定义实践之时,遵循一种惯常的思路:将"人"与"动物"加以区分,以说明只有"人"这种生命才会有实践,由此而触及了生命,但更多是抽象笼统的概述,没有以具体动态的方式将生命转化到教育实践领域来对待。即使是狄尔泰(Wilhelm Dilthey)、柏格森(Henri Bergson)这样的生命哲学家,虽然也有一些对教育的思考,但没有真正改变实践哲学无教育实践的整体格局。生命哲学与实践哲学在偶有交集之后,最终还是回到各自的轨道上孤独地运行……"在中国"的实践哲学同样如此,实践哲学因而出现了没有教育和教育学的"林中空地"。这一空白窘境为"生命·实践"教育学研究带来了可能,当然,可能是否变为现实,最终取决于教育学能否与实践哲学进行基于彼此深入了解的"对话"。

对于叶澜及其开创的"生命·实践"教育学来说,同样需要实践哲学,需要以此为参照系,实现一种扭转:从"仰视"改为"平视",甚至变为"俯视"。这也是我一直以来的态度:

> 长久以来,教育学领域对理论与实践关系的探讨,理论资源主要集中于"实践哲学",是在"仰视"中对实践哲学的"照着讲",而不是"对着讲",更难言"接着讲"。原因在于教育学是以"仰视",而不是"平视",更不是"对视"的态度对待实践哲学,把自身变成了对后者的演绎、验证和具体化,直至缩减为实践哲学领域中的一部分,且沦为边缘之地。[①]

要把"仰视"变为"平视""对视",既需要有清晰的立场意识,明了自身的教育学立场(因为有自身立场才会有属于自己的观点和方法),更需要有贡献意识:对于已成为公共领域的实践哲学,教育学是否,以及如何才能作出只有教育学才可能作出的贡献?

---

① 李政涛.交互生成:教育理论与实践的转化之力[M].上海:华东师范大学出版社,2015:4.

这是"生命·实践"教育学在形成与发展中需要承担的重大使命：

> 在目标明确的探索中开辟属于自己的"实践哲学"。作为学派的"生命·实践"教育学，不仅是教育学领域中的学派，也应是实践哲学场域内的学派。①

本文对叶澜"理实观"的解读过程，也可以视为依托"生命·实践"教育学，展开及推进教育学与实践哲学的对话并履行其学术使命的过程，期望借此完成三项具体任务。

任务之一，梳理教育学的"理实观"及其"理实逻辑"。

叶澜"理实观"所依托的学术传统，是教育学传统，其与实践哲学的对话，是在教育学与实践哲学关系的大背景之下展开的对话。因此，对教育学逻辑的把握也是对话的必要条件。

从教育学的来源及后续的发展历程来看，理论与实践的关系问题贯穿始终。理论与实践关系问题的气息，在教育学世界里无所不在。与之类似，在教育实践场域，任何实践者的实践都必有某种理论支撑，并以教育实践的方式发生与教育理论的内在关联，推动着实践自身的更新发展，进而在理论与实践的交汇处促使理论的再造和重建。

教育学史和教育史中的经典理实思想传统，同样构成了叶澜"理实观"的相对面和对话者，成为其学术传统的背景。

任务之二，领会实践哲学的"理实观"及其"理实逻辑"。

作为"相对面"和"对话方"，对话的前提，是进入并了解对方在理实研究上的思想传统和内在逻辑，避免漏读、误读，导致错位式对话。如前所述，对于实践哲学来说：

> 理论与实践的关系是实践哲学的根本性问题，对这一关系问题

---

① 李政涛.实践哲学场域内的教育学派之构建——重审"理论与实践关系"的初步构架[J].教育学术月刊,2014(06):3-10.

关注到什么程度,表明着人们对于实践哲学理解的程度。①

从这个意义上看,实践哲学是最能够与教育学对话、与叶澜教育"理实观"对话的哲学思想。

任务之三,厘清叶澜的"理实观"及其"理实逻辑"。

作为"生命·实践"教育学的创建者和标志性人物,以及当代中国教育学界的代表人物,叶澜始终将探究教育理论与实践关系看作学术历程中的核心。她的诸多研究成果基本上都是在"理实关系"基础上生发出来的,是对理论与实践进行"关系实践"的产物,是理论与实践交互生成而来的。

经过多年的持续发展,叶澜的教育"理实观"已自成体系,卓然而立。本文的核心使命是整体把握叶澜"理实观"生成的过程、基本观念或核心思想,及其独特的"叶澜逻辑",进而将其与实践哲学逻辑、教育学逻辑联结起来,在比较研习之下,彰显出叶澜"理实观"传承了什么,接续了什么,转化了什么,以及在根本上贡献了什么,突破了什么,以此为契机,把教育学从实践哲学的仰慕者、倾听者和学习者,变成对话者和贡献者。

如上三大任务,与其说是解决"理实难题"的三个路径或三条道路,不如说是"交叉路口"和"交汇之地",虽然汇聚的焦点是"叶澜'理实观'"及其理论贡献,但三者之间的相互参照、相互交融,将在此文中贯穿始终,它们融汇在一个共同的使命之下:

> 通过解读和探析叶澜的"理实观","在中国"为实践哲学作出独属于"生命·实践"教育学的贡献,在丰富和发展实践哲学的过程中,也丰富和发展"生命·实践"教育学自身。

为实现如上任务和使命,本文拟以"教育理论—实践关系的现状透析"为探究起点,以实践哲学的"理实观"思想传统为参照系,以叶澜提出的"生命·实践"教育学这一学派的核心概念为眼光,从理论人和实践人这两类主体的

---

① 王南湜.理论与实践关系问题的再思考[J].浙江学刊,2005(06):5-14.

关系出发,整体明晰教育学视野下理论与实践关系问题的实质及"叶澜观点",最终汇总为教育学、实践哲学互动视域下的理论创生与学术贡献。这些贡献都将被统括为叶澜的"教育理论—实践观",在凝练整合中呈现出其对实践哲学及教育学的双重贡献。

目前为止,这些贡献已"开路筑基",铺上了坚实的"柏油路面",且进入了当代教育学理论史,成为理论与实践关系问题史、思想史的一部分,具有了历史意义。不仅如此,它还具有现代及将来的意义:面向教育理论与实践的世界,改变现在,通往未来。

一、教育学世界中的已有探究方式

教育理论与实践的关系问题,被叶澜称为"嚼不烂的老问题",也是所有教育学研究者需要反复咀嚼的基本问题。不同时代的教育研究者,以不同的方式触及这个问题。① 这一问题之所以"嚼不烂",成了"老问题",无非有三个原因:一是问题本身是一个无法提供固定或唯一答案的问题,是始终需要在不同时代给予不同思考和解读的永恒问题,因而需要持续不断地咀嚼,永无穷尽,例如,"什么是人?"的问题;二是问题具有一定的复杂性,难以在短时间内以简而化之或盲人摸象的方式加以解决,需要经历长时段、全方位、多角度的艰苦探索;三是问题的解决思路和解决方式存在偏差,导致走偏、走错了方向,难以触及问题的实质,构成了诸多误读、漏读。

对于叶澜来说,对这一"老问题"的深入探索,几乎贯穿整个学术生涯的全过程。在她的教育学世界里,这是一个举足轻重的大问题,既构成了其教育学思想的核心部分,也成为撬动"生命·实践"教育学创生发展的一大杠杆。

叶澜的研究起点,是从教育理论与实践的性质、已有研究存在的问题及

---

① 中国改革开放以来,最先掀起的关于教育理论与实践关系问题的研讨高潮,发生在20世纪90年代。1991年,中央教育科学研究所主办的《教育研究》杂志开辟专栏,进行关于"教育理论与教育实践"的讨论。在同年的第5、第6、第7、第8、第9、第11期《教育研究》上发表了21篇相关文章,参加笔谈的有教育领域的行政工作者、理论工作者和一些实践领域的知名教师等。

其原因分析开启的,这也是其"理实观"的缘起,进而生成了其独特的探讨方式或透析方式。

在叶澜之前,理论与实践关系问题的气息,一直弥漫在教育和教育学的世界里,无论是教育学研究者,还是教育实践者,都对此有浓厚的兴趣。

例如,身为教育哲学家的尼斯特洛姆(J. W. Nystrom)指出,教育哲学家们之所以对这一问题有着不可抗拒的兴趣,原因在于：第一,他们职业生涯的赌注在这一命题上,且这是教育研究的基础知识内容;第二,没有对这一问题的澄清,其他问题也将含糊不清;第三,教育哲学家发现,理论与实践的关系问题包含了知识与行动、思辨性知识与实践性知识、目的与手段、纯粹理性与实践理性等极为丰富的内涵。①

这种理论与实践的不可分离性,不仅体现于作为教育学分支学科之一的教育哲学研究,任何将教育理论和教育实践区别开来,在无视对方的情况下所进行的"独立"思考,都是一种割裂和对教育学特性的违背。所以,在卡尔(W. Carr)看来：

> 不存在关于理论的各种原理和关于实践的各种原理,也不存在关于理论与实践两者之间的其他一些原理。所有教育理论都是关于理论与实践的原理。②

同样,任何教育实践的背后,也都有理论与实践的原理。没有一种实践者的实践的深处没有理论支撑,只不过这种理论有时并不为实践者自知和自明,或者实践者的理论与理论人的理论,在表现形态和运用方式上不同而已。

不管怎样,教育和教育学从一开始都无法摆脱理论与实践的纠缠,无论是面向理论应用的应用科学,还是基于经验总结归纳而来的经验科学,以及直面实践问题的实践科学(有人称之为"实践教育学"),其名称本身都内含了理论与实践的关系,是两者关联构造后的产物。因此,认识理论与实践的关

---

① NYSTROM J W. The Philosophy of Educational Theory and Practice[J]. International Review of Education,1962(02):200-201.
② 瞿葆奎,沈剑平.教育学文集:教育与教育学[M].北京:人民教育出版社,1993:558.

系成为教育学不可摆脱的宿命。

教育学发展过程中的代表人物和代表作展现了不同的探讨方式。

夸美纽斯(J. A. Comenius)的《大教学论》,其副标题"把一切事物教给一切人的全部艺术",就内含了理论与实践的关系,也具体体现了教育理论转化为实践的"夸美纽斯方式"。其中的"艺术"暗应了古希腊语中"实践"的"艺术"内涵。①

最初作为哲学家,后来却以教育学家传世的赫尔巴特(Johann Friedrich Herbart),曾经专门有实践哲学的著作。② 显而易见,他受到了传统实践哲学的影响,伦理、政治和教育的关系构成其实践哲学的主要内容,并且对其普通教育学理论产生了根基性的影响。③

在教育学史上,赫尔巴特最早明确把实践哲学作为建构独立形态的教育学的重要基石,④以致他的《普通教育学》被视为"实践哲学研究"。其基本方法就是建立了理论与实践之间的纽带,形成两者之间和谐的节拍。⑤ 赫尔巴特关注理论与实践关系问题由来已久,在1802年所做的第一次关于教育的演讲之中,他就在尝试提供调节理论与实践关系的模型。⑥ 从其整体发展历程来看:

赫尔巴特的教育思想同他的教育实践是紧紧联系在一起

---

① 在亚里士多德眼中,教育是以"艺术"的特性纳入其"实践"视域中的。参见 BENNER D. Die Pädagogik Herbarts Eine problemgeschichtliche Einführung in die Systematik neuzeitlicher Pädagogik[J]. Philosophy, 1986: 78 - 79.

② 参见:赫尔巴特.一般实践哲学[M].郭官义,李黎,译//郭官义.赫尔巴特文集(哲学卷一).杭州:浙江教育出版社,2002: 83 - 226;另可参见:李长伟.实践哲学视野中的教育学演进[M].武汉:湖北科学技术出版社,2012: 99 - 118.

③ BENNER D. Die Pädagogik Herbarts Eine problemgeschichtliche Einführung in die Systematik neuzeitlicher Pädagogik[J]. Philosophy, 1986: 137 - 184, 78 - 82.

④ 有关赫尔巴特实践哲学的阐述,参见:李长伟.实践哲学视野中的教育学演进[M].武汉:湖北科学技术出版社,2012.

⑤ 参见 HILGENHEGER N. J. F. Herbarts' Aligemeine Pädagogik als praktishe überlegung Eine argumentationsnalytische Interpretion[M]. Munster: Wissenschaftlicher Verlag, 1993: 51 - 60;BENNER D. Die Pädagogik Herbarts Eine problemgeschichtliche Einführung in die Systematik neuzeitlicher Pädagogik[J]. Philosophy, 1986: 78 - 81.

⑥ HERBART J F. Erste Vorlesung über Pädagogik[M]. Stuttgart: Klett-Cotta, 1986.

的,他不但在年轻时代当家庭教师的实践中积累了教育经验,而且从他的大学教育实践中获得了对教育的进一步理解。他非常重视教育实践,重视教育实践对一个教育工作者的教育思想的影响。①

同样是哲学家出身的杜威,其教育理论与其哲学观念,与对理论与实践的理解也有不解之缘。《确定性的寻求》这一被称为杜威最具影响力的著作,②与夸美纽斯类似,其副标题直抒胸臆为"关于知行关系的研究",杜威有关教育理论与实践的核心观点,大部分都能够在此书中找到答案。在他那里,理论不是与实践完全分离的,而是实践的一个环节。"概念"只是当我们对存在采取行动时在理智上所运用的工具而已。杜威所推动的教育改革的目的之一,也在于改变教育理论与实践分离甚至对立的状况。

杜威的探究与剖析,主要是在哲学上的认识论和真理观的层面上展开的。他尤其强调实践之于理论探究的价值,主张教育的实践提供构成所探究问题的资源和题材。它们是待研究的基本问题的唯一资源,同时将教育实践视为一切教育研究结论价值的最终检查。

同样是哲学出身的当代德国教育学家本纳(Dietrich Benner),其第一本书就以《理论与实践》为名,系统讨论了黑格尔(Georg Wilhelm Friedrich Hegel)与马克思在这一问题上的联系与区别。③ 在其最具代表性的著作《普通教育学》中,核心概念是"实践",此书因而被定位为"教育实践学"。他主张,理论与实践的关系是普通教育学体系中的基本问题。一方面,实践是前提,出现在理论和科学之前;另一方面,实践也不是唯一的和完美无缺的。通过理论可以让实践变得更有意识。教育实践通过教育学和教育科学并不能

---

① 赫尔巴特.赫尔巴特文集:哲学卷一[M].李其龙,郭官义,等,译.杭州:浙江教育出版社,2002:前言:35.另外,有关赫尔巴特的实践哲学,还可参见:李长伟.实践哲学视野中的教育学演进[M].武汉:湖北科学技术出版社,2012.

② 这一判断出自:哈贝马斯.论杜威的《确定性的寻求》[M].童世骏,译//杜威.确定性的寻求:关于知行关系的研究.傅统先,译.上海:上海人民出版社,2005:1.

③ BENNER D. Theorie und Praxis. Systemtheoretische Betrachtungen zu Hegel und Marx Wien[M]. München: Oldenbourg, 1966.

自动变得更好，但可以获得灵感和发展动力，由此带来新机会，形成新实践。① 针对赫尔巴特的教育学思想，本纳指出：由赫尔巴特提出的作为理论的教育学和作为实践的教育学之间的关系，在今天仍然是一个尚未解决的问题。无论是对于为教育实践而存在的教育科学，还是运用教育科学的教育实践，理论与实践关系的意义都是必须正视的问题。②

仅举如上几例及相关述评，大致可以看出已有教育学领域的相关研究的思考视域和探讨方式，它们既构成了探讨叶澜教育"理实观"的思想史或研究史基础，也成为梳理教育理论与实践关系研究的"叶澜思想"的必不可少的参照系。

二、实践哲学的探究方式及其缺失

有关理论与实践的关系这一重大问题的思考，实践哲学是突出代表：

> "理论与实践的关系是实践哲学的根本性问题，对这一关系问题关注到什么程度，表明着人们对于实践哲学理解的程度。"③

之所以成为根本性问题，原因有三。

其一，从实践哲学的始点和开端看，理论与实践的关系是基本问题。④

在实践哲学世界中，无论是逻辑事实，还是历史事实，都把理论与实践的关系问题作为其基源性问题，这是几乎所有实践哲学的相关学说的初始源头和思考基点。

其二，实践哲学的基本概念和基本范畴生成于理论与实践的关系。

理论与实践既是实践哲学中的基本概念，任何置身其中的研究者都必须

---

① 李政涛,巫锐.德国教育学传统与教育学的自身逻辑——访谈德国教育学家本纳教授[J].教育研究,2013(12)：142-148.

② BENNER D. Die Pädagogik Herbarts Eine problemgeschichtliche Einführung in die Systematik neuzeitlicher Pädagogik[J]. Philosophy, 1986：31.

③④ 王南湜.理论与实践关系问题的再思考[J].浙江学刊,2005(06)：5-14.

以自身对"何谓理论""何为实践"的回答作为起点,同时,它也是实践哲学的主导问题、基本问题,具有某种起始性,"只有起始的东西才为历史奠定基础"①,因此,理论与实践的关系问题是实践哲学中的基源性问题。

其三,从实践哲学的主要流派和代表人物看,理论与实践的关系在其思想体系中是根基性、原发性的存在。

典型代表如马克思实践哲学:

> 哲学家们只是用不同的方式解释世界,而问题在于改变世界。②

这一典范性的实践哲学话语的内核,是理论与实践的关系,它可以视为马克思一生的学术追求,即"以理论改变实践为业"。他在《1844年经济学哲学手稿》中,以更加具体清晰的方式将其明确为哲学的基本任务:

> 理论的对立本身的解决,只有通过实践方式,只有借助于人的实践力量,才是可能的;因此,这种对立的解决绝不是认识的任务,而是一个现实生活的任务,而哲学未能解决这个任务,正因为哲学把这仅仅看作理论的任务。③

以对理论与实践关系的把握为视角,纵观实践哲学的历史和传统,探究该问题的对象和方式有多种选择:从概念传统(概念史)、问题传统(问题史)、观念传统(观念史)、思维方式传统(思维史)和表述方式传统(表述史)等。

尽管存在如此多不同类型、层次的传统,但总有某些一以贯之的"共有传统"。

例如,在各种各样的研究传统中,普遍存在三大类型的前提假设:对立/

---

① 海德格尔语。转引自:张汝伦.历史与实践[M].上海:上海人民出版社,1995:61-62;另可参见:PÖGGLER O. Der Denkweg Martin Heideggers[M]. Pfullingen: Neske, 1963: 145.
② 马克思,恩格斯.马克思恩格斯选集(第1卷)[M].北京:人民出版社,1995:57.
③ 马克思,恩格斯.马克思恩格斯全集(第42卷)[M].北京:人民出版社,1979:127.

统一假设、等级/优先假设、起源/决定假设等。① 它们之间彼此相关,互有影响。

就对立/统一假设而言,其核心是视理论与实践的关系为一种天然对立或统一的关系,或所谓"(先)对立(后)统一"的关系,这一看似相反的前提预设源远流长,且如钟表的两极,反复在理论与实践关系研究史的长河中来回摇摆。

单讲逻辑,对立与统一是互为前提的复杂交织关系:没有对立,就没有统一;没有统一,就没有分离后形成的对立。但在逻辑上很难分清是对立在前,还是统一在前,这将陷入"鸡生蛋"还是"蛋生鸡"的悖论之中。

如果认为:

> 在逻辑领域中,理论与实践理念的对立是理论与实践关系显现方式的最简单、在一定程度上最低级的阶段。②

我们同样可以认为,在理论与实践关系的显现方式之中,统一也是最简单、最低级的阶段,这点可以在古希腊的各种相关文献中找到佐证。如柏拉图(Plato)就是统一预设的典型代表,相对于随后亚里士多德更为严格确定的界定,柏拉图的"统一"可以视为一种"混沌统一"。

将理论与实践因区别而分离之后,至少产生两种关系形态:一是分离后的差异,并趋向新的统一或合一(如亚里士多德、马克思、杜威等);二是分离后的对立(如笛卡尔等)。最终形成哪种形态,取决于思想者是以对立还是统一为预设。

对立预设认定,理论与实践是两个本性不同的世界,其各自的性质、目的和任务有根本的不同,两者既无法兼容,也无法从一方的逻辑推导出另一方。

统一(或合一)预设,则认为理论与实践具有同根性,并表现为三种形式。

第一种形式:在事实层面,确定一方植根于另一方,或一方是另一方产

---

① 李政涛.交互生成:教育理论与实践的转化之力[M].上海:华东师范大学出版社,2015:79-88.

② 张汝伦.历史与实践[M].上海:上海人民出版社,1995:259.

生的根源与基础,并且是具有逻辑和历史双重意义的根源与基础。

第二种形式:在逻辑层面,假定一方可以推导出另一方,两者具有逻辑上的对应性和同一性。

第三种形式:确认要么一方容纳了另一方,要么被另一方容纳,或者认为一方是另一方的表现形式。典型表述方式是"实践中内涵理论""理论本身就是一种实践",或者"理论是最高的实践"等。

以曾经流行的划分标准看待上述预设,对立预设是一种二元(实践)哲学,统一预设则是一元(实践)哲学。它们各自都有内在的逻辑困局。例如,更容易被人接受的统一预设,主张理论与实践的高度合一,也可能遭遇如下难题。

一方面,它主张实践是理论的源泉,但难以说明某些高度抽象的理论如何从实践中产生,又具有何种实践性质。这种理论往往是从抽象到抽象,很难找到其直接的实践根源。

另一方面,它可能会消解理论与实践的内在差异,将二者混淆起来。或者无视实践的特殊性,用普遍、抽象的理论逻辑强行规约和套裁鲜活具体的实践;或者以实践的方式要求并从事理论活动,使理论失去其确定性,导致理论本性的丧失。

就起源/决定假设而言,这一假设在理论与实践之间,对究竟"谁起源于谁""谁决定了谁"加以判断,由此确定两者之间的关系,起源者对被起源者具有决定性作用。

起源/决定假设的意蕴和表现形式更加多样,以实践决定论为例,其意涵表现为三个方面:

> 实践决定理论的来源;实践决定理论的生产;实践决定理论的价值。①

检验论是起源/决定假设的变种和表现形式:实践之所以成为检验真理

---

① 高伟.一个"劳而无功"的虚假性命题——评"教育理论与实践关系"之争[J].北京大学教育评论,2005(2):59-64.

的标准,无非是认定真理来源于实践,并决定于实践。

这一观念仍有可能陷入"蛋生鸡"还是"鸡生蛋"的循环论证:

> 理论描述一开始就进入了一种循环之中。也就是说,教育理论将是努力理解教育实践的结果,而实践必须首先是理论挑选出来的具有教育学性的实践。那么,鸡与蛋究竟哪一个在先呢?①

就等级/优先假设而言,将理论与实践的关系视为一种等级关系,进而加以排列优先顺序,这一传统同样源远流长。当亚里士多德将人类活动分为理论、实践和制作,形成理论(思辨)知识、实践知识、制作知识,以及相应的思辨静观生活、政治生活和享受生活的分野之时,等级关系就已预先存乎其中了。② 在他眼中,理论最高,实践次之,制作最低。作出等级判断的主要标准或依据是目的和对象:以自身为目的,且自给自足者为高(如理论,或实践),以外在之物为目的且仰赖于外物者为低(如制作);以永恒不变之存在为对象者高(如理论),以可变之存在为对象者低(如实践)。

总之,亚里士多德留给后人的是一种观念传统:"理论高于实践""理论、实践高于制作"的等级观。

但亚里士多德的意义绝不只是如此,他带出的更是一种假设传统:它使人们讨论理论与实践关系时,习惯于预先作出孰优孰劣的等级判断,似乎不作出这一判断,就难以表明自己的立场。只是在理论与实践孰高孰低的判断标准上,有所不同:在亚里士多德那里,是目的标准——是否以自身为目的;在康德那里,是主体性标准——是否体现人的主体性;在培根那里,是效应标准——能否产生最大效应;在马克思那里,是改变标准——能否改变世

---

① 迪尔登.教育领域中的理论与实践[M].唐莹,沈剑平,译//瞿葆奎.教育学文集:教育与教育学.人民教育出版社,1993:541.

② 对亚里士多德有关理论与实践等级划分的阐发,参见:曹小荣.对亚里士多德和康德哲学中的"实践"概念的诠释和比较[J].浙江社会科学,2006(3):133-138;张汝伦.作为第一哲学的实践哲学及其实践概念[J].复旦学报(社会科学版),2005(5):155-163;李蜀人.西方哲学中的实践与实践哲学[J].西南民族大学学报(人文社科版),2007(6):126-131.它们的共同特点是阐述并认定了亚里士多德对于理论与实践等级关系的具体观点,但都未能从预先假设的层面上阐发。

界……

一旦赋予理论与实践以等级关系,习惯性地判定二者孰先孰后就成为自然而然的了。由此带来两种截然对立的观点:"理论优先或先行于实践"(或"理论高于实践");"实践优先或先行于理论"(或"实践高于理论")。

除了三大假设之外,在实践哲学研究传统中,还存在一些普遍性的久被忽略的盲点和迷误,最根本的迷误是:

> 尽管这是以"实践"作为安身立命的思想体系,但它却始终以"理论的方式",而不是以"实践的方式"探究"理论与实践"。①

换言之,没有做到在实践中展现和推动实践哲学,只有关系理论,没有关系实践。具体表现为:一是停留于对现实的批判,缺少改变现实的实践行为,结果是用旁观式批判,替代了介入实践、改变实践的行动;二是停留于对"是什么"和"为什么"的思考,缺少对于"怎么办"的探索。究其本意,实践的特殊性质在于:

> 实践总是谁(who)的实践,因而关涉人的问题;实践总是对什么(what)的实践,因而关涉对象问题;实践总是为了什么(why)的实践,因而关涉目的问题;实践总是特定自然和社会时空(when、where)中的实践,因而关涉结构性和历史性等问题……在实践问题的丛集中,还有一个更加重要的问题却被前述各条实践哲学进路所忽略了,那就是"怎么"(how)的问题。表达这一问题的英文疑问词以 H 开头,不妨称之为 H 问题……H 问题比任何 W 问题更配得上"实践问题"这一称号,因为任何 W 问题既可以从实践哲学角度提出,也可以从其他哲学角度提出,并不专属实践哲学,而 H 问题则只能从实践哲学角度提出,是一个专属实践哲学的问题。②

---

① 李政涛.交互生成:教育理论与实践的转化之力[M].上海:华东师范大学出版社,2015:98.
② 徐长福.实践哲学的若干进路及其问题[J].天津社会科学,2002(06):4-10.

以讨论理论与实践关系为己任的实践哲学，主要将注意力聚焦于 W 问题，即"是""应该"和"为什么"的问题，相对忽略或淡化了 H 问题，即"做"的问题。而"做"的问题才是实践哲学最核心的问题。

这就是我眼中的传统实践哲学的普遍盲点与致命缺失：

> 始终没有把"做"或"怎么办"的问题作为最本己，其实也是最根本的问题来对待。依然只是用"理论哲学"的方式，或用"解释世界"的方式，来探讨实践哲学的问题，"实践"依然只是纸面上书本中的问题，是"名词性实践"而不是"动词性实践"，结果，已往的实践哲学仍旧没有彻底脱离"解释世界"的老路，只不过变成了对"改变世界"的解释，成为披着实践哲学外衣的理论哲学。①

针对这一根本性的缺失，叶澜及其开创的"生命·实践"教育学，作出了自己的解答和贡献。

三、叶澜"理实观"对教育学理论与实践研究的贡献

以教育学领域理论与实践的关系研究为参照系，即放在教育学的语境内，叶澜的教育"理实观"弥补了已有研究的诸多缺失。

一是弥补了实践哲学基础的缺失，增添了来自马克思实践哲学的理论依据，实现了其与教育学的联结，赋予了教育理论与实践关系研究的马克思实践哲学基础，同时又在教育和教育学的特殊场域内实现了马克思实践哲学的具体运用和特殊转化。

二是弥补了教育实践研究的实践基础的缺失。叶澜通过"新基础教育"，扭转了一种传统弊端：许多研究者和批评者自身并无长期的教育实践体验，其对回归教育实践的倡导往往是在应然和想象的层面上发出的，导致所谓教

---

① 李政涛.交互生成：教育理论与实践的转化之力[M].上海：华东师范大学出版社，2015：100-101.

育理论与教育实践的结合,以及对教育实践逻辑的探究,很多情况下只是纸上谈兵,是以理论的方式倡导教育理论要进入实践和扎根实践。对这一缺失的弥补,让叶澜的"理实观"具有了理论底气和实践底气,真正把教育理论与实践关系的论文写在了"祖国的大地上"。

三是强调了双向互动式的思考方式。已有的针对教育理论与实践关系的研究,大多数是单向式思考,习惯于回答的问题是:"教育理论如何影响教育实践,如何发挥教育理论的价值"等。这是一种单向度的思考方式:从理论到实践,关注的是理论的实践价值。这种思考方式忽略了另一条路径——从实践到理论,即实践的理论价值:教育实践如何丰富、改变和提升为教育理论。通过提出教育理论与实践的双向滋养、双向建构和双向转化,叶澜"理实观"将其扭转为双向互动式的思考方式。

四是弥补了基本概念、基本问题和基本立场的缺失。叶澜通过自身深厚的教育基本理论素养和清晰敏锐的教育基本理论眼光,以及其所创建的"生命·实践"教育学派,重构了教育理论与实践关系研究中的基本概念和基本问题,并确立了自身独特的教育学立场。

除此之外,基于敏锐、清晰且独特的方法论意识,叶澜在教育理论与实践关系研究的方法论层面上,也进行了诸多开掘性、原创性的努力。

从方法层面论述理论与实践关系的学者很多,也出现了一些耳熟能详的说法,如"理论指导实践""理论联系实际"等。然而,叶澜在"方法论"这一较之"方法"更为上位的层面对待和把握理论与实践的关系。1987年,叶澜发表《关于加强教育科学"自我意识"的思考》一文,提出教育研究中理论与实践的关系是"上天着地""天地互促"的关系。具体来说,教育科学中基础学科追求概念的精确化、术语化,理论体系具有更强的解释能力和预测能力;教育科学中的应用学科强调理论研究成果转化为实践行为。只有两者明确了区别,其联系才会真正有相互促进的价值。[①] 叶澜不再把教育理论与实践关系简单看作"指导与被指导""作用与反作用"的关系,而是分

---

① 叶澜.关于加强教育科学"自我意识"的思考[J].华东师范大学学报(教育科学版),1987(3):23-30.

层级、分类型、分维度审视二者关系。动态和综合思维方式的融入，使教育理论与实践关系变得极富生动性和立体感。教育理论与教育实践内在的层次性，要求区分基本理论和应用理论对应实践的不同价值。叶澜指出，理论的抽象度越高（只要是对实践的正确抽象），对实践就越具有广泛和深刻的指导意义。相反，越是具体经验型的描述，其可能产生影响的范围就越小，程度也越浅。

《教育研究方法论初探》一书渗透着叶澜对教育理论与教育实践独特关系在方法论层面上的表达。例如，她提出，教育研究中当其对象是具有原生性的、生动的教育实践时，富有特征性的认识方式是综合式的判断与设计，同时，叶澜还提出，在一定条件下，研究活动与实践活动的"合一性"，是教育研究主体与对象关系的特殊性在研究过程中的表现。

总体来看，相对于传统教育学研究方法论而言，叶澜以其自身的独特思考赋予了理论与实践相结合的教育研究方法论众多新的"要素"与"眼光"。

首先是"系统"，叶澜以系统化、整体性、复杂性的思维对教育研究方法论在宏观认识上进行了更新，对方法论视域中的学科性质与对象性质都作出了新的论述。

其二是"综合"，叶澜在教育研究中汲取了实践、学科史、马克思主义哲学、科学哲学、民族文化传统等多种思维与逻辑，拓宽了原有方法论相对狭隘的视域。

其三是"生命"，叶澜赋予研究方法论以"生命"视角，从生命的本义与实存的角度，探讨了人之生命与对象间的关联，为教育研究方法论增添了生命的维度。

其四是"实践"，剥离了实践的方法论并非整全意义上的方法论，叶澜以"生命"沟通"实践"，实现了在主客二重意义上对教育研究方法论的多元讨论。

最后是"中国"，叶澜对于研究方法论的讨论立足于中国实践，站在中国立场上对方法论进行开拓与创新，在教育研究方法论的探索中展现了独特的中国视角。

四、叶澜"理实观"对实践哲学理论与实践研究的贡献

教育学与实践哲学的互动视域,意味着教育学不再单向受教于实践哲学,也能为实践哲学提供智慧,教育学不只是思想资源的接受者,也可以成为贡献者。在理论与实践的关系上,叶澜的教育学理论把教育理论与教育实践的关系视为教育学研究中的内在关系,并以教育理论与实践的交互生成贯穿其中。

叶澜的如上表述,在表明教育理论与实践相互依存,转变了以往割裂对待两者的思维方式和既定事实的同时,也开启了独特的贡献之旅。

(一)核心概念的独特内涵与中国式表达

理论创生的重要目标和对象,首先与概念有关。作为教育基本理论研究者,叶澜围绕着教育理论与实践关系中的基本概念,也是绕不过去的概念,包括"实践""教育""教育理论""教育实践"等,进行了原创性的分析。

其中,最重要的核心概念是"实践",它影响、催生了对"教育""教育理论"和"教育实践"的理解,成为劳思光所言的具有始基意义的概念。最重要的问题是"如何理解实践",或者"以什么样的方式理解实践","实践"成为叶澜"理实观"与实践哲学互动对话的主要载体。

相对于实践哲学语境内的"实践"概念,叶澜"理实观"的学术世界里,展现了迥异的内涵风景。

在实践哲学内部,已有对实践的各种理解,存在着不同的层面和角度,实践被看作:

"个人的伦理道德活动"(如中国后期墨家,明代王廷相,明清之际王夫之[1]);

"政治活动和伦理活动"(如亚里士多德、哈贝马斯[J. Habermas]);

"主体创造客体的活动"(如费希特[J. G. Fichte]);

---

[1] 王夫之言:"知之尽,则实践之而已。"(《张子正蒙注·至当篇》)

"人类满足生活需要的活动"(如费尔巴哈);

"观念的活动"(如明代王守仁,康德、黑格尔);①

"人类的感性物质活动"(如马克思);

"批判的活动"(如霍克海默尔[M. Horkheimer]、阿多诺[T. W. Adorno]、霍耐特[A. Honneth]);

"人类使用和制造工具的活动"(如李泽厚)。

上述"实践"概念,既相互批判(如马克思对费尔巴哈的批判),又相互联系,共同构成了传统实践哲学的实践观图景,成为叶澜实践观的基本参照系。

这些来自实践哲学的概念图景,只是展现了有关实践的某一侧面,如实践之伦理道德侧面、政治侧面、物质生产侧面等,它们的确属于人类实践活动的范围,但都难以涵盖全部。倘若从教育学的眼光来看,实践哲学的实践观的缺失表现为两个方面。②

一是缺少对教育作为实践独特性的关注,尤其缺少对教育实践与其他实践活动关系的认识。虽然大部分实践哲学家都会关注教育问题,形成为人熟知的柏拉图教育思想、亚里士多德教育思想、康德教育思想等,甚至以思想批判为业的阿多诺也有自己的教育思想。但是,他们习惯于将教育纳入其实践哲学体系中,为论证其自身学说服务,而对教育实践独特性,以及教育在实践体系里的地位却很少认识,更缺少对教育与其他人类实践活动关系的认知。

二是在实践哲学体系中,已有认识都从不同角度与"人"关联,所有理解都出于人,指向人,如亚里士多德的实践哲学来自对人类活动特性的认识,康德建立起自己的人类学体系,导引出其教育学思想③,但往往普遍性有余,特

---

① 当然,这不能否认康德和黑格尔实践观的差异。具体参见 SCHWEIZER H. Praxisches Verstehen//Zur Logik der Praxis[M]. Munchen: Verlag Karl Alber GmbH Freiburg, 1971: 86 - 87.
② 李政涛.交互生成:教育理论与实践的转化之力[M].上海:华东师范大学出版社,2015: 163 - 165.
③ 参见:康德.教育论[M].瞿菊农,译.上海:商务印书馆,1926;康德.论教育学[M].赵鹏,何兆武,译.上海:上海人民出版社,2005;康德.实用人类学[M].邓晓芒,译.上海:上海人民出版社,2012;有关康德教育思想评述,可参见:王坤庆.论康德对教育学的贡献[J].教育研究与实验,2010 (04): 12 - 17.

殊性不够,是抽象人论,而非具体人论,而且,更多是对人的静态描述,缺少对人生成过程的动态分析,导致人及其生命在传统实践哲学那里只是描述、验证式的言说、思想,而不是实践,理论感强烈,实践感淡薄。

针对第一个缺失,德国普通教育学者本纳做了具有开拓奠基意义的弥补,他认为,人类存在着一种实践共同体,包含劳动、伦理、教育、政治、艺术和宗教等六种实践现象。①

它们无法相互演绎或简化为更少的几个共存领域,而是相互影响,以至于任何领域都难以自成一体而自我封闭起来,它们彼此交融共生,构成了人类共同生存的本体。同时,作为教育学家的本纳没有忘记提出"教育实践在人类总体实践范畴中的地位"问题,认为教育实践是一种"代际实践"。② 然而,本纳的遗憾在于没有充分展示出对"人"本身的理解,我们没有看到本纳系的人性观、生命观,这个根基性的问题没有得到充分的论证,而是直接奔向"实践"。

与此不同,叶澜以对"生命"的整体式理解,作为把握"实践"和"教育实践"的前提。在《"生命·实践"教育学引论》这篇标志性的论文中,她提出了自己对"生命"的系统理解。③ 与此同时,她也确立了教育学思考"生命"的"具体个人"之立场。④ 基于此,教育实践的特殊性有了更加具体深入的表达,这一表达方式背后体现了存在于生命与实践之间的双重审视眼光:从生命看实践,从实践看生命,因而有"生命·实践"。

与其他关于实践的立场,例如,伦理学立场下的实践相比,叶澜提出并倡导的教育学立场下的实践,包含了对道德实践的关注,但道德实践只是"生命·实践"的一部分,且必须与生命发展中的其他内容结合起来,才能发挥作用。

基于对"生命"的整体式理解,叶澜提出,"实践"意指:

---

① 底特利希·本纳.普通教育学——教育思想和行动基本结构的系统的和问题史的引论[M].彭正梅,等,译.上海:华东师范大学出版社,2006:8.
② 李政涛,巫锐.德国教育学传统与教育学的自身逻辑——访谈德国教育学家本纳教授[J].教育研究,2013(10):142-148.
③ 叶澜."生命·实践"教育学论丛:第三辑 基因[M].桂林:广西师范大学出版社,2008:1-35.
④ 叶澜.教育创新呼唤"具体个人"意识[J].素质教育大参考,2003(04):6-7.

人类一切有意识、有对象、有目的指向和行为策划并实施的活动。不是仅指古典道德意义上的"实践",也不是只指生产劳动,它与动词意义上的"生活"相近。①

由此,叶澜对实践的理解始终围绕着个体生命发展,以教育学的"具体个人"的立场深度阐释实践及其与生命发展的关系。在她的实践概念系统里,实践是生命存在的基本方式,每一个人的生命都是通过自身的实践完成的,生命史即实践史。借助将实践与生命相联结,叶澜深度阐释了"生命·实践"关系,从个体生命成长的视角,分析了人之类生命、社会意义上的人之生命类特征、精神意义上的人之生命类特征与实践的关系。

在叶澜看来,实践是一种针对生命,促进生命健康,主动发展和培育生命自觉的有意识的活动,是以塑造和改造自我生命和他人生命为旨归,对生命进行再创造的"生命·实践"活动:以实践的方式来表达对生命的理解,以建构的方式介入生命的生成与发展。这就是叶澜教育实践观的真谛和本义。

这一由教育学立场而来的实践观,与马克思的实践哲学有诸多相通之处。

其一,它们都注重并竭力提升实践的地位和价值,将实践视为人类存在和生命成长发展的根基与本质。它们共同信奉并付诸实施的观念是:重要的不是认识和解释(生命)世界,而是改造(生命)世界。

其二,它们都遵循"实践观点的思维方式"。在传统观念中,实践只是理论思考的对象,作为教育"学术"之"术"的实践,是作为"学"的理论的对立面而存在的。在二元对立观念下,实践被缩减为操作性的"术",处在"学术"地层中最低下的层面。这是属于柏拉图、黑格尔等人的传统实践观。

马克思实践哲学对旧传统的超越,在于提出了一种崭新的思维方式,即"实践观点的思维方式"②,实践被赋予了本体意义,成为思维的原点、大地和根基,而不再仅仅是思维的对象和材料。实践观点成为思维的原则和视角,

---

① 叶澜.回归突破:生命·实践教育学论纲[M].上海:华东师范大学出版社,2015:233.
② 高清海.找回失去的"哲学自我":哲学创新的生命本性[M].北京:北京师范大学出版社,2004:126.

理论活动也因此得以从实践的观点去衡量,被纳入实践活动当中,成为实践活动的一部分。

叶澜所提出的"生命·实践"观,承接了马克思开创的"实践思维"的传统,它致力于在教育学领域提升实践在学术研究中的地位,确信作为实践活动之一的教育实践,是人类活动最高级、最复杂、内容又最丰富的形式,实践活动中蕴藏着人类教育生活中的一切秘密,是教育学面对的一切现实教育矛盾的总根源,也是人类能够获得解决这一切矛盾的力量和方法的源泉与宝库,进而把教育实践活动作为认识教育这一人类基本活动的实际出发点,和一切教育学知识的根本内容。

除了与实践哲学的已有传统有所承接之外,叶澜还实现了"接着说",作出了属于自己的独特贡献。

例如,在遵循马克思的"实践观点的思维方式"的过程中,叶澜也试图提出自己的理解——理论与实践的双向构建。这一观念的背后,是对实践思维传统在教育学领域的深化和发展,它打破了单向思维的传统(要么是理论思维,要么是实践思维,要么是加法式的"理论与实践相结合"),努力形成交互生成思维、双向构成思维,这是新的以双向构成为核心的"理论—实践思维"。

此外,对于实践的理解与认识,叶澜还有多方面的贡献。

其一,提供了理解实践的生命之价值取向和眼光。

叶澜明确,世界上存在一种基于生命本身,并针对生命的实践,以如何促进生命的生成与发展为实践对象、实践内容和实践过程的实践。它导引出一种理解、思考、促进实践的"生命眼光"和相应的判定实践的标准:生命有没有在人类活动中不断地显现和生成?以此眼光看待人类存在,显现出一种未曾被挖掘的特性:人类是"生命·实践"之存在。实践是人类生命存在的基本方式,是人类生存和发展的基因与命脉,人类是在生命与实践的交织互动中的独特存在。

其二,建立了生命与实践的内在动态关联。

"生命"不再是脑海中、纸面上抽象言说的话题,而是在实践中动态生成与发展的。"实践"也如此:当实践与生命发展联结起来,实践哲学的实践,不再只是哲学世界的实践,而是在日常生活世界中"活着的实践",它与活泼泼的生命同在,与变动不居的生命同在,此为"生命·实践"。叶澜以"生命·实践"的方式回答了亚里士多德实践哲学的核心问题:如何成为一个有德性的人?同时以这种方式回应了海德格尔(Martin Heidegger)之问:我采取什么态度才能让人原本地显示其"人之所是"呢?在叶澜看来,显示"人之所是"的过程,就是实践的过程:是"我"对"自我生命"的实践过程,以及"他者"对"自我生命"的实践过程。前者是"自我教育",后两者是"教育",对他者生命有目的、有意识、有计划的完善和改变。这种实践的根底是"转化",人即"转化式存在":生命不是现成的存在,而是需要通过实践而实现的存在,是在自我和外在世界之间实现多重转化实践的存在。这种转化性实践就是人类生命的本质。

其三,形成了一种新的思维范式。

王南湜发现,在传统实践哲学体系中,大致存在着三类思维范式[①]:

伦理—行为范式,在亚里士多德的伦理学中正式形成,在西方哲学史上处于主流位置。在这一范式里,实践被理解为人类实现目的性的活动和具有自主性的活动。

技术—功利范式,开始于培根,主要存在于近代唯物主义和某些实用主义哲学思想。基于这种范式,实践就是能动性创造性活动和主观改造客观的活动。

生产—艺术范式,在亚里士多德的创制活动那里也可以找到其开端,到马克思那里成型。但不同的是这种活动在亚里士多德那里只是低于理论活动和道德实践活动的最低等的人类活动,是被贬抑的,而马克思则认为这种活动乃是人类创制和改造世界的第一活动。在此范式的观照下,实践就是人的感性活动。

与上述界定实践的范式相对应,存在着三种理解实践的传统思维范式,即世界论思维范式、意识论哲学思维范式和人类学思维范式。[②]

置身于上述三大传统思维范式中的叶澜"理实观",基于所处时代的特

[①②] 王南湜.追寻哲学的精神:走向实践的哲学之路[M].北京:北京师范大学出版社,2006:5.

质,同时依据教育学立场,形成了生命—发展思维范式,它是传统思维范式的综合承载与转化。

从世界论的思维范式里,生命—发展思维范式承接了亚里士多德对实践的理解。亚里士多德将目的性及其实现作为实践活动的基本构成,实践活动属于一种目的性活动,教育实践也是具有清晰目的指向的典型实践活动。但在叶澜眼中,实践的地位远远高于亚里士多德对实践形态的地位设置,实践也并非与理论截然对立,由此实现了教育学意义上对亚里士多德目的实践观的具体转化性的超越。

从意识论的思维范式里,生命—发展思维范式承接了康德实践的伦理意义:人永远是目的而不是手段。同时抛弃了康德的唯理论传统和无具体历史实践的实践哲学。此外,生命—发展思维范式还吸纳了胡塞尔(Husserl)现象学的基本精神:回到(教育)的实事本身。同时远离了胡塞尔哲学的唯意识倾向。

当生命—发展思维范式把生命作为实践内涵的核心构成时,已经与马克思对实践的界定产生了内在关联。在马克思实践哲学看来,实践是主体依据一定目的变革客体且具有能动性、创造性的感性活动,教育实践活动同样属于一种具有能动性、创造性的感性活动。它直面的活动对象是"生命—发展",而生命必然是有感性的活动,感性活动是生命活动的基本特征。以此理解方式为基础,叶澜"理实观"在与马克思主义实践哲学对接的同时,也进入这个传统内部,实现"在内部接着讲"。

通过"生命·实践"概念的确立,叶澜不仅开出第四种针对实践的思维范式,而且开出了实践哲学的教育学之维。这样一来,"生命·实践"观带出如下可能:在实践哲学的学术森林中占据一席之地,它表明,人的生命,包括人的诞生在内,其生命发展和创造的历史,都与人的独特的生存活动——实践,存在着内在相互生成关系。无论解读生命哪个层面的特征和活动,都无法与人的实践剥离。在她看来,教育实践是一种人类实践中对个体和人类生命及其社会,都具有自觉的更新性再生产价值的伟大实践。

为此,叶澜提出了一种不同于传统西方哲学的实践观——"生命·实践"观。由此观之,教育是直接点化人之生命的社会实践活动。一方面,教育实践以影响人的身心发展为直接目标,直接指向人的生命的内在变化与成长;另一方面,人的生命活动整体地参与和渗透在教育实践之中,生命是在参与教育实践的过程中动态生成与发展的。包括"已成之在""潜成之在""应成之在""促成之在"和"未成之在"[①]等多重生命样态,都与教育实践对生命的影响密切相关。教育决定着个体生命之在及其发展的过程,教育的原点在于生命。所以,在她眼中的教育,就是基于生命、直面生命、为了生命、通过生命所进行的人类生命事业,就是一项充盈着人的生命的人类实践活动。

概而言之,教育实践本质上是一种为了生命发展的生命实践。这也就奠定了"生命·实践"教育学派对教育实践的基本认识,它充满了对生命的关怀,对具体个人发展的关照。

(二)教育学立场的提出与构建

创立伊始,"生命·实践"教育学就是以教育学独立学科为立场,以"生命·实践"为内核基因,扎根教育实践、教育学发展史、马克思主义哲学、当代科学哲学、民族文化精神与传统等的当代中国教育学之整体形态。[②]

叶澜认为,是生命与实践的特殊关系性质,决定了教育不同于其他人类实践的特殊性。教育理论与实践的交互成为"生命·实践"教育学理论的核心内容。

任何教育学理论都要共同回答两个层面的问题,一是教育学研究对象本身的问题,二是教育学研究本身的问题。具体包括回答"教育是什么""教育存在的依据是什么""教育的基本形态是什么"以及"教育学的学科立场、性质、品性和价值"等问题。"生命·实践"教育学首要回答了学科发展独立性问题。

1. 学科立场的两类问题

教育学独立性的确证,除了以往认识到的教育学研究的问题、方法、范围等内容外,叶澜意识到教育学立场的确立更具前提性和迫切性。教育学立场

---

① 李政涛.交互生成:教育理论与实践的转化之力[M].上海:华东师范大学出版社,2015:171.

② 王天健,李政涛."新基础教育"的中国贡献[J].未来教育家,2020(09):29-32.

的提出,有着复杂的学科共性与个性问题。

一是学科立场的共性问题:学科立场的泛化与缺失。学科立场不仅是教育学科关注的问题,对于一些比教育学科更具科学性、更成熟、地位更高的学科来说,也存在学科立场的问题,例如,经济学面临的立场问题是确定经济学的边界;再如,中国哲学的学科立场问题是改变"以西释中"的状态,强化中国传统哲学思想,确立中国哲学的主体性,在方法论和方法方面进行新的探索。叶澜尝试说明并找出当代中国人文社会学科界在学科立场研究上共存的倾向性问题,在此基础上,第一,她明晰了自己的发展取向与任务,明晰了认识是为了实现新的发展,需要对现有的学科立场做出怎样的反思和变化;第二,她强调了要对近代"西学东渐"以来逐渐形成且相对固化的学科研究范式实存的立场进行反思和重建,包括全球化背景和西化学术传统下的本土化问题,以及以自然科学真理观和方法论为传统的研究立场的反思与突破问题。

二是学科立场的个性问题:教育学立场的特殊需要。与其他人文社会学科不同,叶澜认为,教育学的危机是一种研究者关于学科存亡的危机,而对教育学的学科立场缺乏深度讨论和未形成系统的基本观点,正是教育学危机存在的认识根源。叶澜对于教育学学科立场研究特殊必要性的认识,是从对深入和系统地梳理教育学危机的生成过程、缘由和表现状态得出的。因此,她认为,教育学学科立场问题的提出,始于有意识地将教育学建设为一门学科之时。在将教育学作为一门学科来研究时,赫尔巴特引进了科学的意识和标准,使哲学与科学融通,共同服务于教育学的学科式建构。叶澜发现,教育学的独立性和科学性问题也正是从此时起,因衡量学科标准的选择,而内含于初建成的作为学科的教育学中。此后,随着科学越来越丰富和理性的标准日益显性化、方法化和可操作化,到19世纪下半叶,尤其在20世纪,教育学爆发出一次又一次存在危机。这些危机概括起来表现在两个方面:一是"内裂危机";二是"外解危机"。叶澜将两者统称为"双重裂解"危机。在《中国教育学发展世纪问题的审视》一文中,叶澜进而提出,"意识形态与教育学发展的关系问题""教育学发展的中外关系问题""教育学的学科性质问题"是影响中国教育学百年发展并依然影响当代中国教育学发展的组合式核心问题,并且这三个问题可进一步聚焦到一个问题上,即教育学的学科独立性问题。①

教育学的学科独立性问题引出了教育学立场的问题。

2. 教育学的立场

以教育学所经历的"双重裂解"危机的剖析及教育学学科独立性的倡导为基础,叶澜进一步提出了教育学的立场问题。

教育学立场的萌芽与发展,得益于近现代教育学者的贡献。

17世纪的夸美纽斯把教育学看作"教的艺术",其教育理论的内在结构包括四个层次:第一层次关于人,即人何以需要和可能接受教育;第二层次关于学校,包括人为何要到学校接受教育、学校建立恰当秩序的依据、不同阶段学校的任务;第三层次关于教育原则,即教学的一般原则与秩序及其确立依据;第四层次关于教法,即关于教学原则在不同的具体学科中如何教的说明。在夸美纽斯那里,教育学立场依据自然,遵循自然本身的生长规律来认识人的成长,确定教育的内容、原则与方法,建立与教育相关的一切秩序。同样把自然作为教育学立场的根本,卢梭(Jean-Jacques Rousseau)所谈及的"自然"并非自然界的自然,而是人性的自然。卢梭提倡自然人的教育,以人的自然生长不受束缚为第一要义,即无论是人的教育还是事物的教育,都要服从人的自然生长的需要。夸美纽斯和卢梭都不约而同地将教育关注的重点由实践转向人,因而也出现过"教育学"即"人学"的说法。

康德第一个在大学讲授教育学,其教育学立场的根本是人的理性。康德对于教育学的论述是教育学走向理想主义的起点,他使教育中对自然人的关注,向社会理性的培养转换。教育学则应成为按理念与以理性为据,对理性做出规划和形成科学规则的学问。赫尔巴特教育学立场的核心是人的可塑性,这一根本既成为教育何以可能,又是教育目的之规定的依据。杜威是促成20世纪教育学发生具有时代意义转换的先行者,其教育学立场的核心是人的生活。他强调学校教育本身即学生的一种现实生活,对学生成长具有直接意义。杜威的教育思想是当代教育学理论建构的起点,由杜威引出了更多教育学理论的发展。

---

① 叶澜."生命·实践"教育学论丛:第二辑 立场[M].桂林:广西师范大学出版社,2008:18-19.

叶澜以马克思主义实践哲学为基础，明确指出：

"教育学作为一门独立学科的建设，是教育学存在发展的前提，就像孩子能独立站立是独立行走的前提一样。"①

教育学立场的确立，需要且只能依靠教育学群体的自觉与自为。教育学立场，不仅表现在个体的认知层面，也体现在行动层面。例如，我国教育研究的实践旨在深化教育改革、提升教育质量，一大批从事教育学理论与实践研究的专家学者共同成立中国教育学会等各级教育研究组织，在行动上印证其立场。教育学立场，意味着认同教育研究的特殊性。

正是基于这种对独特性的体认，叶澜面对"理论与实践关系"这一问题时，展现了清晰的教育学意识和教育学自觉。其结果是，在实践哲学领域植入了教育学的立场及其背后的教育学视域或眼光，做出了只有教育学研究者才能提出的概念、观点和方法论，做出了只有通过教育学思考才能生成的"理实观"。

总体而论，叶澜"理实观"将中国教育学有关理论与实践的研究，提升到了一个新高度，"为中国教育学在中国的人文社会学科和世界的教育学之林赢得了一份尊严"②。

如同王坤庆所言：

"叶澜教授以其精当的人生和学术智慧、炽热的情怀和胆识过人的学术勇气向诸多蔑视教育学科的'他者'甚至轻慢自己的教育学同行展开了不懈的抗争与努力，为当代中国教育学人争取必须的地位和尊严发出了令人振奋和鼓舞的呐喊，在思维断裂处寻找教育学的逻辑和教育学人的自信。"③

---

① 叶澜.转化融通在合作研究中生成——四论教育理论与教育实践的关系[J].教育研究，2021(1)：31-58.
② 吴康宁."生命•实践"教育学：为教育学赢得学术尊严[J].当代教育与文化，2015(03)：11-15.
③ 王坤庆."生命•实践"教育学：扎根于中华文明沃土的教育理论奇葩[J].当代教育与文化，2015(03)：41-44.

裴娣娜则指出,叶澜与其"生命·实践"教育学有关理论与实践的思想:

"丰富了中国教育的思想库,更新了教育领域的思维观念,促进了教育改革的发展。叶澜老师及其团队致力于'生命·实践'教育学派的躬耕,取得了一系列的突破,这将在中国的教育研究历史上写下非常重要的一页。"[①]

叶澜的"理实观"拥有清晰的教育学立场,她不是把哲学、社会学、人类学等其他学科理论、观点和视角搬进教育研究中,而是在教育学立场下,以教育学的眼光和尺度探讨和分析教育存在,从而为"理论""实践""生命"等概念的深入研究确立了教育学的路径和中国教育学的视野,由此成为理论与实践关系研究领域中独特、不可替代的存在。

---

① 裴娣娜.读懂叶澜教授及其"生命·实践"教育学派[J].当代教育与文化,2015(03):24-26.

第二编 主题研讨

教师发展：在成己成人中创造教育新世界

——专访华东师范大学叶澜教授*

叶 澜　王 枬**

  叶澜教授在由其提出并主持且长达近30年的"新基础教育"研究中，不仅对"教师"这一教育要素给予高度的关注，还提出了许多与众不同的主张，形成了独具特色的教师观。这成为"新基础教育"的重要理念，也成为"生命·实践"教育学的重要构成。叶澜教授的教师观是基于中国21世纪时代发展和基础教育变革的宏观背景，秉持"生命·实践"教育学的基本立场而提出的，主张：教师要从卫道士、牺牲者、传递者的定位转向"为己为人"的立场；从职业工具价值、传递职能的定位转向"成己成人"的取向；从强调专业发展、培育他人的目标转向"育己育人"的追求。教师创造性的工作将成为推动其成长的不息动力，并将创造出教育的新世界。

  教师是教育活动的基本要素，也是教育存在的重要条件。从一定意义上说，没有教师就没有教育。正因为教师对于教育活动的开展有着至关重要的作用，教育学家历来关注教师。从叶澜教授的教育思想中可以看出，她不仅对"教师"这一教育要素给予高度的关注，还提出了许多与众不同的

---

  * 本文为全国教育科学"十三五"规划国家重大课题"中国特色社会主义教育理论体系研究"（项目编号：VAA190001，课题负责人李政涛）成果之一，原载于《教师教育学报》2021年第3期。

  ** 访谈者简介：王枬，教育学博士，广西师范大学教育学部教授、博士生导师，兼任华东师范大学"生命·实践"教育学研究院副院长。

主张,形成了独具特色的教师观。这成为由叶澜教授提出并主持且长达近30年的"新基础教育"研究的重要理念,也成为由叶澜教授领衔的"生命·实践"教育学的重要构成。叶澜教授的教师观不仅影响和改变了参与研究的中小学教师的日常生活,而且充实和深化了中国教育学的基本理论和学科内涵。

感谢《教师教育学报》提供契机,让我们可以就叶澜教授教师观的基本主张进行专访,以使更多教师能够更加深入、全面地了解叶澜教授关于教师的思想。

一、读懂教师:明己明人

王枬:您是从什么时候开始关注并思考"教师"这一主题的?在您的教师观的形成过程中,大致经过了哪几个阶段?您的教师观与"新基础教育"、与"生命·实践"教育学又有着怎样的联系?

叶澜:我的教师观的形成过程大致有三个阶段。

第一阶段为1990至1995年,这是以探讨教育基本理论为主并为教师观奠定认识基础的时期。我在大学"教育概论"课程的教学工作中发现,传统的教育学理论缺少对发展主体的关注,而人的发展最终要通过发展主体的自主选择与实践才能实现,教师发展同样如此。自此,我便开始了对教师的系统思考与研究。1990年,我在《教育研究及其方法》一书的引言部分,对社会上包括不少教师将教师职业视为"知识的传递者"而不是"知识的创造者"的角色定位提出了批评,强调教师劳动具有创造的特性。[①] 1993年,我撰写了《时代与教师的职业修养》一文,分析了现代社会对新型教师的要求以及教师应具备的职业修养。[②]

第二阶段为1996至2000年,这是以迎接新世纪的到来为背景对教师问题进行研究的时期,也是"新基础教育"完成探索性研究进入拓展阶段的时

---

① 叶澜.教育研究及其方法[M].北京:中国科学技术出版社,1990:11-16.
② 叶澜.时代与教师的职业修养[J].中国教育学刊,1993(02):49-51,48.

期。1998年,我发表了论文《新世纪教师专业素养初探》,文章从教育理念、知识、能力等方面专门论述了未来教师所需要的专业素养。① 2000年,我在与他人合著的《教育理论与学校实践》一书的导论部分,讨论了新世纪教师的新角色以及作为教育世界创造者应具有的专业素养等问题。② 同年,我应邀作为上海市教育名师讲坛的首批成员,为上海市的大中小学教师做了一场题为"论教师职业的内在尊严与欢乐"的报告。在报告中,我对中国传统教师角色的定位进行了分析,对片面理解教师职业、一味拔高教师或贬低教师形象的问题给予了批评。③

第三阶段为2001至2017年,这是教师观研究系统化、完善化和凸显"生命·实践"教育学特殊性的时期。2001年,我与几位博士研究生合著的《教师角色与教师发展新探》一书出版,这是一本探讨教师职业生命价值的著作。④ 2004年,在《"新基础教育"发展性研究报告集》中,我专列了关于教师发展的篇章,提出了"研究性变革实践"这一属于"生命·实践"教育学专有的概念,并将其作为教师发展的基本路径。⑤ 2006年,我出版了著作《"新基础教育"论——关于当代中国学校变革的探究与认识》,书中有一篇题为《新型教师队伍的创建》的文章,从理想重建、基本素养、基本路径等方面对"教师"这一主题进行了探讨。⑥ 2015年,我在出版的《回归突破:"生命·实践"教育学论纲》一书中,以题为《创造:师生在校新生活》的文章作为全书的结尾,强调了教师创造对师生以及教育的意义。⑦ 2016年,我在《"新基础教育"内生力的深度解读》一文中,以贯穿"新基础教育"的四个"读懂"("读懂时代""读懂学校""读懂教师""读懂理论与实践的关系")为主线,阐明了"新基础教育"

---

① 叶澜.新世纪教师专业素养初探[J].教育研究与实验,1998(03):41-46.
② 叶澜,郑金洲,卜玉华.教育理论与学校实践[M].北京:高等教育出版社,2000:1-17.
③ 叶澜.论教师职业的内在尊严与欢乐[J].思想·理论·教育,2000(05):6-11.
④ 叶澜,等.教师角色与教师发展新探[M].北京:教育科学出版社,2001.
⑤ 叶澜."新基础教育"发展性研究报告集[M].北京:中国轻工业出版社,2004:28-32.
⑥ 叶澜."新基础教育"论——关于当代中国学校变革的探究与认识[M].北京:教育科学出版社,2006:354-371.
⑦ 叶澜.回归突破:"生命·实践"教育学论纲[M].上海:华东师范大学出版社,2015:320-326.

发展的内生动力,并从"读懂教师"的立场出发,着重探讨了"教师是谁"的问题。① 2017年,我发表了《"生命·实践"教育学派的教育信条》,阐明了我们团队对教育、学校教育和教育学研究的基本信念、基本认识与基本准则,其中有多个信条都与教师相关。②

以上就是我的教师观形成的基本脉络。

我的教师观基于"生命·实践"教育学的基本立场,是"生命·实践"教育学有关学校教育理论的重要构成。我的教师观是对已有教师观及其相关理论的批判性反思,是对现实中存在的、实践中有普遍性表现的,甚至成为教师自我认同和生存方式的观念及行为的批判性反思,意在唤醒教师重新确立自我角色,进而促进主体的内生动力,实现自主发展。我的教师观的形成,是始终坚持理论与实践相互联系、相互作用的结果,也是一个螺旋式上升的过程:一般是由"实存状态"③催生出我的问题与反思意识,继而在理论上"清思"④并提出新观点,进而促使这些理论在实践中转为积极的变革力量,再不断深化、提炼实践中内含的理论。在这一过程中,我也实现了立场、理论、思想方法和观点等方面的自我更新,在研究中实现了自我成长。

二、教师角色:为己为人

王枬:在您关于教师的论述中,既有对中国传统教育赋予教师角色定位的深刻反思和批判,也有对"教师是谁"这一终极追问的"中国式"解答。那么,您如何看待中国传统教育中的教师角色?

叶澜:我对中国传统教师角色的批判主要集中在三个方面。

第一,"卫道士"角色。我国历来有尊师的传统,但深究"为何尊师",就可

---

① 叶澜."新基础教育"内生力的深度解读[J].人民教育,2016(03-04):33-42.
② 该信条首发于《光明日报》(2017年2月21日第13版),标题为《"生命·实践"教育的信条》。后收入《"生命·实践"教育学研究(第一辑)》时,叶澜将题目改为《"生命·实践"教育学派的教育信条》,见:华东师范大学"生命·实践"教育学研究院."生命·实践"教育学研究(第一辑)[M].上海:上海教育出版社,2017:1-9.
③ 实存状态,意指现实中存在的。
④ 清思,意指理清思路。

看到中国传统教育"尊师"中"卫道"的本质。荀子是明确提出"尊师"之说的代表人物。《荀子·礼论》中称:"天地者,生之本也;先祖者,类之本也;君师者,治之本也。"古代战国时期的教育名篇《学记》则把"师"与"道"的关系表述为:"师严然后道尊,道尊然后民知敬学。"文中还进一步提出:"能为师然后能为长,能为长然后能为君。"韩愈在《师说》中更是明确地表达了"师"与"道"的依存关系:"道之所存,师之所存也。"显然,在中国传统文化中,教师角色的定位主要是充当"卫道士",因而,"尊师"之"尊"是出于"师"所承担的"卫道"的功能。然而,传统意义上的"师道尊严"产生了许多消极的后果,主要表现在:一是教师群体在职业意识上缺乏独立性;二是"卫道士"的角色定位使教师缺乏民主意识。这显然与当代社会的发展格格不入。无疑,教师职业必有"卫道"的使命,但我们也必须清醒地认识到,在今日的中国,教师要"卫"的是社会主义发展之"道"、人类文明进步之"道"、教育内在逻辑之"道"。这种"道"本身不是僵死的,而是处在发展变化之中的,其本质就是实现中国社会主义教育现代化的变革之道。

第二,"牺牲者"角色。人们常把教师比喻为"蜡烛""春蚕",以"春蚕到死丝方尽,蜡炬成灰泪始干"的诗句来歌颂教师无私奉献的精神。显然,这样的比喻寄予了社会对教师角色的期待,但并未涉及教师职业劳动对教师本人现实生命的意义,也未涉及教师的智慧与人格在日常职业工作中所受到的挑战,还未涉及教师职业对教师生命发展和生命力展现的价值,更未涉及教师职业带给教师的内在尊严与欢乐的满足。因此,这种歌颂并不会给教师带来人们像对富有创造性的专业人士那般的尊重。

第三,"传递者"角色。中国民间虽将教师列入"天地君亲师"的序列以示敬意,但由于中小学教师所教对象的非成熟性和教学内容的基础性,导致教师的社会地位仍然不高。2 000多年前,孔子就为教师立下了"述而不作"的信条。韩愈在《师说》开篇即言:"古之学者必有师。师者,所以传道受业解惑也。"可见,"述"与"授"自古就被定为教师的基本任务。如若是教小孩,则需要"述"和"授"的内容就十分浅显,故在科举盛行之时,秀才只有落第了才去教童子。而私塾先生是穷酸和稍有学问之人的代名词,常被贬称为"教书匠"。这一"书"一"匠"两字对"师"字的替代,概括了许多人对教师职业性质的认识:教师只是教"书"的"匠人"而已;教师只是把已有的知识传递给青少年而已。教师职业不能在社会上受到真正的尊重,其认识上的病根就在于此。①

从中国社会这些对教师的比喻或描述中可以看出,教师角色的定位存在两极化,也因此带来教师职业社会声望的巨大反差。一方面是教师角色的"神化"。不管是"天地君亲师"中将教师与天地并列、与帝王共序,还是"蜡烛""春蚕"中对教师付出、奉献的无限拔高,都不是把教师视为"凡人""常人""普通人",而是把教师看成"完人""圣人""神人",进而,把教师归结为脱离现实生活、不食人间烟火的理想性存在,导致教师生命存在中感性的、现实性的一极被彻底否定。另一方面是教师角色的"矮化"。从词源上看,"教育学"(pedagogy)一词是从希腊语"教仆"(pedagogue)一词派生而来的。在古希腊,负责照料、陪送年幼的奴隶主子女上学并帮助他们携带学习用品的奴隶被称为"教仆"。后来,人们把那些专门从事儿童教育的人称为"教师"。在罗马帝国时代,初等学校的教师大多是被释放的奴隶,他们为谋生而从教,罗马的自由民不屑于担任这样的工作。在中国,很长一段时间里,教师的地位也非常低下。现实中有不少教师把教育理解为一种操作训练的工作,把教师职业定位于低层次的简单劳作,把教育活动降低为机械的习惯和例行的公事。这是教师角色的自我"矮化"。对教师职业的"神化"或"矮化",其表面上相互对立,但实质上内在相通,二者都以不同的方式表现出对教师职业的片面认识,甚至是对人全面而丰富的生命存在曲解。

造成中国传统教师角色定位偏差的原因,一是与社会发展程度有关。尚处于温饱型社会的人们,更多关注物质财富的谋取与创造。在基本生存、温饱都还需要奋斗的时代,人们很少去深究所从事的职业与人类社会发展以及自身发展之间有哪些深层的关联。二是与人们对教育及教师职业的认识有关。人们并没有弄明白教育究竟"是什么"和"为什么",并没有认识到教师劳动的独特性与复杂性,以及教师职业对从业者品格、智慧等综合素质的要求。教师培养方式的简单化及程序化,使教师成为掌握教育教学模式的熟练操作

---

① 叶澜,郑金洲,卜玉华.教育理论与学校实践[M].北京:高等教育出版社,2000:2-9.

工,忽视了对教师人格、学识、育人智慧等方面的养成,这极大地制约了教师教育水平的提升和创造潜能的开发。三是与人们对"创造性"的理解有关。人们习惯于以科学、艺术等已被公认的创造性劳动的范式来评价教师劳动,习惯于以可见、可测、可直接呈现为新增产品或财富的方式来评价劳动的创造性及其价值。正是这种评价范式与标准的硬套或错位,使人们无视教师劳动的创造性。因此,对教师角色的片面认识,以及对教师职业性质的误解,导致了教师角色定位的偏差,并带来了教师自身发展的困惑,也引发社会对教师职业的轻慢。这种局面必须改变。

王枬：如果说中国传统教师角色定位存在着偏差,那么在社会以及基础教育急剧变革的当下,传统的教师角色遇到了哪些挑战?教师又应该如何定位自己呢?

叶澜：我在《"新基础教育"内生力的深度解读》一文中,从关系的维度和"是"与"不是"的维度对教师角色进行了重构。同时,以"新基础教育"的探索为例,提供了从"事实"和"价值"两个层面进行教师角色重构的基本路径。"关系"维度呈现教师角色可能涉及的教师与变革、教师与学生、教师与学科、教师与自我四个方面;"是"与"不是"维度则表达了对现实中部分教师角色定位不当的否定和观念上对教师角色理想定位的期待。

第一,教师与变革的关系。教师不是上级制度规定的机械执行者,也不是他人改革经验的照搬者,更不是教育变革的操作者。教师应该是有思想的实践者,是有发现的研究者,是有创生能力的变革者。转型变革的第一步,必须弄清楚一个最基本的问题,即在变革中"教师是谁"。教师应从自己的教育实践中寻找变革的突破口,从学生发展的需要中生成变革的设计图。这就要求教师进行研究,在研究中创生,在创生中变革,在变革中成长。

第二,教师与学生的关系。教师不是为学生燃尽生命的"蜡烛",也不是放任学生自发生长的"牧羊人",更不是学生成长路线与模式的"规定者"。教师应该是点亮学生心灯的"启蒙者",是用人类文明使学生成人的"养正者",是学生才情、智慧、人格发展不可替代的"助成者"。教育需要发挥启蒙作用,即开导蒙昧,使学生明白事理。对正处在成长中的学生而言,教育要用人类文明"养其正""成其人"。所谓"养正",即指培养学生端正的心性及行为。教师应助力学生的完整性发展,而不只是对某一方面下功夫。

第三,教师与学科的关系。教师不是学科知识的简单传递者,也不是学科技能的机械训练者,更不是学科考题的反复宣讲者。教师应该是学科知识的重要激活者,是学科育人价值的开发者,是教育教学实践的个性化创造者。学科知识在课堂教学中是"育人"的资源与手段,服务于"育人"这一根本目的。每个学科对促进学生的发展都具有丰富而多样的价值,除了知识、技能外,还有情感、态度和价值观等领域。因而,学科育人的价值指向学生对己、对事、对他人、对群体的综合素质的发展,是应渗透在各学科的教学中,体现在课堂教学全过程的。

第四,教师与自我的关系。教师不是听任外部环境摆布的被动生存者,也不是只需专业发展的局域人,更不是群体中的依附者。教师应该是自主选择职业的责任人,是不断自觉提升德行才智的发展者,是善于在群体合作中发挥、发展个性的主动者。这里的核心是要学会反思。教师要在教育生活实践中,自觉、持续地从人的完整性发展的角度进行自我完善。[1] 一句话,教师的角色既是为人,也是为己,如胡适先生所说:"真实的为我,便是最有益的为人。"[2]

三、教师价值:成己成人

王枬:教师角色关涉"教师是谁"的问题,教师价值则关涉"教师为谁"的问题。您如何看待教师职业的价值?

叶澜:我在《论教师职业的内在尊严与欢乐》一文中,通过对历史的反思和现实的透析,将中国社会长期以来对教师职业价值认识的偏差概括为两个方面。

其一,只注重教师职业的外在价值,却未能理解教育的内在价值和教师职业的本体价值。所谓"外在价值",就是手段价值、工具价值,即教师在职业

---

[1] 叶澜."新基础教育"内生力的深度解读[J].人民教育,2016(03-04):33-42.
[2] 胡适.容忍与自由[M].济南:山东文艺出版社,2014:115.

中的存在是"工具性的存在"，教师是为了完成外加的任务或为了满足生计的需要而工作；所谓"内在价值"，则是目的价值、本体价值，即教师在职业中的存在是"目的性的存在"，教师是为了在职业中获得精神的充实和自我的发展而工作。现实中，我们可以看到：人们尊重教师，只是对教师"化民成俗"作用的肯定，却未必是对教师职业内在价值的认可；社会维护师道，只是出于对教师传道职责的社会需要，却并未体现出对教师本身发展的观照。在社会分工的各个链条中，教师只是确保社会这一庞大机器顺利运转的一个零件，教师是"社会工具"，教师的任务就是服务于社会政治、经济建设对培养各行各业人才的需要，教师的存在价值只是因为对社会有用、对他人有用，而有用的程度与教师作出的贡献特别是学生考试的分数相关。因而，教师职业的尊严是用其工具价值换来的。教师个人则被隐匿、被湮灭了。不仅社会如此，即使是教师自身，也羞于、耻于谈个人在职业中的需求，不敢也不会在职业中规划自我。教师的"工具价值"愈加被强化，教师职业对从业者的本体价值便愈加被遮蔽。甚而还存在着教师把自身当成工具的现象。作为教育者的教师，在忽视学生真实生命成长需要的同时，自身生命在职业生涯中的成长价值也被忽视，其感受到的仅是自己作为工具的价值。如果存在这种双重忽视，那么学校教育就丧失了"生命性"，丧失了"魂"，造成了教育本真意义的异化。①究其原因，一方面源于简单线性、二元对立、非此即彼思维模式的影响。在这种思维模式主导下，教师职业的本体发展价值与教师职业的社会工具价值割裂开来，教师个人与所处环境对立起来，教师的个人成长与在职业中的奉献相分离。另一方面也与工业社会强调科学管理、追求效率的工具理性有关。在以经济利益为中心的社会，人们看重的往往是教育服务于社会和经济的工具价值，追求的是效益与投入产出比，以及人力资源的贡献率。至于教育的内在价值，教育对于每一个个体的发展价值，远未被真正重视，因而也不被当作判断教育存在的最根本依据。

其二，只强调教师职业的"传递职能"，却未能看到教师职业内含的创造性要求。长期以来，我国课堂教学存在的突出问题是把教学活动的性质框定

---

① 叶澜.论教师职业的内在尊严与欢乐[J].思想·理论·教育，2000(05)：6-11.

在"特殊认识活动"的范围内,由此,课堂教学传递的重点便是"认识性目标",从而教学任务被直接规定为传递人类社会所积累的系统的文化知识和培养学习者学习知识的技能、技巧,教学过程被简化为教师以讲授为主、学生以记忆和练习为主的被动接受过程。如此一来,课堂教学中教师与学生的关系便被设定为教师主导,而教师的讲授成为发挥主导作用的最重要的方式。这种以教师传递知识为主的思想和模式之所以能够在实践中长期存活,一个重要原因是其操作性强。一方面,它以教师为中心,从教师的"教"出发,容易被教师接受;另一方面,它视知识的传授和技能的训练为主要任务,并提供了较明确的可操作程序,教师只要有教材和教学参考书,就能进行规范操作。因此,这种教师以传递知识为主的思想得到广泛传播,并逐渐转化成实践形式,扎根于千百万教师的日常教学观念和行为之中。这强化了教师在课堂中的中心角色地位,也迎合了简单的操作需要,但其危害是阻碍了教师从理论和实践上探索教学工作的创造需求。这种认识偏差,源于传统教学论对"教学是一种特殊的认识活动"的界定[1],这同样是简单的二元对立思维的反映。传统教学观以"决定与被决定、主导与被主导"的思维方式来认识教学中"教"与"学"的关系和性质。这一思维方式本身就是违背辩证法的。所以,如果我们还在讨论"教"与"学"谁决定谁或谁主导谁的问题,那么我们在本质上就没有跳出传统教学过程观的认识框架。应该看到,在"教师主导"的前提下开展的课堂教学,学生不可能拥有教学过程中的主体地位和主动参与权,不可能完全摆脱"物"的地位。

在批判传统教学观"特殊认识活动"说的基础上,我重新定义了"教学目标""教学活动"和"师生关系"的内涵,目的是把学校中"丢失的人"找回来,使学校从"无人"转向"有人"。首先,教学目标从根本上说是要促进人的成长与发展。传递知识依然是教师要做的事,但不能把此视为教师工作的全部,更不是终极目标。在教育活动中,知识的价值是育人的养料,学习知识是为了人的成长。知识在此是手段、工具,人的发展与成长才是教育的不可替代的、独特的目的。其次,教学活动是由教师的"教"和学生的"学"组成的双边活

---

[1] 叶澜.让课堂焕发出生命活力——论中小学教学改革的深化[J].教育研究,1997(09):3-8.

动,不能将"教"与"学"割裂开来、对立起来。再次,教学活动是发生在师生间的一种特殊的交往活动。不能把教学简单地理解为教师传授知识和学生接受知识的过程,也不能把教学看成主要是学生内在潜力展开的过程,而应该把教学看成是师生间知、情、意、行相互作用的过程。最后,教育区别于其他社会活动的突出表现在于:教育不是"人"与"物"的关系,而是"人"与"人"的关系;教育不是培养工具人、技术人、知识人,而是要培养全面发展的人。因此,教育活动要以"人"为中心,以"人"为目的。这是教育不同于其他社会活动的最本质的特征,也是教育最重要的价值所在。

总之,教师职业价值取向出现偏差(无论是强调教师职业的社会工具价值,还是强调教师职业的传递知识职能),都是受思维方式的局限。要扭转这种偏差,必须先从改变思维方式着手,从方法论的角度出发,建立起联系的、系统的、变化的、整体的复杂思维。

王枬:那么,教师职业的内在价值或本体价值究竟是什么?

叶澜:教师职业的本体价值与人的本体价值相关。也就是说,要在成长和发展意义上思考人的本体价值,在教育促进人的成长和发展意义上思考教育的本体价值。

基于对人的本体价值的认识,以及对"一个呼唤人的主体精神的时代已经真实地到来"的判断①,我提出:人的育成是教育的最终目的,教育工作者要把对人的生命关怀放在首位,把增强人的生命主体意识看作是时代赋予教育的重要使命,承担起培养新人的任务。

1998年,我发表《更新教育观念,创建面向21世纪的新基础教育》一文,以"未来性""生命性""社会性"作为"新基础教育"的价值定向。我提出"新基础教育"的"生命性",是因为看到中小学教育中长期存在的重学科知识传授和技能训练价值、轻学生个体生命多方面发展的弊病,从而产生改变教育现状的想法。"生命性"观念不仅成为"新基础教育"的价值定向,也成为"生命·实践"教育学的重要基因。② 我在《"生命·实践"教育学派的教育信条》

---

① 叶澜.时代精神与新教育理想的构建——关于我国基础教育改革的跨世纪思考[J].教育研究,1994(10):3-8.
② 叶澜.更新教育观念,创建面向21世纪的新基础教育[J].中国教育学刊,1998(02):6-11.

一文中,对"教育"作出了这样的界定:"教育是直面人的生命、通过人的生命、为了人的生命质量的提高而进行的社会实践活动,是以人为本的社会中最体现生命关怀的一种事业。"① 这是基于人的生命成长和发展的立场来看待教育价值的全新界定,以教育信条的方式呈现,高扬了教育促进人的生命成长和发展这一本体价值理念。

教师职业的本体价值体现为从业者所具有的生命意义。我对此的认识也有一个深化的过程。在 1997 年发表的《让课堂焕发出生命活力——论中小学教学改革的深化》一文中,我提出,课堂教学对学生具有重要意义,对教师而言更是意义重大。课堂教学是教师职业生活中的最基本构成,直接影响教师对职业的感受与态度,以及专业水平的发挥和生命价值的实现。

具体而言,课堂教学的生命活力有三重含义:其一,课堂教学应被看作师生人生中一段重要的生命经历,是他们生命中一个有意义的构成部分;其二,课堂教学应体现全面培养人的目标,促进学生生命多方面的发展,而不只是局限于知识方面的发展;其三,课堂教学蕴含着巨大的生命活力,只有师生的生命活力在课堂教学中得到真正焕发,才能真正有助于学生的培养和教师的成长,课堂上才有真正的"生活"。这就是我们在认同课堂教学促进学生发展的社会价值的同时,还提出课堂教学对教师同样具有生命价值这一观点的重要原因。

1999 年,我发表《把个体精神生命发展的主动权还给学生》一文,将"创造人的精神生命"视为教师职业的本质,并提出,只有认识到教师职业的本质是创造人的精神生命,才可能把创造还于教师职业。② 2000 年,我发表的《论教师职业的内在尊严与欢乐》一文中提出,能给人以尊严的职业,一定是与人的生命本质和满足高级需要直接相关的职业。"独立地创造",这正是人的生命存在的本质方式。人要想成为有尊严的人,就应该选择富有创造性的职业,并以创造性的劳动去实现自己的生命价值,在创造性的劳动中,享受生命

---

① 叶澜."生命·实践"教育学派的教育信条[M]//华东师范大学"生命·实践"教育学研究院."生命·实践"教育学研究(第一辑).上海:上海教育出版社,2017:1-9.
② 叶澜.把个体精神生命发展的主动权还给学生[M]//叶澜.叶澜教育论文选·方圆内论道.北京:中国人民大学出版社,2019:128-134.

力焕发带给自己的欢乐。在2004年发表的《我与"新基础教育"——思想笔记式的十年研究回望》一文中,我提出"教师是太阳底下最光辉的职业"这一赞颂,并不只是因为这一职业神圣、重要而理应受到尊重,还因为这是一个直面人世间最宝贵和丰富的生命,用自己的生命之火去点燃希望,促进更多人生命成长的职业,是一个充盈着生命之光和热的职业。① 正是基于对生命性的价值认定,"新基础教育"关注师生的学校生存状态,充满着对师生生命成长的关怀,同时还关注教育的内在本真价值,张扬教师职业的内在尊严。这不仅是"生命·实践"教育学立场的逻辑使然,更是"人学"立场的价值使然。

王枬:既然教师职业的内在价值体现在人的生命性成长中,体现在创造性的劳动中,那么教师劳动的"创造"有哪些特点呢?

叶澜:"创造"是教师职业的本质特征,是教师职业内在尊严的根基与欢乐的源泉,也是教师价值自我确证的重要方式。这种创造有着教师职业的独特之处,表现在以下几方面。

首先,教师劳动的特点在于"生成"。以培养人为己任的学校教育,有着不同于其他行业和机构的特殊性,这便决定了教师的劳动无论是从手段和对象上分析,还是从形态和结果上考察,都有着与其他行业劳动不同的"生成"特点。所谓"生成",即生长、建构和形成。教师只要从思想上真正顾及了学生多方面成长的需要,顾及了生命活动的多样性和师生共同活动中多种组合和发展方式的可能性,就能发现课堂教学具有生成性的特征。在教育活动中,教师的品质、才华、个性乃至语言风格以及行为习惯,都会"生成"为教师的教育手段,教师在引导学生认识周围世界的同时,自身也成为学生的认识对象,并在学生的精神世界中居于重要的位置,发挥着影响和示范作用。教师的教育对象不是无生命的自然物质材料,而是有思想、有感情、有个性,具有主动性、独立性的活生生的人,他们有选择地接受教师的影响,同时也以自己的知识、见解、才能和性格反作用于教师。另外,从个人的整体发展来看,专门人才的培养,少则需要十五六年,多则需要二十几年,这同样是一个漫长

---

① 叶澜.我与"新基础教育"——思想笔记式的十年研究回望[M]//丁钢.中国教育研究与评论:第7辑.北京:教育科学出版社,2004:40.

的生成过程。教师培养的学生既是集体劳动的结晶,也是教育活动的阶段性成果。这些都表明:教师作为综合性的脑力劳动者,从事着人世间最复杂、最崇高,也最富有创造性的劳动。

其次,教师职业的魅力在于"创造"。我认为,教育是一种独有的创造性工作,教师的创造具有更为深远的意义。一是促进学生的主动发展。学生主动发展的最高水平是能动、自觉地规划自身的发展,成为自己发展的主人,而承认学生的"主动性",促进学生的主动发展,就成为教师的重要任务,也是教师创造性劳动的体现。二是促进教师的自我成长。教师不仅要创造学生的精神生命,也要创造自己的精神生命。当教师具有了自由、自觉、主动发展的意识并在教育教学中创造性地工作时,教师才能将活生生的生命与活生生的世界融为一体,由此进入一种自我更新成长的境界,教师职业才成为一种自由、自觉的存在。三是促进师生的和谐发展。"创造"的特质决定了教师在教育教学中不能忽视学生的权利与要求,而应主动了解学生、激励学生、唤醒学生,并以此来加强师生联系,增进师生感情,促进师生交流。可以说,教师职业因为创造而具有了独特的魅力,这将不仅改变教育教学活动本身,更重要的是改变培养人的方式,从而改变师生的日常存在方式,这是一种意义更为深远的影响。

最后,教师创造的重点在于"转化"。我曾说过:教师是从事点化人生命的教育活动的责任人;没有教师的创造性劳动,就不可能有新的教育世界;教师只有将创造融入自己的教育生命实践,才能体验到这一职业内在的尊严与欢乐。这里的"点",是点拨、开启,不是直接将答案告知学生,而是在学生感到困惑时予以适时的点拨和提醒,这就需要教师的智慧;这里的"化",是转化、化育,不是教师自己掌握多少知识的问题,而是如何将人类的精神财富转化成学生个人成长的精神财富的问题。这个转化的艺术就是教育的魅力,需要教师对多种知识进行多层次、创造性地开发、转换与组合才能完成,这正是教师职业创造性的突出表现。

四、教师发展:育己育人

王枬:我知道您不赞成简单地提"教师专业发展",而是提"教师发展",

这是什么缘由？您所主张的"教师发展"具体是指什么呢？

叶澜："教师专业发展"一词最早是美国学界提出来的，有两个不同的目的：一是为了提高教师职业的社会地位，保障教师职业受到社会的尊重；二是为了提高教师素养，促进教师个体的专业发展。这无疑是必要的，也是有意义的。但是，仅强调教师的专业发展是不全面的，仅从外部提升教师的社会地位也是不够的。

我更主张提"教师发展"。这是因为，当我们在谈论教师专业发展时，关注的重心在"专业"与"职业"的区别上。"教师专业发展"强调专业人员要有专业理论、专业技术与专业资格作保证，并具备行使专业自主权的能力和拥有与之相应的职业道德等。这一主张本身具有鲜明的"工具价值"取向，即从更好地服务社会这一角度出发，主张教师为了适应时代变化，为了胜任"教书育人"的使命，而去促进"专业发展"。这种单纯强调教师职业"工具价值"的认识是片面的。当我们论及"教师发展"时，关注的是作为具体而丰富的人（而非工具）的整体性发展的问题。专业发展只是人的整体发展的重要且与其他方面的发展相关的组成部分，但不是全部。"教师专业发展"与"教师发展"两种不同的提法，涉及人所从事的专业（职业）和人的全部生命与生活的关系。① 对教师来说，有了清晰的自我意识和主动发展的内在需求，并把自己作为发展的主体，这才是发展的动力源泉。这便涉及"教师为谁发展"的问题。在我看来，教师发展不仅是为了应对时代的挑战和肩负社会的重托，也是为了使自己的人生更有生气，更有意义，更有光彩。

"更有生气""更有意义""更有光彩"这三点呈现出教师"由内而外"的样貌：更有生气，即教师因"内在动力"的激发而展现出的生命活力；更有意义，即教师因对这一职业"成己成人"双重价值的认同而表现出的不懈追寻；更有光彩，即教师因有了不仅为社会也为自我，不仅成就他人也成就自身的认识目标而展现出的积极风貌。从这个意义上说，教师发展就是为了过有意义的生活，也是为了使自己的生命更丰富，更有价值，更有质量。

---

① 叶澜."新基础教育"论——关于当代中国学校变革的探究与认识[M].北京：教育科学出版社，2006：358.

教师有了发展的内在动力和愿望后,马上面临的就是"发展什么"的问题。由于教师是以自己的全部人格而不仅仅是以专业能力呈现在学生面前的,因此,教师更应该关注和重视的是自己的"整体性发展"。所谓"整体性发展",是包括了教师的品德、行为、才华、智慧等在内的多方面素质的发展,是教师作为一个完整的人的健康、健全、健美的发展。人发展的自主性表现在,人可以通过自己的活动来实现自己的发展。离开了主体的活动就谈不上任何发展。因此,教师需要培养自我发展的自主性,强化关于发展的自我意识。具体来说,首先,教师必须对自身的发展有清晰的认识,其中包括对教育的理解,以及对教育责任的承担。其次,教师只有自己活得像个"人",才能对学生产生"成人"意义上的影响。自己活得像个"人",就是教师要活得真实、努力、有信仰,且能践行信仰。再者,教师要进行创造性的工作。如果教师把人的培养当作教育的终极目标,那么,教师在工作中就会不断挑战自己的智慧、修养和能力,这将成为推动教师学习、思考、探索、创造的不息动力,从而给教师的生命增添发现和成功的欢乐。

解决了教师"发展什么"的问题后,接着需要面对的便是教师应该"如何发展"这一问题。"发展"作为一种开放的、生成性的动态过程,既不是外在的也不是自发的,人的发展只有在人的各种关系与活动的交互中才能实现。因此,不能只从孤立的个体角度来设定对发展的要求,而应以"关系"与"活动"为框架来思考"发展"的问题。一般而言,个体最基本的关系与活动有两大类:一类指向外界(外向式的),即个体与周围世界的关系和实践性活动;一类指向内部(内向式的),即个体与自我的关系和反思。在这两类关系与活动中,个体能采取的基本方式也只有两种:主动或被动。从自身发展的角度来看,个体的主动性是关键性因素。这种主动性包含在上述两个向度的关系与活动中。对个体发展而言,个体主动性的发生,总是在对外界和自我以及将发生的行为有了认识并产生选择与行动的意愿之时。[①] 显然,教师发展的前提是个体具有发展的主动性,而且要在"关系"与"活动"这两个维度都实现自主自觉的发展。由于教师和学生是教育活动中最主要的构成要素,教师发展

---

① 叶澜.重建课堂教学价值观[J].教育研究,2002(05):3-7,16.

与学生发展之间便有了须臾不可分离的关系。教师发展是促进学生发展的前提,是教育活动得以开展的重要条件。正是从教育对象的成长中,教师意识到自己存在的危机:不先教己,何以教人?这种危机意识是自我发展的基础。因此,教师职业不应该是消耗性的,而应该是发展性的。教师这一职业不但要"益人",也要"益己";不但要促进"学生的发展",也要促进"教师的发展";不但要为学生健康的身心、丰富的精神世界和美好的社会生活服务,也应该为教师自己的幸福服务,使之成为教师幸福的生活方式。

对教师而言,"育己"应先于"育人"。以往人们比较关注教师如何"育人",却很忽视教师如何"育己"。其实,教师的"育己"不是单指或者说主要不是指脱离了职业实践的自我修养,而是指教师在职业实践中对完美职业角色的探究、思考与实践。这不仅是为了重新认识教师职业,重建教师职业的角色形象,也是为了丰富教师职业的生命内涵。[①]

王枬:您把"教天地人事,育生命自觉"作为教育的重要任务和目标,那么,在教师发展中,如何培育生命自觉呢?

叶澜:在我看来,"育生命自觉"是一个层层递进的过程。

第一,培育"生命自觉"是教育的最高价值。我在《回归突破:"生命·实践"教育学论纲》一书中,将中国文化传统的精神概括为"以人生世间为本"。由"天人合一"的思想观念发散出的关于"人"的核心问题可以概括为三点:何以成人,何以立身,何以成事。成人—立身—成事,这一过程又直接关系到最基本的教育观。正是受"天人合一"思想所蕴含的智慧的启发,我对"教育"一词作了中国式的表达:"教天地人事,育生命自觉。"这里的"教",首先是让人认识外部的世界,使个体接受外在的知识,并能使其为个人的生存发展所用。只有将"天地"与"人事"作为有机整体教给学生,教育才能回归使学生向善发展的本真状态。这里的"育",指孕育、滋润、培育,是一种向内的生长。"教"不是教育的终极所在,它在一定意义上是"手段",以认识"天地""人事"来达到"育"的目的,从而实现"生命自觉"。教育,必须通过对人生活于其中的外部世界(包含知识、经验和文化传统等内容)的教学,才能达成培养人之

---

① 叶澜,等.教师角色与教师发展新探[M].北京:教育科学出版社,2001:3.

"生命自觉"的目的,使每位受过教育的人最终成为能把握自己命运的人。总之,因有"生命自觉"而成为实现自由人生之人,这就是教育最根本的追求,也是教育对个体生命的最高价值。

第二,"生命自觉"是对自我存在的觉知及掌控。应该说,"自觉"是自人有生命于人世间后,经历了从有意识到有自我意识,再到有自我生命发展意识与目标的逐渐生成的过程。"生命自觉"是个体对自己生命的存在状态有清醒的自觉意识,即成长目标明晰,理想人格确立并矢志不移地追求。教育的目的是唤醒并培育人的生命自觉。有了生命自觉,人就能发挥主动性,努力把握好自己的命运,从而实现自我的生命与社会价值的有机统一。在教育活动中,无论教"天地"还是"人事",最终都要落脚在"生命自觉"的培育上,这就要遵循内在的逻辑和规律。"生命自觉"的形成可以用八个"自"来解释:用"自明""自得"表示对自我的认识;用"自立""自强"表示志向的自我确立与强化;用"自持""自勉"表示践行中的自我把握与努力;用"自由""自在"表示生命自觉达成后个体的存在状态。在这四层关系中,最后达到的"自由""自在"既是前述各阶段发展的结果,又是生命完全掌控自身,通达、蕴化的审美状态。总体来说,"生命自觉"就是始于自明自得,定于人格确立,坚于自我把握,成于自由自在。① 这也正是教育和教师的任务所在。

第三,发展自觉是教师的内生动力。只有具备"发展自觉"的人,才会呈现出"生命自觉"的样貌,并培育出"生命自觉"的学生。所谓"发展自觉",可概括为四句话:以学促自明,以思促自得,以省促自立,以行促自成。具体来说:开展研究首先要明白"为什么研究""研究什么",这就需要学习,通过学习明白道理;还要思考,将所学理论与自身发展建立起联系,想清楚了才能认同,才有所得,从"明"到"得",是一个飞跃;仅有"得"还不够,还要去做,做的过程中会遇到各种问题,无论是取得进步还是遇到障碍,都要反思;在自己实践时,还要不断进行研究和变革,促进自己全面成长。② "发展自觉"需要教师不断学习。中国文化传统强调修己、立身,这也是教师素养的涵育之道。

---

① 叶澜.回归突破:"生命·实践"教育学论纲[M].上海:华东师范大学出版社,2015:263-296.

② 叶澜."新基础教育"内生力的深度解读[J].人民教育,2016(03-04):33-42.

一是志于学,善于学。"学"是教师"发展自觉"的基础。二是善于导。"教"学生是为了使他们学会识人,"察"学生是为了能因材施教、长善救失。因此,不断研究并提升"导"的能力,也是教师"发展自觉"的体现。三是以人格力量"成人之德"。教育是立人之事,最大的育人力量来自教师的人格魅力。中国传统文化的"育"中包含了修己的含义。教师积极的"立身"之德就是在人生的实践中追求自我完善。这是人一生中不断发展的过程,是每位只要意识到并想创造一个有意义人生的教师都可以努力做到的事。故而,修己、立身、成德是教师"发展自觉"的永恒功课。

"新基础教育"强调,对日常教育教学实践的持续研究是教师发展的基本路径。只有坚持日常研究性变革实践,坚持教学过程中教与学的不断互动生成,师生才会在教育实践中有内在真实的成长,教师才能感受到日常过程的发展伟力与魅力,师生才能创造学校教育的新生活。我坚信,在当今的中国,教师完全可能成为富有时代精神和创造活动的人,而教师创造性的工作也将成为推动其成长的不息动力,并创造出教育的新世界。

王枬:谢谢您接受专访,也感谢您多年来对"新基础教育"和"生命·实践"教育学的研究,引领了我国基础教育的改革及广大教师的发展。我记得您曾说过:"中国当代教育的真实发展,希望在教师;只有教师和学生,才是学校新生活的创造者。"为此,需要我们共同努力!

叶澜：创造是教师价值之所在[*]

王 枏

由华东师范大学教授叶澜提出并主持的长达近30年的"新基础教育"研究，不仅对教师给予高度关注，还形成了独具特色的教师观。叶澜将"创造"视为教师职业的本质特征，这是教师职业内在尊严与欢乐的源泉，也是教师确证自我价值的重要方式。

课堂教学是学校教育内在的、最基本的构成，也是学校教育的核心内容。据统计，一个人从进入小学到高中毕业的12年里，要上1.6万余节课。一名教师的职业生涯中要承担1.5万余节课的教学工作。这就意味着课堂教学是师生生命共在的历程，课堂教学如何度过，关乎师生的生命历程是否有意义，是否有价值。

正是基于对课堂教学生命性的价值认定，华东师范大学教授叶澜主持的"新基础教育"研究关注师生的生存状态，关注师生的生命成长，关注教育的内在价值。这不仅是叶澜一贯秉持的"生命·实践"立场的逻辑使然，更是"人学"立场的价值使然。

一、教师劳动复杂、崇高，富有"生成性"

"生成"这一提法是叶澜在20世纪90年代谈及课堂教学的生命活力时使用的。传统课堂上，教师传递知识，完成教案，却忽视"人"的因素，这使课

---

[*] 本文原载于"中国教育新闻网"（2021年11月17日）。

堂教学变得机械、沉闷、呆板,缺乏生气与乐趣,进而导致学生厌学、教师厌教。针对这种现象,叶澜提出要从生命的高度,用"动态生成"的观点看待课堂教学。只有当师生共同参与的教学过程本身能不断生成新因素时,课堂教学才会具有自身的活力。

之后,叶澜将教育活动的"动态生成性"作为"新基础教育"理念的重要构成,她指出:由于参与教育活动的教师与学生双方都是具有能动性的人,由于有诸多复杂因素影响教育活动,因此,教育过程的发展有多种可能性,教育过程的推进就是在多种可能性中作出选择,使新的状态不断生成,并影响下一步发展的过程。教师对教育过程的高超把握就是对这种动态生成的把握。如果能够做到这一点,教师的教育能力可以说已上升到教育智慧的高度。自此,"生成"便成为人们看待教育、看待教学、看待教师职业的热词。

"生成"即生长、建构和形成。课堂是千变万化的,教学过程的真实推进以及最终结果,更多是由课的具体行进状态以及教师当时处理状态的方式决定的。从这个意义上说,一位教师尽管教同一门课,面对同一批学生,但其在每节课上所处的具体情况和经历的过程都并不相同,每一次教学活动都是唯一的、不可重复的、丰富而具体的。"生成"构成了教师从事的教育活动区别于其他活动的突出特点,具体表现在以下五个方面。

第一,教育示范手段的生成。教师是带着自己的全部身心和已有经验走进教室的,是以自己的全部人格和智慧去工作的。在教育活动中,教师的品质、才华、个性都会"生成"为教师的教育手段。教师在引导学生认识周围世界的同时,自身也在学生的精神世界中占有重要的位置,成为学生的认识对象,产生着影响。这种影响体现在教育活动的整个周期甚至更长的时间里,并对社会的风气、习俗甚至文化产生某种渗透。

第二,教育对象能动的生成。教师的教育对象是具有思想、感情、个性和主动性、独立性的活生生的人。他们在有选择地接受教师影响的同时,也以自己的知识、见解、才能和性格反作用于教师。可以说,任何教育活动都不是教师的单向作用。除了有教师的能动因素之外,还有学生能动因素的介入。这样一来,教育活动便不是教师凭主观意志和个人能力所能操纵的,而是在师生交互作用下生成的。

第三，教育情境复杂的生成。影响学生成长的因素是多元的，除了学校和教师，家庭、同辈人团体、大众传播媒介等也是重要因素。课堂教学情境是千变万化的，并不会按照教师预先准备好的教案一成不变地展开，而常常会有难以预料的偶发事件出现。同时，社会和学校对教师的要求又是多方面和多层次的……因此，教师面对的是复杂的情境、多重的要求。

第四，教育过程长期的生成。培养人需要一个较长的周期，从个体的发展来看，某一种知识观点和理论体系的掌握，某一种专门技术和特殊能力的训练，都要经历一个生成的过程。一个专门人才的培养，少则十五六年，多则二十几年，同样是一个漫长的生成过程。这更需要教师作出坚持不懈的努力。

第五，教育成果集合的生成。学校的教育和教学活动主要是通过一个个教师的个体劳动来完成的，在一定的时间和空间内往往只是一位教师面对教育对象单独进行各项活动。然而，教师的教育成果又绝非单个人的劳动所能取得。它取决于学校全部工作的综合效应，有赖于教师集体的共同努力。因此，教师培养的学生是集体劳动的结晶，也是教育活动的阶段性成果。

教师作为综合性的脑力劳动者，从事着人世间最复杂、最崇高也最富于"生成性"的劳动。

二、"创造"改变师生的日常存在方式

一般认为，创造是人类自主活动的突出标志，也是人类有目的、有意识的生命活动的重要象征。而将教师在职业活动中的"生成"与"创造"联系起来，并确立其间的因果关系，则是叶澜教师发展思想的鲜明立场。

叶澜分析了教师"创造"对于师生发展具有的意义。

其一，促进学生的主动发展。传统课堂教学存在的突出问题表现在：课堂和班级都牢牢掌握在教师手中，学生的成长被教师控制，这就把学生生命发展中最宝贵的精神活力和创造力销蚀了，把学生形成积极、主动、自主的自我的可能性扼杀了。如若十几年的学校教育养成了这种对待生命的消极态度，那么学生走上社会后依然会期待有决定权的人来决定自己的行动。一旦

自己拥有了决定权,还会同样以主宰者的身份去控制别人。这不仅会制造个人精神生命发展的悲剧,还会成为社会发展的障碍。这种局面必须改变。这就要求教师心目中不仅要有人,而且要有整体的人,要处处从发展、成长的角度去关注人,从创造学生精神生命的角度去做好教育教学工作。只有教师自主地进行创造性劳动,才有可能促使独立、主动面对生活世界和生命历程的人之形成,才能真正培养出具有创新意识和创造能力的一代新人。叶澜特别指出:学生主动发展的最高水平是自觉地规划自身的发展,成为自己发展的主人,而承认学生的主动性,促进学生的主动发展,就成为教师的重要任务,也是教师创造性劳动的体现。

其二,促进教师的自我成长。从表面上看,传统课堂教学的主宰者是教师。但教师其实也是被规定者:被领导规定,被大纲规定,被教科书和教学参考资料规定。因而,教师成为各种指令的执行者、各种程序的操作者。这种"被动应答"的方式在销蚀学生创造力的同时,也销蚀了教师的创造力。这种状况必须改变,教师要从被规定者转变为主动发展者,从为某个外在的目的而工作转向为内在的自我提升而工作,从追求培养人的结果转向促使培养人的过程与结果均有利于学生的成长。唯有如此,教师的生命才会呈现出自主的色彩,出现创造的奇迹。叶澜强调:作为教育者,教师首先得自己具有丰富的精神生命,才可能带给学生丰富的精神生命。当教师具有了自由自觉、主动发展的意识并在教育教学中创造性工作时,才能将活生生的生命与活生生的世界融为一体,才能进入一种自我更新式成长的境界,教师职业才能成为一种自由自觉的存在。

其三,促进师生的和谐发展。"创造"的特质决定了在教育教学中,教师不能忽略学生的权利与要求,而应主动了解学生、激励学生、唤醒学生。这里,学生区别于其他人群的重要特征是"正在成长",其身心发展有着特殊规律。认识并尊重这些规律,是开展学校教育工作的前提。叶澜指出,对正处在成长中的学生而言,教育要用人类文明"养其正""成其人"。教育所培养的人应是德智体美劳全面发展的人,是才情、智慧、人格协调生长的人,是真善美和谐一致的人。同时,教师对自身的成长也要予以关注,只有当教师真正成为自我发展的主体时,才具有了主动把握自己人生的个体发展意识和能力,这是师生和谐发展的重要条件,是人不同于任何其他生命体的最重要的"自我产生和自我再生"的能力,也是作为个体的人实现生命价值、获取幸福人生的内在保证。教师以和谐发展为指向,将创造的理念渗透于各项教育教学活动中,便为师生的共同成长和进步搭建起了有益的平台。

教师的创造不仅将改变教育教学活动本身,更重要的是将改变培养人的方式,改变师生的日常存在方式,从而改变学校生活,这是影响更为深远的意义所在。

三、教师创造的重点在于"转化"

叶澜强调,教师是从事点化人之生命的教育活动的责任人,"点"是点拨、开启,"化"是转化、化育。而转化,需要教师对多种知识实现多层次和创造性的开发、转换与复合才能完成,这正是教师职业创造性的突出表现。

叶澜以教师最经常开展的学科教学活动为例,呈现了教师"转化"的内容和过程,说明了教师"为何转化""转化什么"以及"如何转化"的问题。

首先,教师要研究学科知识的育人价值和学生的现有状态,这是转化的前提。教师所教的知识是前人创造出来的,它以系统化、相对稳定的符号形态存在并经教科书加工后呈现。但教师的教学不是照本宣科,不是填鸭式灌输,教学为学生的多方面主动发展服务是最基本的立足点。因此,学科的独特育人价值要从学生的发展需要出发。这就要求教师在教学前,先研究不同的学科知识对学生心灵成长的价值和社会价值,研究自己所教学生的发展状态,了解他们的潜在发展需要与可能以及他们的原有经验。唯有如此,教师才可能确定对学生具有发展意义且可实现的教育目标。这些工作只有熟悉学生、熟悉教学的教师才能做到,也只能通过教师自己的创造性研究才能完成。

其次,教师要将符号化的知识转换成学生可接受的学习资源,这是转化的重点。教材上的知识以一种符号化的体系呈现,需要教师将其加工转换成学生既可能接受又具有挑战性的学习资源,把学科的书本知识按其内在的逻辑组成由简单到复杂的结构链,将结构化后以符号为主要载体的书本知识重新"激活",形成具有内在生命态的知识,这同样需要教师创造性的劳动。教师在教学之前,必须先使自己的智能水平超越物化了的教科书中所蕴含的内在的智力水平,必须把凝聚在教科书以及其他承载物中的文化转变为自身的智慧、情感、技能,才可能谈得上实施教育。唯有经过教师如此的努力,作为人类文明的财富和认识世界成果的知识,才能转化成滋养、浸润学生心灵和激发生命活力的"琼浆玉液",才能真正实现人类文明的薪火相传。

最后,教师还要对教学活动作出整体设计并随时根据变化而调整,这是转化的关键。教师需要在上课前对教学活动如何展开作出通盘设计,特别要为学生的主动参与留出时间与空间,为教学过程的动态生成创设条件。在上课时,教师还要直面由成长发展中的个体组成的学生群体,在不同的、时时变化的复杂教育情境中进行教学,不断处理、重组教学过程中因学生积极参与而不断生成的新资源,作出及时调整、重组与新的策划……如此复杂的过程,不仅需要教师具备丰富的本体性知识、条件性知识、实践性知识,更需要教师具有先进的理念与智慧,具有对自己的教育实践进行研究与反思的意识和能力,具有在研究和反思基础上不断进行重建与更新的努力和决心。唯有如此,才能使课堂教学的创造过程成为学生的生命成长过程,成为教师职业生命的创生过程。

试论"生命·实践"教育学的"共生"*

王 枬 李宗霞**

  "生命·实践"教育学具有鲜明的"共生"取向和突出的"共生"特征,表现在三方面:一是"生命·实践"教育学派的"共生",主要通过学派领衔者、第二代学人、第三代学人各自的主动"生长"以及几代学人的赓续接力得到"共生";二是"新基础教育"实践的"共生",主要通过合作学校的"互惠"、合作学校师生的"互成"得到"共生";三是"生命·实践"教育学与"新基础教育"实践的"共生",主要通过理论与实践的"互化"、成事与成人的"互济"得到"共生"。"共生"也成为印刻在"生命·实践"教育学和"新基础教育"实践中的独特标记。

  德国真菌学家德贝里(Antou de Bary)1879年提出"共生"概念后,这一概念便引起了人们的广泛关注。从生物学意义来看,"共生"是指两种不同生物之间形成的紧密互利关系,或是有机体之间长期稳定、持久、亲密的组合关系。从社会学意义来看,"共生"是指人与人之间的相互依存关系,它以"异质性"为前提,正因为人与人之间在价值观念、行为规范等方面存在着差异,才能够建立起相互依存的关系。从哲学意义来看,"共生"是指事物之间形成的一种和谐统一、相互促进、共兴共荣的命运关系。[①] 共生哲学是一种关系性的思维,不但承认"自我"的价值,也肯定"他者"的独特意义,以及"自我"与

---

  * 本文原载于《当代教育与文化》2022年3月第14卷第2期。
  ** 作者简介:李宗霞,广西师范大学教育学部硕士研究生。专业方向:教育学原理。
  ① 杨玲丽.共生理论在社会科学领域的应用[J].社会科学论坛,2010(16):149-157.

"他者"之间不容忽视的相互依存的关系,主张在接纳异者、相互碰撞、相互相容、共同生长中形成一个互利、平衡、发展的整体。①

以"共生"的视角观照由叶澜教授创建并领衔的"生命·实践"教育学,便可体察到其鲜明的"共生"取向和突出的"共生"特征。

一、"生命·实践"教育学派的"共生"

"生命·实践"教育学派的创建过程,大致可分为孕育、初创、发展、成形和通化五个阶段。叶澜教授曾提到,"生命·实践"学派创建的历程既是她个人学术思想和理论逐渐构建,研究路径和风格逐渐形成的过程,也是从她个人的独立研究逐渐发展为团队合作创建的共同奋斗过程。②"生命·实践"教育学系统的理论建构体现了"回归与突破"的学派追求:一方面表现在研究者自身以及学派群体对已形成的学术自我的超越,对学术自我状态的自明;另一方面体现在学派团队成员对自身学术观念系统的不断更新,且成为"生命·实践"教育学派成员的内在生命自觉。

这里,"生命·实践"教育学派团队成员的"共生"是通过各自的主动"生长"实现的,也是在几代学人的赓续接力中实现的。

(一) 学派领衔者的"生长"

作为"生命·实践"教育学派的首创者、领衔者和持续领导者,叶澜教授始终保持着学习和生长的态势,且为学派确定了"以身立学"的信条。就学习的内容来看,既涉及知识体系的不断丰富,也涉及对研究方法以及方法论的不断充实。从20世纪80年代起对系统论、控制论、信息论即"老三论"的研究,到20世纪90年代对耗散结构论、协同论、突变论即"新三论"的关注,再到21世纪初对复杂理论的思考,无不体现了叶澜教授对新兴学科的敏感性;从研读《黄帝内经》到关注脑科学,再到学习表观遗传学的基因概念,充分展

---

① 孙杰远.论自然与人文共生教育[J].教育研究,2010(12):51-55.
② 叶澜.回归突破:"生命·实践"教育学论纲[M].上海:华东师范大学出版社,2015:4.

现了叶澜教授自我更新的生命自觉;从研究基础教育到学校教育再到教师教育,从研究社会教育力到自然之维再到终身教育,更是呈现了叶澜教授广阔的视野和教育学者的担当。这是一种不断突破旧我,超越自我的价值追求。正如叶澜教授在2021年华东师范大学校庆"生命·实践"教育学专题报告会上所言:"至少到目前,我还感到自己有许多不懂,知道自己还需要长,我庆幸自己还在长,还会不断长。因为我在做'生命·实践'教育学,知道自己如何活才是一个学者的人生。"①

2016年12月,叶澜教授发布了"生命·实践"教育学派的教育信条,从教育是体现生命关怀的事业,学校是教育的"生命场",教育学研究要坚持"长善救失""以身立学"三个方面系统表达了学派的教育主张,②并对学派团队成员提出了"共同致力于学派的持续发展"的要求。

2020年教师节,叶澜教授在师生群里拟出了激情澎湃的"生命·实践"教育学派团队发展信条,提出:"我们是这样一群人构建的生命体:把教育学、中国教育学的建设作为志业与己任。不为名利争,只为事业成。我们是一群由师生组成的共生体,人人自强,相互支持,学习不止,创建不息,手拉着手,持续地行走在中国的大地上。我们不自卑,不狂妄,不跟风,不取巧,一步一个脚印地往前走。我们有爱,有思想,永远不忘生命之最为珍贵,实践是改变自己和世界最真实的力量。我们过有尊严的学者生活,唯有我们自尊,才能使融入了我们生命的教育学有学术尊严。一个人的一生能有这样的'我们',还会不幸福吗?我们的'久久',不是靠珍贵的回忆组成,而是用不断的生成筑起;我们的'久久',不是因前路平坦,无风无雨保持,而是看明白生活的真相和学术的艰难,但依然无悔无惧,坚定向前;我们的'久久',不是因为我是孤胆英雄、力大无比,而是相信世界会更美好,奋斗者会越来越多,而从容淡定;我们的'久久',不是因为圆滑世故、相互利用,而是因为坦率真诚、相互尊重而心神连通。我们共同守望这片精神的净土!我们要在这片净土上,

---

① "生命·实践"教育学研究院.叶澜教授在"生命·实践"教育学校庆专场报告会上的发言[EB/OL].(2021-10-21)[2022-03-14]. https://mp.weixin.qq.com/s/Mq6xR4Rlx92w_ftSN_04hg.

② 叶澜."生命·实践"教育的信条[N].光明日报,2017-02-21(17).

种出参天的教育学大树！我们永远是大树的孩子,永葆天真,永葆青春!"这里的关键词是"我们"和"久久","我们"意味着学派团队成员的事业共生、勠力同心,"久久"意味着对"生命·实践"教育学赓续发展无悔无惧的坚定承诺。

2021年教师节,叶澜教授提出了"生命·实践"教育学派的研究精神:信念坚定,目标清晰;敢于突破,脚踏实地;自主选择,分工合作;自我超越,相互学习;成事成人,共同发展。这意味着学派的研究将更加凸显共生的要求及发展的主题。

正是因为有了学派领衔者的不断自我突破和生长,以及对学派团队成员持续生长的要求,才有了学派的"共生"。

(二)第二代学人的"生长"

叶澜教授不仅身体力行,对学生、学派的成员也提出了"生长"的要求。"没有研究者自我的突破,难有内生长意义上的学术更新与创造,任何一个领域的学术发展,都不能没有从事这一领域的研究者学术生命的内在发展作为前提。"[①]

"新基础教育"研究和"生命·实践"教育学派的事业在持续,赓续接力的研究队伍也在成长。从最初的"五朵金花"到后来的"博士军团",从研究者各自的学术关切到作为"生命·实践"教育学派成员共同作出的学术贡献,真正体现了"共生"的目标。叶澜教授曾感慨地说:我们学派的每一位核心成员"都走过'两万五千里',实实在在地走进学校,和每一所愿意合作的学校开展整体变革的实践研究……实践是我们学派成员的成长方式……从最初的5个人,到现在一代代持续努力。我们的团队不是说出来的,而是在当代中国教育变革与新型学校创建的实践中,用教育基本理论的思考,一步步脚踏实地走出来、做出来的"[②]。

---

① 叶澜.回归突破:"生命·实践"教育学论纲[M].上海:华东师范大学出版社,2015:34.
② "生命·实践"教育学研究院.叶澜教授在"生命·实践"教育学校庆专场报告会上的发言[EB/OL].(2021-10-21)[2022-03-14]. https://mp.weixin.qq.com/s/Mq6xR4Rlx92w_ftSN_04hg.

第二代学人在创始人叶澜教授,以及李政涛教授的带领下,在理论与实践的双向滋养、双向建构和双向转化中,创生了一套教育理论、一批转型学校、一条变革之路、一种研究机制和一支研究队伍,形成了学校变革的"中国经验"。2018年1月,"生命·实践"教育学研究团队成为首批"全国高校黄大年式教师团队",且是当年唯一一支来自教育学科的团队。自十八大以来,研究团队立项课题28项,其中国际合作项目1项,国家级重大、重点课题8项,聚焦"生命·实践"教育学派创建研究、基础教育改革与中国教育学理论重建、当代中国社会的教育责任等,出版专著、主编丛书100余本,在《教育研究》《课程·教材·教法》《人民教育》等发文300余篇,咨询报告若干,被《新华文摘》全文转载13篇。[1]

可以说,"生命·实践"学派是一支极具开放包容性的学术团队:学派中的成员有各自的研究兴趣和方向,但大家都将"生命·实践"教育学的观点立场、思维方式融入其中,各抒己见,各显风采,相互切磋,共同发展。在自我成长的过程中,团队成员通过合作相互补充,通过自我超越实现发展。[2] 如叶澜教授所说:"我们在同一时空研究的交互创生中,一点点地持续生长,才有今天。"

(三) 第三代学人的"生长"

"生命·实践"教育学派的第三代学人有狭义与广义之分。从狭义而言,主要指学派第二代学人所指导的学生;从广义而言,凡认同"生命·实践"教育学的理念,并对学派建设有所贡献的学人均可纳入此列。

2021年9月18日,"生命·实践"教育学派第三代学人第一次交流会在广西师范大学举行。这是"生命·实践"教育学派为促进学术交流、延续学术传统而举办的年轻学人研讨会。第三代学人以在读的博士生和硕士生为主,讲述了在"生命·实践"教育学派前辈学人的引领下,与"生命·实践"教育学

---

[1] 上海教育.黄大年式教师团队风采录|坚守27年,来看华东师大"生命·实践"教育学研究团队[EB/OL].(2021-10-04)[2021-12-02]. https://mp.weixin.qq.com/s/K4nU9P6fCuHgyp1XdQacRQ.

[2] 叶澜.回归突破:"生命·实践"教育学论纲[M].上海:华东师范大学出版社,2015:23.

结缘及从事学术研究的过程。通过交流,第三代学人找到了"生命·实践"教育学派的归属感,也有了"生命·实践"教育学思维蕴化于学术和生活的特别体验,并表示要不负"代际化成"的学术使命,不负自我的学术生命。①

2021年10月17日,适逢华东师范大学建校70周年,在"生命·实践"教育学校庆专题报告会上,叶澜教授对"生命·实践"的内涵以及"生命·实践"教育学的回归与突破进行了深度解读。"生命·实践"教育学第三代学人在线上线下积极参会,认真听取报告,会后纷纷发表思考与体悟:以"生命"滋养"实践",以"实践"扩展"生命",无论是作为一般个体,还是作为教育学派成员,都在"生命·实践"的交互中成己,在成己的过程中成人;中国教育学不是一棵树而是一片林,"生命·实践"教育学是林中一棵树,在栽种者、二代、三代、N代学人的持续浇灌下,必会拥有参天姿态。

近年来,"生命·实践"教育学受到了许多年轻学子的关注,不少人以"生命·实践"教育学作为自己的研究选题,关注"新基础教育"的"中国经验"以及"生命·实践"教育学的"中国原创"。这也正是学派建设的初衷和期待所在。

二、"新基础教育"实践的"共生"

作为"生命·实践"教育学理论的实践源头,"新基础教育"经历了探索性研究、发展性研究、成型性研究、扎根性研究及生态区建设五个阶段,跨越了20多年的时光。"新基础教育"实践不仅关涉到全国十多个地区中百余所学校的转型性变革,还关涉到数千名教师和数万名学生的发展。"新基础教育"合作学校的队伍不断增加,改革不断深化,各合作学校内部发生整体转型性变革,教育教学质量不断提高,各合作学校的师生内在活力被激发进而获得真实的成长,因此,"新基础教育"实践的"共生"便体现在合作学校的"互惠"及合作学校师生的"互成"上。

---

① "生命·实践"教育学研究院."生命·实践"教育学第三代学人首次交流会于广西师范大学顺利举行[EB/OL]. (2021-09-27)[2021-12-02]. https://mp.weixin.qq.com/s/NWOmqqecRgx370sYhk5KyQ.

(一) 合作学校的"互惠"

在"新基础教育"实践初始,叶澜教授便提出了学校转型性变革和研究性变革的要求,并以"价值提升、重心下移、结构开放、过程互动、动力内化"为新型学校的整体形态作出了蓝图式的勾勒。之后,在"新基础教育"长达近30年的研究与实践中,叶澜教授与一批志同道合的合作者,包括华东师范大学的课题组成员,试验地区的相关领导以及很多试验学校的校长和教师,结成了真诚和持久的互济关系,①历练了一批"新基础教育"研究基地校和"生命·实践"教育学合作校。

"新基础教育"基地学校的创建主要集中在成型期,是在华东师范大学研究人员持续深度介入与策划,大量参与下合作研究的结果。2004—2009年,建立了10所"新基础教育"基地学校,2009—2012年,这10所基地学校进入扎根研究阶段,其中9所在2012年成为"生命·实践"教育学研究首批合作校;2012—2015年,全国近百所学校建立了"新基础教育"共生体,开启了"新基础教育"生态式推进的研究。② 而华东师范大学课题组与基地学校成员的合作关系,已经从"我"与"你"走向一体化的"我们"了。③

"新基础教育"进入生态式研究后,在数量和研究群体的组织结构等方面发生了很大的变化,于是,合作目标及方式都作出了调整。参与该项研究的近百所合作校按地区分别组成13个生态组,所有参与学校组成了"共生体"。用"共生体"代替"新基础教育"发展性阶段使用的"共同体"称号,表明这一联合更在乎通过基于各校的自主研究,以多层面有主题、有目标的日常性与阶段集中相结合的多种合作交流,达成参与学校在各自原有基础上的真实生长与发展。④

这样的"共生"是保持并充分发挥学校的特色、优势和潜力的"共生"。这"共生"不是"偏利共生"(即一方的能量向另一方输出)。所谓"偏利共生"是

---

① 叶澜,李政涛,等."新基础教育"研究史[M].北京:教育科学出版社,2010:143-144.
② 叶澜.回归突破:"生命·实践"教育学论纲[M].上海:华东师范大学出版社,2015:24-31.
③ 叶澜,李政涛,等."新基础教育"研究史[M].北京:教育科学出版社,2010:113.
④ 叶澜.回归突破:"生命·实践"教育学论纲[M].上海:华东师范大学出版社,2015:33.

指优势的学校帮扶弱势的学校,即采取"名校+X校(弱校、新校等)"集团办学、对口帮扶、优秀教师走校(支教)等方式。名校向其他成员校输出优质资源,名校因难以从成员校获得资源回报而不利于自身持续提升,成员校也因被动接受扶持自生能力发展受限。"偏利共生"形态下,甚至容易形成名校独大,其他学校成为名校附属,学校内生力与区域教育发展活力不足的畸形教育生态。"新基础教育"倡导的是"互惠共生":通过教育理论者的"深度介入"和区域教育治理方式的转变,整体策划、分段实施,以推进性评价方式为学校共生群发展创造良好共生环境,逐步改变区域内学校发展层次上的能级区分(强校与弱校的等级差异),注重以学校共生群自组织的群管理、群制度、群机制、群教研等促进校际深度交互合作,推动学校发展类型优势(各校在不同领域的精品与品牌优势)不断重点突破和梯度放大,形成持续生成及交叉辐射态势,使校际关系从"偏利共生"走向"互惠共生",促进区域基础教育质量的持续整体提升和优质高位均衡。①

合作学校的"互济"带来的是各合作学校的优势互补、取长补短,以"双赢"或"多赢"的方式实现了"共生"。而"新基础教育"也以一所学校的变革作为"星星之火",进而发展到几十、上百所学校,从一个区域到几个区域再到生态区的联合,形成了基础教育改革自下而上的"燎原之势"。

(二)合作学校师生的"互成"

"教天地人事,育生命自觉"是"生命·实践"教育学对当代中小学教育培养目标的中国式表达,是在"生命·实践"教育学的学校变革中"初长成"的生命之果。② 叶澜教授将个体对生命发展的主动状态作为衡量个体生命自觉程度的标志,并将培育个体的"生命自觉"视为教育的重要任务。所谓"生命自觉",是指个体对自己生命的存在状态觉知,成长目标清晰,理想人格确立和矢志不移追求。可用"八自"表达:"自明""自得"表示对自我的认识;"自

---

① 伍红林.学校共生群的理念、运作与治理——基于"新基础教育"生态区建设的探索[J].教育发展研究,2020(20):39-45.
② 袁德润.文化传统:"生命·实践"教育学命脉之系[M].上海:华东师范大学出版社,2015:241.

立""自强"表示志向的自我确立与强化;"自持""自勉"表示践行中的自我把握与努力;"自由""自在"表示生命自觉达成后个体的存在状态。① 培育个体的"生命自觉"指向的是"具体个人",在"新基础教育"实践中,尤指合作学校的学生和教师。

在"新基础教育"探索性研究阶段,叶澜教授提出了"全体试验人员在实验中,既是创造者,又是学习者;既是教育者,又是研究者;既要改变旧的教育模式,又改变自己"的要求。② 这一自我更新的自觉要求贯穿"新基础教育"实践的整个过程。

从学生的成长来看,培养符合时代要求、具有主体精神的理想新人是"新基础教育"的出发点。叶澜教授在反思传统的对象观与教育观的基础上,以人的认知能力、道德面貌和精神力量三个不同的维度,以及每个维度又包含的内外两个方向为基本框架,勾勒出了体现知、情、意等人的生命多方面统一的理想新人形象。③ 例如,在认知方面,既要有对外在信息的捕捉、分析和判断能力,也要有对内在自我的认识、反思和调控能力。又如,在道德方面,既要对内在个人价值观体系进行自我选择和确立,也要对外在的公事、他人保持公德。再如,在精神方面,既要自我悦纳、自信自强,也要自我超越、不断进取。在此基础上,叶澜教授提出了"新基础教育"的学生观,强调要认识和关注学生的"主动性""潜在性"和"差异性"。④ 后来,这一主张又不断深化为"新基础教育"培养目标之"新"的三重含义:一要把学校教育价值观聚焦到为每一个学生的终身学习与发展、实现幸福人生奠基的目标上;二要将对学生主动性、潜在性、差异性的关注聚焦到"具体个人"的概念上;三要把学校教育的培养目标聚焦在培养健康、主动发展的人上,让学生学会在不确定性中,通过主动选择和积极实践把握确定性。⑤ "新基础教育"秉持的学生观在多年实践中得到体现。各基地校先后都确立了为学生主动、健康发展和终身发

---

① 叶澜.回归突破:"生命·实践"教育学论纲[M].上海:华东师范大学出版社,2015:287.
② 叶澜."新基础教育"探索性研究报告集[M].上海:上海三联书店,1999:7.
③ 叶澜.时代精神与新教育理想的构建[J].教育研究,1994(10):3-8.
④ 叶澜.更新教育观念,创建面向21世纪的新基础教育[J].中国教育学刊,1998(2):6-11.
⑤ 叶澜,李政涛,等."新基础教育"研究史[M].北京:教育科学出版社,2010:64-66.

展奠基的办学理念,并在学校的各项工作中普遍关注这一理念的落实,学生的精神面貌、学习能力和水平、对学校和班级的认同感及参与活动的主动性和成长性都明显提高。① 例如,上海市闵行区参与"新基础教育"研究的有3所初级中学和10所小学,它们在"学生发展"的可比性指标上,均值都高于同类学校。上海市闵行区也改变了在上海市基础教育相对薄弱的面貌。②

从教师的成长来看,"新基础教育"实践变革主要着眼于建设新型的教师队伍。叶澜教授从新型教师角色理想的重建入手,围绕新型教师的素养内涵、养成以及教师的自我更新等方面,提出:教师发展是学生发展的基础,没有教师学校生活方式的变革,就不可能有学生在学校生活中积极、主动的生命发展。因此,教师与学生是互相促进、互为条件的。就教师的角色理想重建而言,教师要从"卫道士""牺牲者""传递者"的角色转向"为己为人"的立场;从职业工具价值、传递职能的定位转向"成己成人"的取向;从强调专业发展、培育他人的目标转向"育己育人"的追求。③ 就教师的素养提升而言,包含教师的基础性素养,如教师个人价值取向和发展的内动力,深厚、扎实的文化底蕴,实践创生的思维能力;以及教师的专业素养,如学科专业素养、教育专业素养等。④ 就新型教师的发展路径而言,必须也只能在学校的研究性变革实践中进行,这是内含变革理论的实践,是具有更新取向的实践,是创生性实践,因而也将改变实践者本身。以1999年开始做"新基础教育"研究的上海市闵行区、江苏省常州市两地为例,在研究中,先后有25所学校成为全国"生命·实践"教育学合作校,成长出8位特级校长,9位特级教师,100余位省(市)级学科带头人和骨干教师。⑤ 这些都是在"新基础教育"研究中成长起来的,在研究中的角色发生了从被指导者到指导者的重要变化,实现了研

---

① 叶澜,李政涛,等."新基础教育"研究史[M].北京:教育科学出版社,2010:125-128.
② 叶澜.转化融通在合作研究中生成——四论教育理论与教育实践的关系[J].教育研究,2021(1):31-58.
③ 叶澜,王枬.教师发展:在成己成人中创造教育新世界——专访华东师范大学叶澜教授[J].教师教育学报,2021(03):1-11.
④ 叶澜."新基础教育"论——关于当代中国学校变革的探究与认识[M].北京:教育科学出版社,2006:360-365.
⑤ 庞庆举."新基础教育"研究的成人之道[J].上海教育,2020(11A):43.

究实践者和指导者的统一。①

从师生关系来看,"新基础教育"提出了"复合主客体"的观点。叶澜教授指出:师生之间既不是"主体—客体"的关系,也不是"中心—边缘"的关系,而是交互生成的关系。在教育中,主体由教与学复合组成,而客体具有相对性。就学而言,教学内容与教师构成复合客体;就教而言,教学内容与学生构成复合客体;教与学各自又都具有个体身份意义上的主体与客体的双重复合性。② 这些认识以及实践极大地促进了师生关系的转变以及师生共生意义上的成长。以上海市闵行区第四中学为例,该校在市区测评中,"教师发展"维度连续数年居区同类学校之首,"学生学业质量"绿色指数中的个体间均衡指数、学习动力指数、师生关系指数等均居前列,学生学业成绩标准达成指数、对学校的认同指数则达最高等级,该校真正成为学生喜爱、百姓信赖的"家门口的好学校"。③

"新基础教育"研究把根深深地扎到中国大地的教育实践土壤里,以"深度介入"的方式,在推进变革实践中培养骨干,再以骨干教师带动教师群体的整体发展,促进学校的实践变革,实现教师与学生的发展与完善,为基础教育改革提供了宝贵的经验。

三、"生命·实践"教育学与"新基础教育"实践的"共生"

"生命·实践"教育学与"新基础教育"实践密不可分,互为因果。一方面,"生命·实践"教育学的理论建立在"新基础教育"长期实践的基础之上,具有扎实丰厚的实践根基;另一方面,"新基础教育"实践也在"生命·实践"教育学的诞生和发展中得到了升华,在理论与实践、成事与成人两方面都取得了真实的成果。

---

① 叶澜.转化融通在合作研究中生成——四论教育理论与教育实践的关系[J].教育研究,2021(1):31-58.
② 叶澜.教育概论[M].北京:人民教育出版社,2006:12-23.
③ 庞庆举."新基础教育"研究的成人之道[J].上海教育,2020(11A):43.

(一) 理论与实践的"互化"

"新基础教育"研究是叶澜教授 1994 年发起的致力于学校整体转型性变革的综合研究,"生命·实践"教育学是叶澜教授及其团队在长期"新基础教育"实践的基础上构建的当代中国本土的教育学。可以说,"生命·实践"教育学是从"新基础教育"实践中生长出来的,没有"新基础教育"就没有"生命·实践"教育学,[①]作为变革实践的"新基础教育"孕育了作为理论的"生命·实践"教育学。因而,"生命·实践"教育学的理论建构与"新基础教育"的实践变革,具有时间维度的共时性和空间维度的交互性,体现出理论的实践性和实践的理论化,伴随着"新基础教育"由探索性、发展性、成型性走向扎根性阶段,在一所所参与变革的学校完成"转型"的同时,"生命·实践"教育学也完成了由片段到系统、由混沌到清晰、由骨感到丰满、由本土到国际的蜕变与新生。[②] 两者的关系可以描述为:"新基础教育"是"生命·实践"教育学的实践基石,"生命·实践"教育学是"新基础教育"实践的理论生成。叶澜教授以"交互生成""转化融通""魂体相融"等颇具力量的话语表达了"新基础教育"研究中理论与实践的"共生"关系:"新基础教育"研究是身处当今中国社会转型大时代,由大学研究人员提出、发起、组织并与学校自愿参与者共同推进的一项当代基础教育学校整体改革研究。"新基础教育"研究坚持"理论适度先行"的研究原则,以大中小学合作研究为主要形式,采取"主动深度介入式"研究方式,在理论与实践的交互建构中推进,将理论转化为新实践,又通过新实践生成新理论,在转化融通中推动学校的整体转型性变革。

叶澜教授还阐述了教育理论与教育实践"魂体相融"的过程。[③] 首先,大学研究人员与合作学校形成对学校改革研究必要性和价值观的共识。这需要在批判和重建性思考中回答一系列首要问题,这也是理论自觉先行的"魂"之建立,同时在深入中小学一线进行贴地式研究的过程中把已初建的理论之

---

① 李政涛."生命·实践"教育学的实践基石[J].教育学报,2011(06):14-25.
② 袁德润.文化传统:"生命·实践"教育学命脉之系[M].上海:华东师范大学出版社,2015:125.
③ 叶澜.转化融通在合作研究中生成——四论教育理论与教育实践的关系[J].教育研究,2021(1):31-58.

"魂"化到学校校长、教师的"体魄"之中。其次,合作双方形成关于新型学校内涵和"新基础教育"之"新"的共识,参与学校逐渐养成学习理论的风气,并在实践中不断进行理论概括,创造出更多鲜活的经验。也正是"新基础教育"研究的"点睛式"作用,促使叶澜教授逐渐将对教育价值理念核心的"生命性"聚焦到了如何培养健康、主动发展的"时代新人"上,于 2004 年形成了对蕴思已久的当代中国教育学学派创建的"基因"之命名:"生命·实践"教育学。最后,合作双方形成推进新型学校创建的策略、方法、原则、工具等使理论实践互化的系列手段,目的是把"新基础教育"的理论思想转化到有助于实践开展的手段之中。这是理论向实践转化不可缺少的一环,也是在系列手段意义上的理论与实践的融通与交互化成。

经过近 30 年持续的研究与实践,"新基础教育"在理论与实践方面取得了标志性的成果。2015 年,"生命·实践"教育学论著系列丛书的出版便是理论与实践交互生成的文本式成果呈现。该丛书包括基本理论研究、基础教育学校变革研究和合作校变革史等三个系列,共计 30 本。研究所形成的理论和实践经验,具有一定的普遍性和可推广性。而参与该项研究的学校、校长和教师、学生的变化与发展,表现在整体精神面貌、学校文化与制度建设、教育教学日常生活等方面。因此,"新基础教育"研究真实地走出了教育改革中理论与实践深度结合、融通转化的当代中国学校转型性变革之路。[①]

(二) 成事与成人的"互济"

教育是培养人的实践活动,教育离不开真实的人和事。"新基础教育"在实践之初便确定了"成人成事"的目标,以及处理"人"与"事"关系的原则:既"成事"又"成人",在"成事"中"成人",为"成人"而"成事",用"成人"促"成事",以使研究既关注师生的学校生存状态,充溢着生命关怀,又关注教育的内在本真价值,张扬教师的职业尊严。[②]

---

① 叶澜.转化融通在合作研究中生成——四论教育理论与教育实践的关系[J].教育研究,2021(1): 31-58.
② 叶澜."新基础教育"研究引发的若干思考[J].人民教育,2006(7): 4-7.

"新基础教育"的"成事"目标期待的是实现学校的整体转型。"新基础教育"的学校变革性研究一开始就是以整体、综合的方式展开的,涉及课堂教学、班级建设和学校领导与管理等方面。在课堂教学中,"新基础教育"注重生命活力的焕发和生命之间的互动生成,因而有机性的互动生成成为教学的内在逻辑,包括有向开放、交互反馈、积聚生成三个基本步骤。叶澜教授提出"把课堂还给师生",目的是使教师与学生以生命个体的方式整体地投入课堂生活,实现在积极主动思考与探索基础上的有效互动,进而发展生命自觉的意识和能力。在班级建设中,"新基础教育"明确以发展学生的自我意识和成长需要,增强学生的内在力量为深层目标,通过加强班级组织建设、班级文化建设和系列班级活动等方式,实现师生在校生存方式的变化。叶澜教授提出"把班级管理还给学生,让班级充满生长气息"的核心是向所有学生开放参与班级生活的空间和机会,给学生提供积极、主动参与班级生活的条件和支持,让他们在活动中体验自我、认识自我、发展自我、学会与人合作并承担责任,成为自我发展的主动承担者。在学校管理改革中,"新基础教育"指向的是激活学校管理中领导者的自我策划和自我发展意识,使学校管理成为理性思考、主动策划、自我反馈与调节的过程,并在培育学校发展的内生力和独特性的过程中,发展学校领导者的管理智慧。[①]

"新基础教育"的"成人"目标期待的是"育生命自觉"的实现。一方面,"成人"目标的实现需要外部的推动力。"生命·实践"教育学培育师生"生命自觉"的措施可以简单地用"还"与"育"两个字来概括:"还",即把原来从师生学校生活中剥夺的生命发展的主动空间、机会、资源等"还"给师生,使学校生活回归生命发展的本真状态;"育",即在实践过程中,通过对师生校园生活的引导,通过新教育理念的实施,使学生在学习、活动等环节中获得新的感受、新的体验,形成新的行为方式,使"生命自觉"在师生的生命发展过程中由理论构想变成实践行为,变成他们思考问题和价值选择的内在依据,完成"在成事中成人"的变革目标。[②] 另一方面,"成人"目标的实现需要内在的自觉性。

[①] 袁德润.文化传统:"生命·实践"教育学命脉之系[M].上海:华东师范大学出版社,2015:257-266.

[②] 同上:254.

"新基础教育"研究涉及的"人"这一主体可分为两大类，一类是教育理论研究人员，包括从事学科基本理论研究和应用理论研究两部分人员；一类是从事教育实践的人员，主要由教育行政人员和教师两部分组成。任何个人所具有的理论都包含着个人对自身实践的相关认识，这就是说不存在脱离个人内在理论的实践，也不存在与个人实践无关的内在理论。① 在"新基础教育"研究中，大学的研究人员长年深入学校，进入课堂和班级，与教师一起创造出具体教育教学领域内的应用性变革理论，逐渐对一系列教育基本问题形成新的认识，获得了基本理论和应用理论两方面的发展。合作学校的一线教师在参与学校的研究性变革实践中，积极行动，努力学习相关理论，理解这些理论，从而产生改变自己头脑中的观念和外在行为的愿望与行动，逐渐使自己成为自觉的、有新理念作指导的、自主的变革实践者。② 这样的理论与实践的双向转换与交会互济提高了作为研究与实践主体的人的"生命自觉"，达成了"成事成人"的目标。

"生命·实践"教育学研究者的学术追求集中在"上天"和"入地"两大工程中。所谓"上天"，即形成原创的"生命·实践"教育学理论，完成"生命·实践"教育学派的创建工作；而"入地"，即完成当代中国具有现代新质的"新型"学校的创建，正是有了"入地"的扎实变革，才使得"上天"工程的理论建构有根有脉。③ 而这种"理实交融"的共生品性和"成事成人"的价值追求，也成为印刻在"生命·实践"教育学和"新基础教育"实践中的独特标记。

---

① 叶澜.思维在断裂处穿行——教育理论与教育实践关系的再寻找[J].中国教育学刊,2001(04)：3-8.
② 叶澜.大学专业人员在协作开展学校研究中的作用[J].中国教育学刊,2009(09)：1-7.
③ 袁德润.文化传统："生命·实践"教育学命脉之系[M].上海：华东师范大学出版社,2015：205.

大中小学合作推进学校整体变革的路径研究

——以"新基础教育"研究为例*

庞庆举** 李政涛

  针对当代中国的大中小学合作、学校改革与教师发展等问题，我们在取得一定研究成果的同时，也面临着诸多尚待深化的议题。以持续20余年、经受时间检验、得到各界关注与肯定的中国"新基础教育"研究为例，从大中小学合作推进学校整体变革的角度进行分析，我们可以发现，这是一条学校改革与教师发展、理论与实践交互转化的综合生成之路。路径各阶段的目标、任务与策略各有侧重，在推进中积累、调整，持续实现合作研究与校本内生的多重效应，呈现出整体、综合的转化生成特质。

  改革开放以来，我国教育界针对学校改革、教师发展、课题研究等问题，先后开展了 U-S[①]、U-G/D/A-S[②] 等大中小学合作研究。在大中小学合作意义、角色作用、常见问题及应然建议、国外典型经验介绍等方面，已经有

---

  * 本文系教育部重点课题"当代中国学校变革推进的路径研究"（DAA150207）的系列研究成果之一，原载于《中国教育学刊》2021年第10期。
  ** 作者简介：庞庆举，教育学博士，华东师范大学教育学系副研究员，"生命·实践"教育学研究院研究员。研究方向：教育学基本理论和基础教育改革。
  ① U-S合作是一种大学（university）与中小学（school）的跨组织合作模式。
  ② U-G-S合作指大学（university）、政府（government）、中小学（school）合作的模式；U-D-S合作是一种大学（university）、地方（district）、中小学（school）合作的模式；U-A-S合作指大学（university）、教育行政部门（administration）、中小学（school）三方合作。

了许多研究。关于学校改进与教育发展内生问题的研究逐渐升华,研究人员开始提炼学校整体变革经验。研究成果反思、深化了改革实践的开展,也提出了合作研究与学校内生发展的转化、理论与实践的转化等深层问题,这在很多地方都还是难题。经受时间与实践检验的国内典型经验之实然提炼尚待多层多维开发,尤其是以理论与实践交互生成为原则,推进学校整体转型性变革,实现学校变革内生扎根的大中小学合作研究。中国已有产生国际影响的典型案例,如华东师范大学终身教授叶澜1994年起主持开展并持续领导的"新基础教育"研究,它以创建"新基础教育"理论和21世纪新型学校为显性目标,以改变师生在学校的生存方式为深层目标,①持续至今20余年,影响越来越大。它如何有效、有序地推进合作?如何在合作中实现学校转型、教师发展?如何实现理论与实践的转化?它怎样走出真实推进的现实路径?

路径由起点(含目标)、过程和结果构成,是一个长时段连续、多阶段累进的过程。推进之路包括若干基本阶段,它们构成变革的节律。各阶段都会涉及的内容包括显性层面的阶段目标、任务、常见问题与策略措施,以及隐性层面的合作方角色与关系、责任与权利、能力要求与挑战和变化成长等。在"新基础教育"研究中,合作推进之路包括三个基本阶段:(1)大学适度先行,基于理论主动深度介入实践,通过高频现场研讨,实现合作主体间的理论与实践转化,培育学校变革"成事成人"的核心内生力;(2)多方加强合力,提升学校变革领导力,集聚变革成果,辐射变革力量,形成学校变革的研究系列和梯队力量,更多主体投入,学校整体转型;(3)学校文化自觉,扎根内生,全员主动发展、交互生成,并向外辐射,校内外、理论与实践内生共生。

一、大学适度先行:理论整体清晰的实践介入

合作第一阶段的核心目标是更新教育观念系统(包括教育价值观、学生观、教育活动观等),改变教育教学参照系,发现日常实践中的瓶颈问题与改

---

① 李政涛.什么是"新基础教育"研究[J].中国教育学刊,2017(6):1-5.

革空间,以典型课型的持续研究和节点活动为载体,着力培养核心骨干。与此相应,理论与实践方面都有任务,且需要高频现场研讨。为保证研究的持续推进,负责人需对合作研究作出长程整体策划。合作双方签订协议,明晰合作目标、任务、责权、研究制度、活动开展及保障等。

真的改革需要发现和解决真问题,为发现真问题须改变参照系。新参照系从何而来?首先从新的价值取向等理念来。大学专业研究者应该且能够适度先行,做到理论上整体清晰。但不能就理论谈理论,尚需进入学校现场,基于具体综合的现实透析,做针对性交流,实现理论与实践的结合、转化。中小学基于变革愿望,校长自愿参与,核心骨干先行,带头学习、实践,更新参照系,发现真问题,反思、重建日常实践。合作双方在研讨中越来越开放心态,知难而上,自我更新。

合作伊始,因大中小学文化差异,会出现许多矛盾。"问题常常也是我们的朋友……差别和冲突更是我们的朋友。如果冲突各方以相互尊重为前提,那么,这种在复杂、动荡条件下的冲突很有可能与创造性的突破相关联。"① 直面差异和冲突,相互尊重,才能彼此滋养。差异如何转化为合作资源?做到以下几个"真",是两类主体在共同研究中实现沟通的重要原因。一是真诚。相互真诚……人与人之间最大的真诚,是不把别人当工具。"新基础教育"研究是为他人变得更好,自己也变得更好。相互帮助是最大的心灵沟通。二是真实。我们直面"真问题"……对问题真实度的把握,是"新基础教育"两类研究者之间能够对话的前提……发现真实问题是实现研究发展的前提。三是真做。实实在在真实做,大学专业研究者和教师要"着地",和学校老师共同面对学校生活,包括课堂生活;学校老师为学生发展、自我发展,真实改变自己而实践。四是真求。这是价值观问题。我们真心求教育发展得更好,中国的未来——每个孩子有幸福的人生;真心求自己无论在哪里,都是站得正、坐得直的人,有人的尊严,感到做人、做教育的真味。② 彼此真诚,发现真

---

① 迈克尔·富兰.变革的力量:续集[M].中央教育科学研究所,加拿大多伦多国际学院组织,译.北京:教育科学出版社,2004:30.
② 引自叶澜 2019 年 12 月 18 日在常州"新基础教育"20 周年纪念会上的发言《双重转型、交互创生的研究:学术生命、自我成长的实现——我的 1994—2019》。

问题,真做、真求,真变革才有真发展。

大中小学合作对双方都有挑战,参与者在合作中都有自我改变乃至蜕变的再成长过程。合作之初,常会伴随不适、苦恼乃至痛苦。差异合作必然使人离开原来熟悉的"舒适区",进入相对新鲜、充满挑战但又尚未明晰的"挑战区",彼此开放,努力读懂。共情理解、话语转换、思维转型、行为更新等,都充满与原有生存方式不同的挑战。但这是指向更具教育意义与尊严的改变,是教育综合改革深化所必须的主体改变。

大学研究者首先要主动转换研究方式,积累介入实践的能力,包括整体清晰的理论基础,也包括对实践立场的尊重、体验和内化。能对实践作出有思想的具体反思和重建,并有效表达、交流,这是介入实践的能力要求。无疑,这充满挑战,但也是理论发展和研究者成长的良好机会。介入能力不是天生的,而是通过前期研究经验的积淀形成的。在"新基础教育"研究正式开展之前,叶澜教授已多次带队进入学校现场开展实践研究,尤其是在1991年至1994年的"基础教育与学生自我教育能力发展"课题研究中,叶澜教授带领团队在教育理念和理论参照系适度先行转型的前提下,进入学校实践,和参与改革试验的学校教育工作者一起,从事学校变革的创造性研究,在改革现有学校教育的同时,作出了创建新型学校的探索。[①] 这些经历提升了研究者进入学校现场研究教育问题的能力,为后续更大规模的合作研究建立了深度介入的基础。

对学校先行骨干来说,长期习惯的模式被打破,但新形态尚未确立,常会出现合作研讨时好像明白了,但自己回去做却依然"半新不旧",甚至"四不像"的问题。这无疑令人苦恼。但学生成长不能耽误,外界评价也不等人,教师的心理压力会比较大。"我们常说的'捉虫',促进了教师课堂教学观念和行为的转变。对教师而言,尤其是对一些小有名气的优秀教师而言,这无疑是一次'涅槃',因为改的是根深蒂固的东西,改的是习以为常的东西,打破惯性思维是一件很难的事。"[②]为此,学校领导层面需对先行骨干教师给予适当

---

① 叶澜.回归突破:"生命·实践"教育学论纲[M].上海:华东师范大学出版社,2015:11.
② 叶澜,庞庆举.深度访谈:读懂创造教育新天地的人们[M].福州:福建教育出版社,2014:71.

倾斜和制度支持,保证其开展变革研究的时间、空间,在给予先行骨干教师专业支持和信任的同时,鼓励其自我坚持。多年的研究证明,学校日常研究性变革实践是教师发展的重要途径。历练成熟的研究骨干是推进学校变革的核心内生力。

变革主体行为与理念的更新转化,是合作真实发生的标志,也是学校持续发展的保障。

二、多方加强合力:提升变革领导力的整体转型

如何巩固、推广第一阶段的核心突破成果,实现变革力量的集聚与辐射,而不是慢慢消解掉,甚至反弹回去,是第二阶段的重点。

(一) 多方合力,提升变革领导力

本阶段常见的问题有:与教育、教学领域相比,领导与管理的改革相对滞后,致使先行骨干停留于单打独斗,变革力量未能有效集聚辐射。这影响学校整体变革的推进,也影响学校办学自主权的创造性落实。第二阶段的目标是:加强多方合力,提升变革领导力,强化中层,梳理总结前期经验,集聚、辐射变革力量,促使学校整体转型。第二阶段的基本任务是:开展组织、制度改革,提炼、辐射变革成果,从点状突破走向研究系列和团队梯队;使主体间的理论与实践转化在更多主体身上实现个体内在理论与实践的转化,呈现学校整体新质。在这一阶段,大中小学的合作方式从 U‐S 走向 U‐D/G/A‐S。

在"新基础教育"研究中,上海市闵行区、江苏省常州市、江苏省淮安市和广东省深圳市等地,先后在市区层面建立了"新基础教育"研究所/研究中心/研究会等,市区层面的管理部门转变职能、加强合力,为基层学校的整体转型凝心聚力,提供强大支持,赋权放手,如出台相关政策,保障校长和骨干教师力量的相对稳定,组织开展校长研修班等。

为提升校长及其团队的变革领导力,2002 年,上海市闵行区教育局举办了"新基础教育"校长研修班,叶澜教授任导师,时任上海市闵行区教育

局局长陈儒俊为班主任,区教师进修学院和"新基础教育"研究所有关负责人为副班主任,学员49人(27所"新基础教育"研究试验校的校长和分管领导)。"新基础教育"校长研修班为期一年,共开展活动29次。举办"新基础教育"校长研修班的意图是:通过制订规划,让校长认识自己的学校,同时带起中层,形成团队。① 为期一年的校长研修班是校长与叶澜老师深度互动的开始,校长研修班的学习活动每月1—2次,绝大部分是在参与学校的研究活动中展开的,每一次都是针对具体的内容,如课堂教学、班级建设或是学校管理等进行分析研讨,叶澜老师作专题点评。这样基于具体学校实践而展开的研讨、分析与指导,使参与校长收获特别大。一年后,虽然这一有形的"校长研修班"形式逐步取消了,但实质上一个更"有魂"、更长期的"校长研修班"已孕育而成。② 从"有形"到"有魂"的转变,为学校变革培育了一批"头脑"层面的核心力量,这对变革力量的集聚与辐射,对学校的整体转型至关重要。

(二) 校本组织制度改革,促整体转型

组织改革的目标是实现管理重心下降,改变行政部门割裂化等问题,通过调整机构(包括整合行政组织和培育非行政组织),使组织架构扁平化、网络化,集聚、辐射研究力量,让更多教师参与其中。例如,教科研室与教务处整合,德育处、大队部整合,教务与德育部门融通等。"学生工作部(含大队部):由一位德育教导和一位大队辅导员组成,承担学校的德育、班队建设、少先队工作、班主任队伍管理等工作,进一步拓展到对学生成长需求的关注和研究。"③对学生成长需求的关注和研究,需要也会助推教学改革,促进教学改革与综合活动的整合。课程教学、教师发展方面的组织,则不断重心下移到教研组、备课组。原来"上传下达"式的管理机构转变为教学改革与教师发展的研究型组织。教研组长从事务执行者转变为研究

---

① 叶澜,庞庆举.深度访谈:读懂创造教育新天地的人们[M].福州:福建教育出版社,2014:108.
② 叶澜,李政涛,等."新基础教育"研究史[M].北京:教育科学出版社,2010:428.
③ 何学锋,康旻.根深叶茂:老校在变革中焕发活力[M].福州:福建教育出版社,2014:74.

策划者,带头分析"家底",读懂每一位教师的发展,长远策划专题系列教研活动,把核心骨干的研究成果在组内提炼放大,重心下移、提升价值,激发更多成员积极投身变革,形成梯队之间差异共进的格局。"将原先一直由教研组调控的研究权下移到每个年级备课组中,下移到每位教师,实现专题研究由一统到开放的转变,调动教师的积极性和创造性。"[①]非行政性研究组织(如专业委员会、名师工作室、磨课俱乐部、教师沙龙、三人行育人团队等)最初由行政力量引导、发现、培育,组建后则放手运行,行政给予经费等支持但不干预具体研究。它们是学校作为教育机构的专业体现,也是聚焦、放大变革力量的灵活载体。

制度改革,首先改变制度的价值导向,更多关注师生主动发展,把变革经验通过制度转化为新常规,进一步激活、集聚变革力量。从 2005 年 5 月到 10 月,我们审核了原来 90 多项制度,进行删、改、并、补。[②] 用时近半年,然后在新制度实施过程中调整、完善,把新制度的落实与教师梯队发展结合起来,在形成新制度文本的同时,激活学校变革主体的发展内力。与变革实践相关的新制度建设,既来自教师的研究性变革实践,又引领更多教师主动发展;既集聚变革成果,又促进研究日常化,取得更多成果。

"由于组织与制度这两项学校管理整体性变革任务与学校日常工作息息相关,我们采用了系统研究、形成框架,不立不破、边建边改、各校自主、逐步健全的推进方式。因而尽管变化的幅度不小,但没有带来混乱与失序。相反,由于改革贴近学校实际,各校自主创建,既促进了学校建设的整体目标和文化追求在组织和制度层面得到落实,又调动了学校的积极性和创造性。"[③]大学专业人员在前期合作、信任的基础上,进一步强化学校领导与管理领域的"头脑"变革,促进各领域整体融通,提炼学校转型性变革的理论与实践,公开发表,这是另一层面上变革力量的集聚与辐射。

在此阶段,学校组织、制度更新,各领域研究系统化,形成骨干稳定、梯队

[①] 伍红林.当代学校转型变革中的教研组建设[J].教育发展研究,2014(24):70-74.
[②] 王叶婷,蔡勤,等.一坪绿色:在新世纪阳光下呈亮[M].福州:福建教育出版社,2014:51-52.
[③] 叶澜,李政涛,等."新基础教育"研究史[M].北京:教育科学出版社,2010:102.

差异共生的整体势态。在此过程中,内生、积淀出学校变革文化。

三、学校文化自觉:全员主动的内生共生

前两个阶段的变革推进,会积淀生成学校新文化或赋予学校文化新内涵。但新文化、新内涵不会自动显现,不会自动发挥"化"的作用,这需要"文化自觉"。

(一) 文化自觉,扎根内生

第三阶段的常见问题是文化意识不强,有文无化或重文轻化。本阶段的任务和目标是:自觉梳理、提炼校本变革内生的文化,将其系统"化"入校园环境、组织制度与日常运行中,"化"到学校各领域、每个人,激活全员主动发展,扎根内生,焕发富有活力、整体融通的学校新气象。

文化的校本提炼、系统转化,是大中小学持续深度合作的结晶。大学专业人员高频进入学校现场,听说评课,座谈交流,读懂学校,读懂师生。学校文化的新质提炼,是学校整体转型变革的显性表达,也是合作推进的深层成效。持续合作变革10余年、20余年的"生命·实践"教育学合作研究校,大都保有叶澜教授提炼且亲书的学校文化,如:上海市闵行区第四中学"砺志健体,自育自强",上海闵行实验小学"启蒙养正,明理成人",上海市闵行区七宝镇明强小学"明事理,明自我;强体魄,强精神",上海市闵行区汽轮小学"好学自信,共生奋进",上海市古美学校"莲清心静,竹茂业成",江苏省常州市局前街小学"放眼静心,虚怀求进,倾情生命,明理践行"等。

(二) 文化化成,生命场内生共生

"成功的变革既发端于个人,也落脚在个人身上。一个组织只有在其中的每一个成员都发生变化时,它才会发生整体的变革。"[1]每一个成员都发生

---

① 吉纳·霍尔,等.实施变革:模式、原则与困境[M].吴晓玲,译.杭州:浙江教育出版社,2004:9.

变化,需要强大的文化力量,也体现文化力量的强大。上海市闵行区第四中学在持续的"新基础教育"研究中,积淀出"自育自强"的学校文化新内涵,并逐渐系统"化"为自育型责任人/组织/教师/学生/家庭/生态区等。既有学科间的异域融通、联合调研教研,又有学科教师与班主任组成的多个育人团队,日常研究学生发展,提升教育教学质量。学校成员参与各类育人组织,角色丰富,多元融通,自育育人,或学科育人或活动育人,或既学科育人又活动育人。不仅一线教师如此,后勤职工也"化"入其中承担教育责任。近年来,上海市闵行区第四中学的学生发展综合评价稳步提升,学生、家长、社会对学校的信任度在闵行区名列前茅,它已日益成为越来越绽放内在品质并产生对外影响的"生命·实践"教育学合作研究校。历经多年,合作研究由大学定期深度介入中小学,走向大学放手、中小学主动灵活合作的 S-U 形态。学校不仅内生变革,而且带动其他愿意变革的学校跨校、跨区联合教研,探索基础教育的内涵优质均衡之路。

学校作为有意识育人的生命场,强大的文化内核不仅在校内层层辐射,还影响相关家庭、社区。有意识地使他人和自我都变得更美好的教育温情与智慧,把周边社会、相关人员集聚为差异互动、相长相成的"共生体"。被唤醒了教育责任意识的社会,也将反馈回来,自觉承担教育责任,发挥"社会教育力"。这是大中小学合作推进学校整体变革的累积效应。校本主动、内生共生新型学校,正在新平台上"依'教育所是'而行,达'自然而然'之境"①。

20 余年来,"新基础教育"研究走出的大中小学合作推进学校整体变革之路,是一条多重目标综合实现之路。在实践上,既成学校变革之事,也成师生更新发展,是成事成人的综合;在理论上,既成学校变革研究的事理提炼,也成教育研究者的生存与发展,是成事成理成人成学的综合;合作研究中的外力介入与内生扎根不断转化,实践与理论交互生成,是内生与共生的综合。合作推进学校整体变革路径的维度与阶段参见表 1。

---

① 叶澜.探教育之所"是",创学校全面育人新生活——新时期"新基础教育"研究再出发[J].人民教育,2018(12-13):10-16.

表 1　合作推进学校整体变革路径的维度与阶段

维度			第一阶段	第二阶段	第三阶段
合作研究			大学主动介入U-S	多方加强合力 U-D/A-S	学校文化自觉S-U
学校转型	人	领导与管理	校长自愿参与	变革领导力提升	异域整合的校级研究团队
		教育、教学	培养核心骨干	形成研究梯队	人人主动、互动
	事	领导与管理	整体发展规划	组织制度更新	文化化入各领域
		教育、教学	核心研究突破	各领域研究系统化	领域间融通
理论与实践 内生与共生			理论适度先行，主体间理论与实践转化、共生	主体内理论与实践转化，更大范围共生内生	多元综合融通，内扎根、外辐射，内生共生

大中小学合作推进的学校整体变革，是内生力渐长的校本变革之路，也是理论与实践交互生成之路，更是每个投入者的生存方式与境界提升之路。学校整体变革的多维综合生成，是价值目标，又富有策略智慧，是中国式思维方式和教育精神的当代新生。

第三编 实践探索

研而有道，方能历久弥新
——上海市闵行区"新基础教育"研究之路

陆燕琴*

1999年，上海市闵行区参与叶澜教授领衔的"新基础教育"研究，一做就是20余年。我从研究的旁观者，成为参与者、投身者、追随者以及指导者、组织者。围绕"教研"这一主题，借助个人参悟，用心提炼由闵行区教育行政领导、研究人员、校长、教师与华东师范大学专家团队经年累月、前赴后继共同实践创造而沉淀下来的"新基础教育"研究之"道"：站在一个新的历史时期，在教改项目层出，校际圈层纷繁，教师迭代发展挑战剧增的现实面前，闵行"新基础教育"研究应该遵循什么，接续哪些，怎样突破，才能激发出新的内在活力。

一、研有"依据"，方能"清思明向"

"新基础教育"研究提出了一套学校变革的系统理论，不仅勾画出了学校教育的价值罗盘，也提出了学校各领域变革的基本原则，向外还延展到学校与家庭、社会、自然等的内在规定。这套学校变革的系统理论形成于长期的研究，是不断生长着的。可以说，以"生命·实践"为内在基因的"新基础教育"理论，为学校办学提供了底层逻辑，为日常教研提供了整体解

---

* 作者简介：陆燕琴，上海市闵行区"新基础教育"研究所副所长。

释。区域在推进研究的过程中,要牢牢把握这些理论依据,始终开展有方向的教研。

(一) 加强理论储备,保持原意敞亮

上海市闵行区历来重视理论学习,从《"新基础教育"论》,到《"新基础教育"研究手册》,到《回归突破:"生命·实践"教育学论纲》,到《"生命·实践"教育学派的教育信条》,再到《新时期,"新基础教育"研究再出发》……这些理论文本帮助教师熟悉"新基础教育"的话语系统,领悟"新基础教育"学校变革的基本框架,以理论为依托,为自身的变革实践找到出处而不曲解理论原意。

20余年间,闵行区举行了多回合、多层级的校长、学校中层团队以及兼职研究员、骨干教师的研修活动,一是为了使全员跟上研究的步伐,夯实理论基底;二是为了中途参与的校长、教师快速跟进,实现整体提升。2020年新冠肺炎疫情暴发之后,闵行区比任何时候都更明确地感受到了基础理论学习的重要性,要求各学校重温经典理论,尤其是对照国家、时代提出的各项改革要求,温故而知新,以不变应万变,找到教育的恒常状态,让基本理论成为教研的源头活水。

(二) 循理开展变革,增进实践转化

有效的教研不是泛泛的、空洞的,而是要依据理论进行有指向的实践。有了实践的积累,教师对理论的领悟也会走向纵深。为此,在理论学习的基础上,依据研究进程,策划系列专题研讨,以专题研讨为支点,由点及面带动区域和学校的自主变革实践,在实践中焕发理论的价值。

近年来,闵行区先后开展了"学科与班队活动的整合融通""综合学科育人价值开发""学校时空育人价值的开发""教师新基本功:学科育人价值的解读与开发""学校四季综合活动研究"等专题研究。进入每一专题研究前,闵行区"新基础教育"研究所(以下简称"研究所")会进行相应的专题辅导,在理论和实践中架构起一座桥梁,帮助理论实现"软着陆",同时,研究所也会组建各层面的核心团队进行集中攻坚。例如,在"学校四季综合活动研究"中,

将"教天地人事，育生命自觉"的教育理想，自然、社会、学校内在相通的教育理论转化为具体的实践行为：明确了要多重多维解读季节元素，要倡导活动主体的多元参与，实现学校时空的有向拓展，也确定了"举重若轻"推进四季综合活动原则，即以活动外在的轻松、自在，促进学生内在全面高质量的发展。

事实证明，在阶段性研究主题的相机切换中，教师会经历多重的研究活动，积累经验，逐渐进入研究内核，走出属于自己的研究之路。

（三）关注理实互通，提升自我觉知

学习研究而后重在自知。自我的觉知会帮助教师以理论为参照进行自我建构，真正变高深的理论为自己的经验、智慧，甚至形成自己的理论。从区域层面来说，强调以研究的方式推进项目的组织管理，无论是期初的例会、期末的总结会，还是一个活动通知或一份活动方案，研究所都会把思考、策划、主张传递到各学校。此外，每一次区域组织开展的研究活动，研究所都会进行及时总结报道。研究报道更多是质性描述，以帮助大家在过程中学习参照，不偏离研究的方向。

同时，用好"新基础教育"学校发展评价指标体系，借助各类节点评估活动，走进现场，集结评估组意见，给学校的阶段发展"画像"。不久前，在普查活动中，几所学校紧紧依托前期中期评估报告中指出的问题，进行集中改进，教研方向明确，实践路径清晰，评估报告真正成为学校推进校本研究的"指导纲要"。

除了引领性的总结、描述、评价之外，学校及教师还会定期进行自主总结反思。这种群体或个体的总结，强调的是学习之后的自主领悟，是将个体经验转化为集体智慧的过程，是将"新基础教育"理论化为学校育人实践的过程，是最切实有效的教研。经过学习、实践、反思、创造，理论已经转化为校长、教师的内在生成。

未来，学校面对的项目、挑战、不确定性会更多，无论外在情境发生怎样的变化，一路沿着理论的指引，聚焦专题，心无旁骛地带领教师开展有理有据的教研生活，是必然的选择。只有初心不变，方可在这种笃定中找到前行的力量。

二、研有"路径",方能"行稳致远"

20余年来,闵行区几任教育行政领导坚持以"新基础教育"整体推进素质教育的大政方针,保持了政策的连续性,保证了每一阶段研究推进的清晰策略,各个阶段之间前后关联,相互锁定,形成了独特的闵行发展路径。而研究所在整体策划、系统推进各类研究活动的过程中,关注事与事、事与人、圈与圈之间的综合关联,强化区域教研机制的建立与形成。

(一)加强事—事关联,实现纵向递进

以事件化的眼光来看待研究过程,有意识地对复杂要素作出综合的选择和判断,对事件思考先于事物思考,过程思考先于要素思考,可能性思考先于现实性思考。例如,在"教师新基本功:学科育人价值的解读与开发"研究中,我们对区域专题研讨活动进行了纵向梯度性的设计,设置了主题征稿、课堂观摩、现场论坛、成果汇编等一系列环节。一个简单的征稿活动被划分为前后两次。面向合作校、基地校骨干教师的第一次征稿,集聚骨干智慧,形成基本认识,既提升专题研讨的质量,又引领第二次征稿,强化事与事之间的关联,在事件带来的一波又一波的效应中实现循环递进。

(二)加强事—人关联,实现横向放大

秉持"新基础教育""成事成人"的价值追求,研究所始终将事与人放在一个关系视野中进行思考。区域层面的优质课例研讨活动、中期评估、全面普查,将不同梯队骨干教师的培养和发展勾连起来。区域第一梯队指导教师组成指导团、评课团参与优质课例研讨活动。第一、第二梯队骨干教师组成评估组参与普查活动,对学校进行评价。此外,有意识地加强某一项活动与某一类教师群体的发展关系,例如,开展了新教师的学习、"比武"、培训等活动,发挥骨干教师的作用,实现青年教师与骨干教师的整体发展。

(三) 加强圈—圈关联,实现全面辐射

闵行区"新基础教育"研究所是一个核心圈,各生态区是一个个小的核心圈。研究所这一核心圈带动各生态区核心圈,并由此带动每一所学校,在区域—生态区—学校甚至是共生体—共生体以外的关联中实现区域大生态的良性发展。一方面是加强核心圈的辐射引领力。例如,基于兼职研究员培训,开展"生命·实践"教育信条的学习活动,并由这一活动关联出由兼职研究员带领的生态区及学校各类形式的学习活动。另一方面是在整个活动的策划中关注圈与圈之间的交互。例如,由七宝明强小学生态区作为第一责任方承办的专题研讨活动,其余生态区也以合作者的身份介入,责任方与合作者的互动带动了各生态圈对这一专题的研讨,放大了研讨的价值。此外,通过承担共生体内的辐射交流,承接上海市教育委员会的城乡互助项目、教育部支援新疆的项目等,在与外圈的互动过程中反哺区域内生。

当前,闵行区"新基础教育"研究的内外部条件都在发生改变:学校教育改革项目层出不穷,校群关系日益丰富,安全、防疫、地区文明创建等任务逐渐增加,教师参与研究的时间与空间被压缩,而一大批研究的中坚力量面临退休。这就需要以更加周密的策划与组织、更加充分的前移和后续、更加有效的反思和重建去不断变革新时期区域推进的机制。一个对内外环境变化始终保持敏感性,也能作出积极回应的教研组织,才是能实现可持续发展的教研组织。

三、研有"情意",方能"融汇共生"

20余年的"新基础教育"研究中,闵行区区域各层面的推进始终共振在同一"波段"上。在这里,不同研究主体有心领神会的相互感应,有彼此契合的精神气场,有融汇共生的力量。

(一) 助力成长,强化价值认同

教师、学校的发展处于教研的首位。只有尊重教师体验,强调普惠,才能

形成"新基础教育"共识,将不同的个体演变为具有共同价值取向和追求的"我们"。

例如,上海市闵行区莘松小学的青年教师陈老师面向生态区青年班主任承担了主题班队活动研讨任务,因活动重心较高,教师"牵着走"的痕迹深重,致使班队活动未能凸显独特的育人意味。为了鼓励陈老师,之后区域内有相似的研讨活动的时候,我都主动带上她,希望她在高频次的研究事件中体验一次又一次真实的研究过程,对校本教研与自我成长形成更加深切的认识,与"新基础教育"的改革实践不再有距离感。这样的研究故事数不胜数,最终转化为可贵的研究情谊。

又如,昆阳路小学由华坪小学接管,开展一体化管理之后,"新基础教育"的内在基因慢慢渗透到学校变革的方方面面,组团式研磨成为教师在校生存方式之一,教师的精神面貌发生了明显变化。闵行区珍视并努力帮助学校培育这样的体验,因为唯有形成价值认同的研究性变革实践,才会焕发不竭的生命活力。

(二) 下移重心,创造校群文化

在发挥研究所聚合力的同时,也不断下移研究重心,强化各生态区自组织建设。各生态区围绕研究专题,结合节点活动,创生性地开展了许多学习研讨交流活动,实现了生态区跨校教研质量的提升。在各个研究关节点上,生态区兼职研究员、列席研究员充分发挥作用,成为更多学校、更多教师成长过程中的"重要他人"。慢慢地,这些"重要他人"逐渐成为"我们"中的一员。随着学校、教师对生态区团队认识的不断深入,富有成长性、情谊性的生态区文化正逐渐形成。

(三) 遵循传统,注重品牌维护

始终遵循"新基础教育"的价值追求、思维方式以及研究精神,既注重维护"新基础教育"独特的品牌形象,也乐在发挥和放大"新基础教育"的品牌效应。在任何研究活动面前,都保持清醒的头脑,不丢弃以师生、学校主动健康发展为己任的价值追求,摒弃与之相违背的形式与内容,保留研究的纯粹性。

闵行区坚持提升研究过程的培育价值,比如,结合普查活动,指导团队以实地介入的方式参与到学校学科教学与综合活动的变革实践之中,指导学校做好活动策划、人事安排、组本教研、校本总结,还结合学校各领域的实际状况给予适时的学科建设指导,以长过程的介入,持续作用于学校的发展,凸显"新基础教育"研究之人、研究之事的真情与实意。

当前,闵行区的学区化、集团化办学正推进得热火朝天,更多学校加入到不同的教育共同体建设中。在这样的背景下,更应该保持"新基础教育"研究的独特性,始终不忘初衷,始终遵循"新基础教育"的价值传统、研究传统,始终致力于教师、学校内生力的积聚,做有情有意的教研。

闵行区"新基础教育"的研究之"道"是在真实的教育实践活动中逐渐形成的,这一切早已经化为价值观念、实践方式、情感意志,融合为我们区域教育的一部分,也将影响新时期区域教研的未来走向。

新旧相推　日生不滞
——迭代发展背景下学生工作研修的实践与思考

陆　洲[*]

上海市闵行区华坪小学始终立足学生立场,把"培养充满生命自觉与创新活力、能健康主动可持续发展的人"作为教育目标,聚焦"高品质的班级生活""学科教学和班队建设的综合融通""校园四季综合活动"等主题研究,在日常的研究性变革实践中,用创造性的工作实现班主任和学生自身成长,使其焕发生命活力。

华坪小学的学生工作在近两年面临前所未有的新挑战。一是学校学生部主要负责人经历新老交接,整体变更,部门工作迭代更新发展的需要提上日程;二是时代背景下教育环境发生变化,学校特色日益彰显,学生成长需求不断变化,需要探索如何做好新时代创新型班主任这一问题;三是班主任队伍涌入一批新生力量,如何做到传承中有所发展,成为学生部研究实践的重点。由此激发了我校在迭代发展背景下学生工作研修的实践与思考。

---

[*] 作者简介:陆洲,上海市闵行区华坪小学学生部副主任。

一、坚持学生立场,明确研修主题

(一) 目标定位

实现"身心健康、主动进取、和谐快乐"始终是我校的育人目标。为了实现这一目标,我校致力于让资深班主任有创新的动力,年轻班主任有管理协调的能力,各年龄层班主任有持续发展的动力。学校聚焦班主任成长的痛点和难点,找准班主任队伍建设的突破口和着力点,明确学生部工作思路,开展专题研究;注重体验式综合活动的开发,凸显学校特色;创混合式教研,推动各年龄层教师自觉生长。

(二) 内容架构

基于这样的目标定位,我校对研修内容进行了整体架构。

第一,再梳理一年级至五年级成长阶梯主题式教育,增加"水"的内涵,辅助年轻班主任清晰年段活动主题内容。

第二,聚焦"水"这一元素,将其融入校园四季活动中,整体架构校园四季综合活动,使之成为主题鲜明、灵动有趣、适合学生需求的综合活动,给学生带来裨益。

第三,基于"新基础教育"理念,推进新时代教育要求。在多年"新基础教育"的理念引领下,将政策上的专题活动,如劳动教育、爱国教育、中国共产党建党100周年等,按照学生年龄段特征,以学生喜欢的形式,依班级学生的特点有效开展活动。在活动中,建立班级文化,形成民主管理制度,创造良好的班级生态。

二、重心持续下移,激活研修活动

学生部的工作以任务驱动,助推教研活动,进一步推动各年级组、各班主任寻找自我改革的突破口,激发学生主动发展的内驱力。

（一）校级层面顶层设计重心下移

近两年，我校加入了不少新班主任，她们有热情，有活力，有想法，但也容易陷入盲目的忙碌状态，因此，需要特别关注一线新班主任的成长需求。

1. 基于系列性的活动研修

因为班主任年龄结构的变化，以及全员导师制的推行，我校针对五年级以下的班主任进行了新班主任专题培训，帮助他们迅速进入角色；针对校园四季综合活动，明晰其内容，挖掘活动背后的价值，助力新班主任快速成长。

2. 基于真实问题的研修

基于班主任教育过程中出现的真实问题，邀请资深班主任进行微课题讲座，焕发资深班主任的工作热情。在学生工作教研过程中，进行现场模拟，通过一个个案例，展示不同班主任的处理方法，借以提升班主任的专业能力，传达正确的教育理念和教育方式，促进教师的自我成长。

以老带新，以新激老，日常工作的智慧在不断交流中传承。

3. 基于真实实践活动的研修

聚焦青年班主任，在同一主题活动下，由资深教师带领不同年级的班主任设计、组织开展班级活动，开设主题班队活动课。

通过线上观摩、交流反思，聚焦班主任的行为、能力、思维方式和教育理念。

通过一次次主题班队活动课的研讨，新班主任更清楚地掌握了年龄段特征，了解了如何设计班级活动，而老班主任被年轻班主任的创新活力感染。这样的实践研磨大大深化了班主任的自我意识，在新老班主任之间产生积极影响。

（二）年级组研修活动重心持续下移

1. 年级组各学科教师参与设计

对于校级的顶层设计，以往，年级组长只是传达任务，或是召集班主任进行一些探索交流。如今，新的年轻年级组长加入后，他们在老年级组长的带领下,在设计初期就纳入了各科教师,扩大活动设计的参与面,共同制订年级组活动框架,使得顶层设计更为综合融通,更加聚焦年龄段特征。

例如,二年级最初仅围绕"水"开展校园四季综合活动。经过各学科教师的集思广益,他们结合秋季,开展了"秋水之乐"主题活动。各科任课教师共同商讨研究,提供了十多条学生喜爱的活动。这使得二年级的活动内容更丰富多元,有了年龄段特征。

2. 班本化、个性化共生

学校给出各年级活动的基本方向,年级组根据学生年龄特点共同细化其内容,但并不固化每个班级的内容,各班主任可以结合班级具体情况,将活动内容班本化。班主任也可以基于个人兴趣、爱好、特长开展个性化班级子活动。

例如,二年级"秋水之乐"系列活动中,有的班级穿雨披听雨声,有的班级画画云朵找找水,有的班级拍拍水中倒影……各班都有特色,也都围绕"水"元素。

3. 非行政性组织教研依势而行

非行政性组织教研是行政性教研的有效补充。教师的成长激发了新的教育火花。非行政性组织教研是学生部工作中的创新,可以借此把不同层面的教师纳入研究过程,汇聚力量,尊重多元价值。

例如,朱冬蕾老师分享了她和学生运作"小蜻蜓电视台"的经历,介绍了如何选主题、如何带领学生编辑台本、主持……为后续各中队制作节目作了有效的指导;学生部和各学科教师共同设计好书阅读分享活动。通过充分发挥教师的个性特长,丰富学生生活,真正做到教育的依势而行。

三、遵循良性互动,激发组织活力

多元的评价反馈会更好地唤醒教师的内驱力,帮助教师获得自觉发展的重要力量。

(一)学校行政评价,传递教育价值

每学期,学校行政层面会对"微笑最美教师"进行表彰,传递教育能量。

通过线上、线下的学生和家长投票、评价,选出得票高的,深受学生和家长喜爱的教师。

同时,我校学生部将学生和家长的评价进行专业品质的提升提炼,形成显性的、可以直观看到的评价反馈内容。这些内容将反哺教师,将优秀的教育方式积淀下来,进而更好地传承。

表彰活动既激励着工作突出的教师,也促使其他教师对照着反馈内容,形成自我更新的力量。

(二)过程性总结,强化积极体验

"新基础教育"一直追求生命成长的过程,注重生命与生命之间的能量转换,为此,我们给教师时间和空间,给他们一个展示自我的平台,交流自己的经验,强化他们成功的体验。

在与同伴的交流分享中,班主任们学习了新的工作方式和理念,了解了同事的日常研究,进而促进自我知识的更新。

四、成 效 与 思 考

我校开启"新基础研究"已有 20 余载,不改初心,始终坚持以人为本,关注每个生命的成长需求。我们学生部研修活动在不断的实践中取得了以下成效。

(一)研修促进团队迭代发展

研修活动时刻提醒学生部:作为"第一责任人",要坚持整体视野。这从一定程度上引领了负责人的成长。

教师深入关注学生的年龄段特征、成长需求,有效整合教育资源,引领学生成长。资深班主任分享经验:如何设计序列化的班级活动,如何与家长有效沟通……再现创造之活力;年轻班主任们勇于实践创新,快速成长,主动承担校园四季综合活动的设计和实践,在区级校级层面多次亮相。

近几年,学校培养了 1 位德育特级教师,4 位闵行区金奖班主任。班主任团队中还涌现出 10 余位区级骨干教师,4 名获市区级园丁奖的教师。第一梯队的班主任已经由原来的 4 位上升为 8 位,他们在提升自己的时候,发挥辐射引领作用,大大提高了学生工作的品质。在一系列专题研修平台上,他们相互学习,携手共进,呈现出良好的育人生态。

(二)研修助力形成特色主题活动

"水"元素的加入,增加了一年级至五年级成长阶梯主题活动的文化内涵,校园四季综合活动也更聚焦"水"这一物质。系列活动与学科更紧密地融合,学生校园生活更丰富多彩,也凸显了学校的教育特色。

(三)研修滋养学生快乐成长

班级活动以学生兴趣和发展需求为出发点,真正发挥了学生主体性,充分尊重、发挥了学生个性,给予充足的时间和空间发挥其主体意识。近几年,学生在市区级各类比赛中,勇于表现,乐于合作,表现突出。

当然我校也面临着成长过程中的瓶颈问题,需要努力突破。

第一,如何通过顶层设计带动和激发年级组的研修活力,让新的年级组长在资深年级组长的带领下快速成长,并能组织开展更贴近现在学生生活的活动……这些问题需要我们进一步突破。

第二,新的学生部负责人如何在前人开拓的工作内容和评价机制上继续突破,完善激励机制,通过高质量的互动、敏锐的提炼与推进,吸收发展过程中的创新元素,推动学生部工作有序、创造性地向前发展。

从卷入到融入 化节点为节律

——上海市闵行区华漕学校"慧"课堂"慧"教研实践探索

刘厚萍*

上海市闵行区华漕学校曾是最早一批（1998年加入）进行"新基础教育"研究的实验校。2015年11月，学校正式重启"新基础教育"研究之路。近几年，学校以创建"新基础教育"研究基地校为契机，集中各种力量和资源，全面深入开展"新基础教育"实践，努力实现学校整体转型和发展。学校呈现了特色鲜明的"新基础教育"办学元素。

一、从卷入到融入：实现更多教师主动参与研究实践

2015年，学校以一场温暖人心的"暖冬季"校园四季活动入手，让全校师生、家长一起卷入"新基础教育"研究场域中，营造一种浓浓的"新基础教育"研究氛围。学校正式重启"新基础教育"研究。学校采用外出参加学习培训与交流学习活动，校内分层分类搭建"新基础教育"研究性学习组织，逐渐形成骨干引领、梯队滚动的教师群体协同发展的策略与路径。

我校送出一批中层和骨干教师到常州或者闵行区"新基础教育"生态区开展的各种会议和现场研讨活动中去学习，以发展核心梯队（主要成员是学

---

* 作者简介：刘厚萍，上海市闵行区华漕学校校长。

校中层、教研组长、年级组长、区级骨干和骨干后备教师)为抓手,创建"教学领导工作坊"这一重要研究性学习平台,每学期在这一平台上坚持进行"新基础教育"专题研讨,同时邀请专家进行指导。"教学领导工作坊"活动形式多样,研讨深入,每次研讨都使与会者受益匪浅,为学校课堂教学改进和"新基础教育"落实培养了一支骨干力量。到2021年,我校共开展了14次的研讨,每次研讨的主题见表1。

表1 上海市闵行区华漕学校"教学领导工作坊"主题

序号	研讨主题	时间
1	运用观察量表进行系列课堂观察及研讨	2014年9月至2015年1月
2	教学领导专业职责研讨	2015年6月
3	江苏省常州市"新基础教育"学习体会交流	2015年11月
4	"新基础教育"关于课堂改革学习体会交流	2016年1月
5	关于"学生立场"研讨一	2016年6月
6	关于"学生立场"研讨二	2017年1月
7	关于"慧"课堂要素1.0版研讨	2017年6月
8	"慧"课堂1.0版要素之"深度解读教材"研讨	2018年1月
9	"慧"课堂1.0版要素之"关注学生思维"研讨	2018年6月
10	"慧"课堂1.0版要素之"积极投入情感"研讨	2019年1月
11	"人人项目"成果交流和反思	2019年6月
12	基于跨学科的项目化学习研讨	2020年1月
13	后疫情时期的教学思考	2020年7月
14	"研"评价"改"课堂	2021年1月

"新基础教育"研究伴随着学校整体转型,需要每个实践主体充分发挥主动性和创造性。因此,有了一支作为领头雁的骨干教师队伍后,学校就将研

究重心进一步下移,让各领域、各层面的教师都主动地卷入"新基础教育"研究中。"新基础教育"研究的雪球"越滚越大",最后在学校内全面铺开。

在全面深化"新基础教育"研究的过程中,学校积极开展各类"新基础教育"活动,同时及时引入更多专家资源帮助教师打开眼界,突破传统观念,推进不同层次教师的发展。最重要的资源是"新基础教育"研究的创始人叶澜老师对华漕学校的厚爱。她先后四次来我校,每次来都会给予我校以具体的指导和支持的力量:2016年6月(校园四季活动专题汇报指导),2016年11月(全国"共生体"会议美术专场活动),2019年11月(中草药种植专题指导),2021年4月(基地校回访活动),2018年8月,叶澜老师专门为华漕学校题词"教天地人事,育生命自觉","华漕人"深受鼓舞。随着基地校创建的一件件"大事"陆续完成,教师深入"新基础教育"研究的兴味更浓了,学校便更大力地鼓励并扶持教师建立不同形式的研修团队:2016年,学校创建"青年教师成长坊",帮助青年教师有针对性地进行研修;2017年,成立青年教师"三人导师团",为1—5年教龄的教师保驾护航;2018年,学校进一步以"人人项目"为抓手,提升教师"把想的做出来""把做的写出来"的综合研究能力,优化与提升科研对学校教育发展的引领与服务作用,进而促进学校教育质效的整体发展;2019年,"教学研究先导小组"成立,一些有经验的教师主动申报、参与研究;2021年,我校更是鼓励教师自发组建3人(及以上)的"自主发展型教师团队"。通过不同形式,围绕课堂教学的日常变革,教师从旁观者转变为行动者和当事人,不断见证、体验着"新基础教育"研究在长达20余年的时间里逐渐积累起来的经验的有效性和强大力量。教师在这种自发的"共同体"中凸显自我价值,实现主动发展。

学校在不断地实践"'新基础教育'之事"的同时,其转型渐趋明显,更多教师将"新基础教育"的规律融入于心,外在于行,不断修炼,练就"新基础教育"教学和学校管理的新基本功,使习惯成自然,向教育的自然而然之境而努力,走在"成人"的奋斗之路上。

二、化节点为节律:形成具有律动感的教研新生态

正因为有一批批不断积极参与"新基础教育"研究的教师队伍,学校形成

了和谐的生态，每阶段举办的重大节点活动都能够顺利高效地完成。这样的良性循环不断地促进了学校相关工作的跨越式发展。2018年11月3日，学校承办全国"新基础教育"研讨（美术学科）专场活动并在全国"新基础教育"会议上进行专题汇报。2017年5月，学校参与天津"新基础教育""学校空间育人价值开发"研讨会。2017年11月28日，学校接受专家对学校创建基地校的中期评估。2019年12月10日，学校开展创建基地校普查活动。2020年10月12日，学校开展"新基础教育"优质课例研讨活动。2021年，学校接受"新基础教育"基地校创建回访活动。

每一个节点活动都带动了全校更多教师和学生。基地校创建用了近五年的时间，过程中充分放大节点效应，使"新基础教育"研究实践在华漕学校生根开花结果。

我校努力探索基于教师成长，与校园生活节奏相匹配的教研新生态。"春生夏长，秋收冬藏"，春夏之际，是每学年的第二学期，也是新入职教师汇报自己教学实绩和青年教师参与市区各项比赛的学期，更是各类考试密集的一学期，学校围绕青年教师培养、考试研讨等进行日常化教学研究。

学校通过教学"节日"的形式把教学研究变成学校教师的兴奋点。每年秋季，设置"杏坛杯"教学研究展示和教师"比武"活动。"杏坛杯"活动中，认真制订方案，确定主题，并广泛宣传，邀请专家来校指导，形成全校研讨教育教学"节日"；围绕主题举行研讨课、汇报课活动，把青年教师基本功比赛、骨干教师示范课涵盖其中。教师"比武"内容由上课扩展到评课，由撰写教学设计扩展到撰写案例、课例，全员参与，在比赛中贯彻"新基础教育"理念，在活动中探讨"慧"课堂的成功经验。

冬天意味着力量的积蓄，也是华漕学校全体教师苦练新基本功，抓日常教学质量的最佳时期。学校利用校长讲坛、专家讲座、课题申报、常规落实等转变全体教师的教学理念，提升每一天、每一节课的教学质量，真正实现教师的智慧教学。

在"新基础教育"基地校创建的几年中，在一年四季不同节气的流转中，华漕教师逐渐形成了自己学校日常教育教学的研究节奏，并努力根据教育的内在规律和"新基础教育"20多年实践变革研究中积累的经验,有节律地开展最普通、最日常的教育生活。教师在变革实践中的自我成长和内在的生命觉醒,创造着理想中的滋润心田的华漕教育新生活。教师享受着教育活动所特有的生命四季,享受着教育独有的尊严、活力与欢乐。

三、"慧"课堂和"慧"教研:校本化日常教育生活初成势

在围绕"新基础教育"课堂教学改革核心理念进行校本化课堂教学实践的过程中,我校对自身课堂教学现状及其背后的问题进行了反思和辨析,提炼出了我校"慧"课堂改进的四要素:深度解读教材,准确把握学情,积极投入情感,密切关注思维。课前,教师在深度把握、分析教材内容和学生情况的基础上,有计划地设计"大问题"式教学,最终实现长程、结构化育人;课中,教师和学生密切互动,唤起积极情感,碰撞思维火花,追求和实现收放自如的课堂生活;课后,教师进行及时的反思和重建,练就新基本功。

围绕核心四要素,各教研组和教师在日常化教学研究中进行多层次、多维度、跨学科、跨学段的立体化探索,推进学校教学改革,逐步获得成效。

(一)多层面开展主题化教学研究

学校各层面(学校、教研组、备课组、教师个人)梳理教学中存在的真问题,教研组、备课组找准课堂改进教学的突破点,落实具体措施;教师个人确定改进点进行"人人项目"研究。备课组产生教研主题后,各教研组再确定研究主题。各教研组分别开展了主题化教学研究。例如,语文教研组围绕教材解读问题进行教学研究;英语教研组围绕课堂开放度和学生参与度问题进行教学研究;数学组围绕"类知识"结构的课型进行研究。

每一个阶段聚焦的核心主题问题在不断发展变化,阶段性问题研究带动的是教研组自己的研究,串联起整个教研组发展。

(二)多维度探索"慧"课堂实现的可能

围绕学校"慧"课堂改进的四个核心要素,各教研组和教师始终在日常化

课堂教学研究中进行多维度探索。

我校建立了华漕学校"慧"课堂改进的三级指标体系。该体系把"慧"课堂的核心四要素作为一级指标；从学生和教师两方面描述二级指标，因为课堂教学一定要关注师生生命的共同成长，每个要素的评价要分别从师生的共同表现入手；三级指标分三条，进一步对二级指标进行详细描述，把学校"慧"课堂的核心观念逐条表达出来。设定评价指标后，教师充分理解"慧"课堂四要素的意义，获得清晰的导向、价值的引领。2018年12月，学校在上海市教育委员会教学研究室主办的上海课改30年评价专场活动中，分享了"慧"课堂教学评价改进——绿色指标的学校评价实践的经验。

（三）跨学段探索长程化教学规律

根据我校九年一贯制办学特点，加强了中小学段联合教研、幼小衔接、小初衔接等跨学段长程化教学研究。

小学部各学科组教师认真研究幼小衔接学生的学习习惯培养，并做好和幼儿园教师、家长的沟通等，为幼儿园孩子顺利进入小学学习和生活做好保障。中学部六年级教师也主动和小学五年级教师进行五六衔接的教研活动，利用学校九年一贯制办学的优势，积极帮助学生尽快实现小初过渡。

学校教师利用中小学各学科统一的教研时间，定期开展中小学教师联合教研和观课活动。通过活动，中小学各学科教师长程化熟悉教材，熟悉中小学课堂教学规律，并能在各自的教学中进行联系和有机渗透，为学生学习做好铺垫和衔接。

（四）跨学科创新课程的开发与教研

为适应培养学生创新精神和实践能力的需求，学校这几年一直开发跨学科校本化课程，涉及的学科老师不定期进行研讨和开发课程，并根据学生的反馈不断改进教学设计，表2列举了我校部分跨学科校本化课程。

表 2 我校的部分跨学科校本化课程

课 程 名 称	涉 及 学 科	实施年级
3D 打印＋彩绘	科技、美术	七年级
头脑 OM＋墨流艺术	科技、美术	六至八年级
太阳版	科学、劳技、美术、语文、探究、信息	六年级
华草园中草药识别	语文、美术、地理、生命科学	三至八年级
我地我图——手绘地图	自然、美术、数学、语文	四年级
头脑 OM 校本化跨学科课程	科学、数学、技术、工程、艺术	二年级试点

这些课程的背后,是教师与教师之间的合作。比如,"头脑 OM＋墨流艺术"课程与劳技课结合,微课辅助教学。落实课程的教师是一个团队,涵盖物理、劳技、美术、信息学科。教师研究各学科怎样去融合,各学科介入的时机……教师之间是一种创新的合作方式。

"慧"课堂"慧"教研带来的是学校师生日常生活的改变,提升的是整个学校的办学成效。这几年,闵行区"一校一报告"中的数据显示,我校"慧"课堂改进的成效体现最明显的就是学生的校园感受和学业成绩的提升。通过访谈和课堂观察发现,华漕学校很多教师的课堂活了,学生学得也灵活了。很多学生的学习兴趣和学习动力变强,主动学习的意识提升。学生的表现性评价以及绿色指标测试中,学校的成绩都在提升,特别是初中中考成绩,这几年一直处于上升的稳定态势。

华漕学校是一所有着百年办学积淀的传统老校。我校办学理念"赞天地之化育 养心灵之卓逸"直指教育的终极目标——养成每个人内心的卓越和美好。华漕教育人将谨记"教天地人事,育生命自觉"的教育初心,在"新基础教育"之路上不断探索和实践下去。

区域联动教研　梯队协同发展

周志华*

在生态式协作推进研究的过程中，常州市"新基础教育"研究形成了区域推动与自觉发展的双向动力机制、整体策划与个性设计的融通转化机制、定期交流与共同发展的互通共赢机制、分散个研与集中共研的互动创生机制、总结提炼与成果分享的转化辐射机制并存的生态区建设运行机制。

20余年来，经过双向选择，江苏省常州市天宁、钟楼、新北、经开4个区先后加入"新基础教育"研究，形成了纵向上以学科为单位，研究中心专家领衔，各学科兼职研究员负责的研究共同体，以及横向上以区域为单位，各区教研室主任领衔，各学校校长负责的推进共同体。2015年6月，非行政学术团体"常州市'新基础教育'研究会"成立，标志着常州市"新基础教育"研究扎根日常，形成了较为稳定和自主的研究生态。目前，常州市"新基础教育"研究生态区由10所"生命·实践"教育学研究合作校、8所"新基础教育"基地校组成，形成了校际协作、多维互动，区域推进、差异发展的研究格局。

---

* 作者简介：周志华，江苏省常州市局前街小学副校长，中小学高级教师，常州市数学学科带头人。2005年，跟随华东师范大学叶澜教授参与"新基础教育"研究，2010年被华东师范大学"新基础教育"研究中心聘为数学学科兼职研究员，2018年被华东师范大学"生命·实践"教育学研究院聘为"新基础教育"研究数学学科兼职指导员。在"新基础教育"研究的实践探索中，执教研讨课五十余节，作专题报告二十余次，出版专著《小学数学教学整体综合设计的实践探索》。

案例一：生态区计划交流会和总结交流会

共生体学校类型多样，资源丰富，有利于相互之间的交流与合作，实现各种类型学校的差异发展。常州市"新基础教育"研究会通过每学期一次精心设计和策划的生态区计划交流会和总结交流会，促进不同层级的学校明确学期重点工作，实现研究会与各区、各成员校的有效沟通和对接，促进研究过程资源和研究成果的及时分享。

以2018年度第一学期期初工作策划交流会为例。

2018年度第一学期期初工作策划交流会议程：
一、新背景、新推进（9：00—9：10）
江苏省常州市"新基础教育"研究会学期工作回顾（10分钟）
二、新节点、新生长（9：10—11：30）
1. 联系校：中期评估回顾反思（10分钟）
点评（5分钟）
2. 联系校：校园四季活动系统开发实施的校本实践与思考（10分钟）
点评（5分钟）
3. 新基地校：新目标引领下的研究深化（20分钟）
点评（5分钟）
4. 老基地校：创合作校调研的回顾与反思（20分钟）
点评（5分钟）
5. 合作校：学生特色活动创新（20分钟）
点评（5分钟）
6. 合作校：用"新基础"理念指导学校重大节点工作的策划与推进（20分钟）
点评（5分钟）
三、新时期、新问题（14：00—16：00）
1. 代表汇报：如何在四区会课中凸显"新基础"特质的反思与

下阶段策划(10分钟)

2. 代表汇报：区域研究推进中差异资源的利用与下阶段策划(10分钟)

3. 代表汇报：研修学院试运行的经验反思与下阶段策划(10分钟)

4. 点评指导：学科育人价值开发和转化中的底线与高标(30分钟)

5. 专家报告："新基础"64字精神解读(60分钟)

首先，研究会层面敏锐把握"生命·实践"教育学研究的动向，及时反思生态区建设的阶段性问题，以长程策划、阶段突破、前移后续、持续创生的思路，确立每个学年、每个学期的研究重点和突破方向，把握时序节点与变化推动学校研究，充分体现节点意识、突破意识和引领意识。其次，各校紧紧跟进研究会学习、实践和突破的脚步，紧扣区域节点、内容节点、时间节点、学校自身的发展节律，制订学校计划，在回顾反思中深度解读，在点拨引领中个性策划。交流中，加入高一层级学校校长的即时点评，通过问—思—辩—引，把脉研究现状，诊断共性问题，发现和提炼创意与智慧，在提亮特色工作，提出商榷建议的同时助推思考的深入。交流的现场人人参与、互学互鉴、共生共长。

策划会与总结会，区域推动与学校自觉发展双向互动，整体策划与个性设计融通转化，研究与变革从被动走向自觉，内动力和内生力不断增强。

案例二："新基础教育"研究小学数学专题研修活动

2017年6月，为了进一步满足全国各地期待了解并学习"新基础教育"的愿望，华东师范大学"生命·实践"教育学研究院在江苏省常州市创建"新基础教育"培训学院，期望把常州生态区打造成"新基础教育"研究示范区建设基地，逐步成为全国基础教育改革高品质示范区。这是机遇，更是挑战。常州"新基础"人寻找到了新的发展目标，深入思考如何借助新的发展平台促进生态区学校梯队、教师梯队的协同发展。为此，生态区精心策划每一期的研修活动。表1呈现了"新基础教育"研究数学学科第三期专题研修活动的安排。

表1 "新基础教育"研究数学学科第三期专题研修活动安排

时间	主　题	授课者	简介/备注
11月20日	研讨主题:"垂直与平行"单元整体教学		
	8:30—9:10:垂直	王　莉	江苏省常州市戚墅堰东方小学数学学科主任
	9:20—10:00:平行	马美南	"新基础教育"研究第一批兼职研究员
	10:10—10:50:垂直与平行练习	徐　洁	江苏省常州市第二实验小学新骨干教师
	11:00—11:30:执教教师说课	潘慧黎	江苏省常州市第二实验小学数学学科主任
	13:30—14:30:单元设计专题介绍	孙　敏	"新基础教育"研究兼职研究员
	14:40—16:30:互动评课、专家点评	吴亚萍	"新基础教育"数学教学改革负责人
11月21日	研讨主题:"因数和倍数"单元整体教学		
	8:30—9:10:因数和倍数	骆　云	江苏省常州市局前街小学骨干教师
	9:20—10:00:2与5的倍数的特征	黎媛君	江苏省常州市局前街小学新骨干教师
	10:10—10:50:3的倍数的特征	周志华	"新基础教育"研究第一批兼职研究员
	11:00—11:30:执教教师说课	吴小薇	江苏省常州市局前街小学数学学科主任

续 表

时间	主　题	授课者	简介/备注
11月21日	13:30—14:30：单元设计专题介绍	周志华	"新基础教育"研究第一批兼职研究员
	14:40—16:30：互动评课、专家点评	吴亚萍	"新基础教育"数学教学改革负责人
11月22日	研讨主题："简易方程"单元整体教学		
	8:30—9:10：方程的意义	顾鹏飞	江苏省常州市新北区龙虎塘第二实验小学骨干教师
	9:20—10:00：等式的性质	张　姝	"新基础教育"研究兼职研究员
	10:10—10:50：解方程	袁平平	"新基础教育"研究兼职研究员
	11:00—11:30：执教教师说课	荆亚琴	江苏省常州市新北区龙虎塘第二实验小学数学学科负责人
	13:30—14:30：单元设计专题介绍		
	14:40—16:30：互动评课、专家点评	吴亚萍	"新基础教育"数学教学改革负责人

首先,研修的主题结构关联、成系列。在生态区前期"纵向结构关联设计与课堂实践转化"研究的基础之上,研究团队开展"单元横向结构关联设计与课堂实践转化"的研究。其次,多区域、多层次人员协同研究。研究人员由华东师范大学专家吴亚萍教授、"新基础教育"研究第一批兼职研究员、第二批兼职研究员、承办校的学科第一责任人、新老骨干教师组成,兼职研究员、学校学科第一责任人领衔解读上位的单元整体设计,骨干教师进行课堂实践。

区域层面承办的活动如何转化为推动生态区内学校联动发展的力量？研修前期,每一所学校选择一到两个专题,在自主研究的基础上,主动申报,或承办、或推荐优秀教师、骨干教师承担研究课任务；研修后,各区、各校开展学习后的校内重建研究。一个专题,前移后续,放大研究的过程价值。常州市"新基础教育"培训学院的研修活动,逐步形成了"以学校为单位,自主式研究;以集团为单位,组团式研究;以研究会为单位,生态式研究;以全国共生体为单位,开创性研究"的格局,过程中,分散个研与集中共研互动创生。

案例三:数学学科新骨干培训活动

为了更积极稳妥地持续走好"新基础教育"研究的"成事成人"之路,在一批"新基础教育"骨干教师相继调离或退休的新背景下,培养拥有"新基础教育"理念、符合学校变革实际需求的新一代骨干教师,华东师范大学"生命·实践"教育学研究院启动"新基础教育"新骨干教师研修培训。常州地区作为研修基地,各领域各学科积极策划,数学学科率先推出了新骨干培养的研修活动。表2呈现了常州市"新基础教育"研究数学学科骨干教师培训班第一次活动安排。

表2 常州市"新基础教育"研究数学学科骨干教师培训班第一次活动安排

时　间	具体内容及要求	地点
3月24日前	全体学员阅读: 《重建课堂教学价值观》(《"新基础教育"论》第247页) 《重建课堂教学过程观》(《"新基础教育"论》第258页) 《"新基础教育"数学教学改革指导纲要》第47页至94页 (第四章"新基础教育"数学教学改革的策略选择)	
3月24日	8:30　开班仪式 8:40　《重建课堂教学价值观》读书交流 　　　刘菁老师主发言(20分钟) 　　　储青、徐靖老师谈学习体会(每人10分钟) 9:30　陈婧诚老师执教三年级《小数的初步认识》 10:20　经辉老师执教三年级《年月日》 11:00　陈婧诚老师说课《小数的初步认识》 11:15　经辉老师说课《年月日》 11:30　午餐 13:00　学员评课(每个学员都要发言) 14:30　吴亚萍老师点评	江苏省常州市局前街小学

续　表

时　间	具体内容及要求	地点
3月25日	8:30　《重建课堂教学过程观》读书交流 　　　　胡霞老师主发言(20分钟) 　　　　罗雯娟、汪倩羽、周剑谈学习体会(每人10分钟) 9:30　汤佩佩老师执教三年级上《认识分数》 10:20　曹莉萍老师执教三年级下《认识分数》 11:00　汤佩佩老师说课《认识分数》 11:15　曹莉萍老师说课《认识分数》 11:30　午餐 13:00　学员评课(每个学员都要发言) 14:30　吴亚萍老师点评	江苏省常州市第二实验小学
3月26日	8:30　《"新基础教育"数学教学改革指导纲要》第82页《数学教学过程的互动生成策略》读书交流 　　　　蔡芬老师主发言(20分钟) 　　　　韦小露、曹洋、俞晓婷谈学习体会(每人10分钟) 9:30　邹婷老师执教三年级《有趣的乘法计算》 10:20　徐艺老师执教二年级《角的初步认识》 11:00　邹婷老师说课《有趣的乘法计算》 11:15　徐艺老师说课《角的初步认识》 11:30　午餐 13:00　学员评课(每个学员都要发言) 14:30　吴亚萍老师点评	江苏省常州市虹景小学
3月26日后	自主的二次重建 校内实践转化与实践指导	

开班之前,江苏省常州市"新基础教育"研究会组织专题研讨,整体解读区域内教师梯队发展现状,剖析当下青年教师发展中的问题,以及青年教师的发展优势与潜力,确定新骨干发展的第一阶段目标：培育拥有教育情怀,会思考、善琢磨、静心的研究者；培养教师新的教学基本功：教学内容解读之功、学生发展诊断之功、过程互动调控之功。

数学学科的第一次培训活动,"以互动生成为特征的课堂教学过程重建"作为研究的核心,确定主题,明确目标。通过研修,剖析影响课堂开放互动的因素与原因,形成课堂开放互动的推进策略,提炼课堂开放互动的一般推进展开逻辑。活动的整体组织坚持"新基础教育"前移后续的研究传统。研修前,学员在自我实践的基础上,学习经典,进一步内化理念;研修中,创设人人参与的研究场,促进人人在场中,人人主动自省;研修后,建立学员回校辐射指导的研究机制,一方面提升学员研究的主动性,提升反思力与研究力,同时,促进每一所学校的全面深度卷入,放大培训价值。

"新基础教育"研究需要双向滋养,需要主动介入式的参与。团队如此,个体也是如此。新骨干在研修培训中成长,"老"骨干不谢幕。"老"骨干诊断把脉,引领教研,实践探索,努力突破共性问题,攻克难点问题,创生精品项目,为培育新生骨干贡献智慧与力量。

集团背景下教研方式的创新之路

陆 芳[*]

集团以"合作探究"为核心,将教学、探究、专业研修等融为一体,从组织发展、学校整体改进、学校管理等视角提供科研平台和活动焦点。教师通过合作实践,构建自身作为研究者、参与者和合作者的身份认同,并通过跨界学习,为新知识、新实践的产生创造条件。

一、集团教研的基本策略

(一) 组织变革,制度保障是前提

江苏省常州市第二实验小学教育集团在"纵向分管校长条线贯通,横向相同部门校区切块,执行校长负责"(即在集团内部,每位副校长分管一个领域的工作,不分校区;中层职能部门每个校区都有,不跨校区;同时每个校区设置一位执行校长,全面负责校区工作)的基础上,对教研组织机构和相关人事安排进行调整。

1. 岗位升级,赋权与担责并重

只有将管理者的"自我发展"与"管理变革"统一于积极的研究性变革实践之中,才能不断提升集团的领导力,获得推动集团发展的重要力量。因此,

---

[*] 作者简介:陆芳,江苏省常州市第二实验小学语文学科责任人,常州市语文学科带头人、天宁区名教师工作室领衔人,华东师范大学"新基础教育"试验兼职研究员。

集团在原有学科大组的基础上,将年级备课组提升为年级教研组,这一升级不仅仅是名称的改变,更带来了责权利的相应变化,即将日常研究的主动权和年级教师的发展责任赋予年级教研组。

2. 竞聘上岗,鼓励管理者自我超越

在一个组织内部,只有充分激发每一个细胞的活力,才能达到部分之和大于整体的功效。因此,集团内部实行基层管理者(年级组长、教研组长)全面竞聘上岗,尤其鼓励不同校区、具有不同特长的青年骨干教师参与展示自我和服务团队的过程中,期望通过管理历练实现优秀教师在管理和学科双专业上的自我超越。

3. 评价跟进,提升团队合作意识

集团每学年都会开展"优秀基层管理者"和"优秀基层团队"的评选,通过宣传树立管理典范,促进基层管理者牢固树立"我是集团发展不可或缺的一分子"的意识,让每位教师成为促进自我和他人发展的"责任人"及"合作者",借此将发展动力内化到组织和个体内部,从而达到整体优化、持续深入、自觉自生的效果。

(二)机制优化,策略创新是关键

集团背景下,面对研究基础迥异的教师群体,虽然学科组层面不断创新教研机制,但各学科、各年级教师的认识深度和转化的自觉性依旧存在很大差异。基于此,集团又在年级教研组层面推行"月规划"教研机制。

1. 梳理现状,让教研工作更聚焦

每学期初,集团内的每位学科部长会带领各年级教研组长进行两方面的工作梳理。一是整理学科已有研究成果,建立智慧资源库,同时梳理研究中的缺失和盲点。二是重建梯队,明确目标。以部门规划、教师规划的双向论证为契机,引导教师在集团中明确自身定位。在此基础上,年级教研组长会根据本年级教研组的成员结构、研究推进现状和团队发展需求,自主申报学期的突破点和新生点,以微课题研究带动基层团队的双专业发展。

2. 系统设计,让教研工作更有序

明确了教研的方向和目标后,需要找准日常教研在内容和时空上的有力抓手。一是在内容上,集团在江苏省"十二五"重点课题"学科育人:基于课程纲要开发的教学变革研究"和"十三五"课题"育人为本：国家课程育人价值的深度开发和实践研究"的统领下，以国家课程校本化实施为主方向，以各学科"单元整体教学"研究为主阵地，以学科关键能力培养为抓手，进行教研内容的整体设计。二是在时空上，集团制订了新的教研节律，采用总—分—总的教研方式，形成"年段与年级交错""月规划与月展示呼应""月调研与月考核跟进"的工作机制，将策划组织的主动权和责任下移到教研组。所谓"年级与年段交错"，即集团每月组织一次年级教研活动，一次年段教研活动，引导教师从不同高度关注日常教学；"月规划与月展示呼应"，即集团每月安排一次规划活动，年级教研组对本月四次活动进行整体设计，有序推进，并在年段教研活动中展示汇报；"月调研与月考核跟进"，即集团每月安排一次常规调研，考查教师的教学常规和学生的学科关键能力，并计入每月教学质量考核，同时纳入学期绩效考核。

3. 强化落实，让教研工作更有效

一方面，教研组内要对过去一个月的研究实践情况进行总结反思，在此基础上形成下个月的教研突破点；另一方面，教研组长要根据规划，组织教师开展扎实有效的日常实践，在集体备课中有效落实单元整体教学的思路，在组内研讨中有效安排组员之间的互动分享，在常规调研或质量监控后有效关注班级之间的学习差异。

（三）信息共享，系统推进是保障

为保证教研工作重心下移的有效性，必须有一个重要前提——管理者要对即将推进的各项工作有先期系统性的思考，这样才不会在执行的过程中迷失方向。为此，集团将行政例会的成功经验迁移到学科管理中，通过整体思考、及时反思和过程互动，促进不同年级教研组之间的信息共享与互补。

1. 丰富活动内容，让月度交流成常态

集团放大月规划的过程价值，在组内形成规划初稿的基础上，组织教研组长进行阶段性的工作交流和信息互通，对重点和难点工作进行集体研究、集中突破。在"集团教研长镜头"中，各教研组长会总结分享一个月的年级教研工作；在"教研信息万花筒"中，每一位外出学习者会分享学习感受；在"一月教研新规划"中,各教研组长会基于上月教研工作中遇到的问题,对本月教研组工作规划进行交流,做到取长补短。

2. 创新活动环节,让跨界交流有可能

学期末,每位教研组长会邀请其他学科的组长共同参与"教研管理微学院"交流活动,大家通过"微报告""微辩论""微点评"等活动,各自就学期初申报的微课题的推进策略和成效进行交流,以此激发自身的问题意识和现场学习力,促进自身思维方式的更新和管理品质的提升。

二、教研方式的创新

基于以上三大策略,集团背景下的教研方式不断创新。

(一) 一体校:因需而生,在变革创新中实现高位发展

研究初期,为了实现不同校区教师理念的快速融合和实践的转型,集团采用高频次、双循环的教研方式,提升教师的参与度和贡献率,助推校本纲要的研发。随着集团内部各校区的融合,要如何从外部推动走向内部需求,让教研主题贴近教师日常教学,激发教师教育创造的活力呢?

一是在教研组织架构上作出调整,变两级扁平结构为三级立体结构,变单双周双循环活动为一月整体架构,提升校区教研的灵活性和互动性,确保教研主题的重心下移。其责任主体与互动方式也就随之发生了变化。

二是在教研主题选择上进行改进,变统一推进为统分结合,变泛泛而谈为贴地实践,提升研究变革的主动性和针对性。"统"是围绕学科组核心研究的集中突破,"分"是结合不同校区、不同年级的学生关键能力培养或课堂新常规建设进行的探索积累,较好地适应了教师的研究需求。

三是在教研展开方式上追求灵动,变程式推进为自由丰富,变一家之言为百家争鸣,用"微课堂""微互动""微分析""微交流"等方式让各有所长的教师一展自己的风采。教师对这种新颖、多元的方式很感兴趣,一次活动在不知不觉中意犹未尽。

四是教研反馈追求即时,变终结性评价为过程性评价,变表面参与为深

度介入,提升教研的质量和品位。设计活动观察表,邀请教师参与课堂观察、研讨评价的过程中,为量化研究收集数据和资源;设计活动评价表,利用 QQ 推送到参与教师手机,了解教师参与的程度,收集教师的意见或建议,为后续推进提供参考。

五是教研文化追求多元,变权威指导为成长伙伴团,变单科实践为跨界共赢,托举学术的专业权威,让某个领域的"专家"成为一个青年教师伙伴团的团长,带领伙伴集中学习、研讨、突破,合力推动教研文化的建设和教研共生体的形成。

在基于现实、和而不同、各具特色的教研变革中,集团不断实现现有教学质量基础上的自我超越,进而孕育出了新的教研文化。语文组被评为市"十佳女职工品牌团队",英语组被评为"市先进教工小家",体育组、数学组被评为常州市"示范教研组",数学组被评为"天宁区优秀团队"。

(二)合作办学:引领助力,在内外联动中实现跨越发展

由于新建学校质量管理和教师发展需要,浙江省常州市香槟湖小学、紫云小学积极探索合作办学模式下的教研方式。

一方面建立了区域、集团、校本三级多层互补的教研机制:区域教研自主参加,跨区教研选择参加,集团教研分层参加,学校教研全员参与。

另一方面形成赛训结合、研训一体的教研氛围:成长营活动坚持参加,联合教研主动承办,"相约星期三"助力成长,微课题研究持之以恒。

六年来,香槟湖小学、紫云小学先后成功创建为常州市优质学校,并向着新优质学校大步迈进,集团"乐教·奋进·博雅"的教师文化正在成员校蓬勃生长。

(三)联盟校:助推共进,在多元创生中实现合作共赢

基于联盟校的发展基础、资源优势和成长态势,不断改进集团联盟层面的合作教研方式。

一是变"核心校承担"为"联盟校申报",锤炼成员校管理队伍,提升管理水平,彰显办学特色。例如,江苏省常州市北郊小学承办的青年教师成长营

突出以教育技术促行为转变,江苏省常州市东青实验学校承办的成长营突出以阅读分享促理念提升。

二是变"单向指导"为"双向互动",切实改进成员校的教研方式。集团以"1+X"的模式发挥核心校的孵化器作用,在区统一指导下,委派副校长高鸣鸿与东青实验学校陆荷芳副校长进行交流,骨干教师梁小红、宗薇与张丽惠、蒋琴对换,做到一月一主题,一月一联动,并组织开展骨干结对交流、学科调研、课题指导等活动,使两校的管理文化、教研方式在互动中共享提升。

三是变"过程扶持"为"节点助推",关注成员校内生力培养。"新基础"项目研究校北郊小学、朝阳新村第二小学、东青实验学校,在学校发展的节点处有力助推,提升后续研究的针对性。2016年,朝阳新村第二小学、北郊小学以较好的发展态势成功晋级为"新基础教育"基地学校。2017年至今,集团先后组织四次集中课堂调研,为东青实验学校(小学部)进行课堂把脉。2019年,东青实验学校成功晋级为"新基础教育"基地学校。

四是变"示范引领"为"日常联动",提升成员校教研品质。在集团学科教研的引领下创生性地开展联校教研活动,形成年级、学科、一体化、联盟校间的交互式研究。统分结合的联校教研真正为不同学校、不同梯队教师提供专业成长的平台,磨砺教师个体将教育理念转化为教育实践的能力与水平。

三、问题与思考

(一)顶层设计还需加强

在集团办学多元模式推进的过程中,教研作为提升教学质量、促进教师发展、促进团队建设的重要阵地,无论是教研理念还是运行机制,都还有很大的研究空间,既需要来自集团层面的整体策划,也需要各方高层次专家的介入和引领,使之向着理性、系统、创生的方向不断发展。

(二)队伍建设还需持续

在研究的进程中,因教师岗位的变动和校区流动频繁,课题组核心成员被动更替,造成研究思路的割裂和研究力量的断层。针对这一问题,中层和基层管理岗位的队伍培训需持续加强,以确保教师对教学研究的敏感性和教师教学设计能力的提升。

(三) 教师需求还需研究

随着不同校区教师年龄结构的逐步稳定,针对不同校区、不同层面教师需求而策划设计的教研活动必然呈现较大不同,因此,研究教师成长需求,顺应和引领教师发展需求,在教研组织变革、制度创新等方面还大有可为。

创生区域教研转型与变革的实践样本

尤 霞*

区域教研是支撑地区教育发展的重要组成部分,是实施教育教学改革、提高教师专业水平、提升教育质量的核心力量和重要途径。近年来,山东省淄博市临淄区立足回归"新基础教育"的新背景和新样态,扎实开展区域教研转型与变革研究,努力在理念转变的前提下寻求教研价值和文化的转型与重塑,在继承发展中寻求教研形式和内容的改进与优化,在综合融通中寻求教研模型和范式的建构与创生。临淄区通过建设一支知难而上、执着追求、主动创造、自我超越的教研团队,打通行政与专业的密切联系,实现理论与实践的相互转化,推动"教天地人事,育生命自觉"的教育追求在临淄落地生根、开花结果。

一、传承创新,转型升级,发掘区域教研新价值

生态区"新基础教育"研究不断走向"深水区",教研工作也与时俱进,主动蜕变,走上了一条以教研价值转型为核心的变革之路。

首先,转变教研理念,重建教研价值。读懂新时代区域教研面临的新形势、新机遇,在"反思—重建—改变"中更新教育价值观和思维方式。改变传

---

* 作者简介:尤霞,中学高级教师,山东省淄博市临淄区"新基础教育"研究中心主任、临淄区教学研究室副主任,兼任化学、心理健康教育教研员。

统教研过度关注知识传授与升学应试的价值倾向，推动教研由"单向型"向"复合型"转化，由"教学研究"向"教育研究"转化，由只研究教师的教不注重研究学生的学，向在注重研究学生学的前提下研究教师的教转变，由只关注课堂实施向关注"教—学—评"的统整一致转变，由只重视终结性评价研究向重视过程与结果的评价研究转变。区域教研努力站在"教书育人"的价值高度，把促进师生主动健康发展作为新愿景。

其次，转变功能定位，提升角色效能。读懂新时代区域教研要肩负的责任与使命，在总结继承和创新发展中提升教研角色效能。一是自上而下，基于教研职能的应然属性，继承教研员作为研究者、管理者、指导者和服务者的角色功能；二是自下而上，基于学校及试验教师的实际需要，充分发挥教研员作为学科教研的策划者、引领者和合作者的新功能定位；三是基于新时代的发展需要，创造性地行使好教研员在推动"新基础教育"研究进程中作为先行者、转化者和创生者的角色定位与行动模式，积极推动教研员角色由个人权威型向合作共生型转变，区域教研由传统型、规定型向现代型、需求型转变，真正为促进学校、教师和学生的生命成长提供更专业的支撑力量。

最后，转变内在基质，增强教研实效。读懂新时代区域教研的内涵实质，在重心下移、结构开放中探求教研内质的深度转型。改变传统教研简单粗放、应急被动和盲目无序的倾向，营造目标明确、科学有序而充满活力的教研新常态；改变传统教研对象由个别学科精英、骨干把持操控的倾向，重心下移，结构开放，营造人人参与而有获得感的教研新常态；改变形式化、运动型、低效益的教研内容基质和方式方法，构筑抓重点、攻难点、破热点、讲实证的教研新高地，推动区域教研由"程式型"向"实效型"转变，由"被动应对型"向"主动创造型"转变，促进教研内在基质和实效性的不断提高。

二、聚焦学科，拓宽视域，打造区域教研新生态

教研员是连接专家团队与试验教师合作研究的重要纽带，更是攻克"新基础教育"理论与实践转化、日常研究、骨干培养等难点的关键人物。提高教

研员理论素养,开展高品质区域学科教研,会对生态区深入"新基础教育"研究起到极大推动作用。

首先,建构学科教研新参照系,寻求"点"上突破。采取多种方式深入学习体悟"新基础教育"系统理论,总结反思阻碍学科教学及教师发展的问题与原因,以"成事成人,生命自觉"的学科价值愿景,引领教师通过更新育人理念与教学参照系,把"学习—研究—实践—反思—重建"的研究新形态内化于心、外化于行,提升教师对"新基础教育"研究与实践内涵实质的理解与体悟,增强教师在教书育人中对学生生命关怀的意识和本领。

其次,拓宽学科教研新视域,寻求差异性突破。定期调研、收集试验骨干教师在迷惑期、转变期、提高期、成熟期四个不同发展阶段中存在的问题与困惑。将这些问题按照教师心理适应、教学基本功、日常落实跟进等维度进行分类整理,分层、分领域研究攻关,重点突破。通过整体策划、方案设计、组织实施等过程帮助试验教师重建课堂观、教学观和学生观,重组、优化教学内容及教学策略方法,促进"教"与"学"的深度融合与有效互动,拓宽教研视域,提升学科育人价值。

最后,催生区域教研新生态,寻求整体性突破。随着区域学科教研的不断改进,目前,临淄区"新基础教育"研究已逐步形成新样态:一是形成了以生态区"新基础教育"研究中心为核心,"3+12+30"学校共生体联盟(核心校+联系校+跟进校)为辐射,"1+4+N"小生态圈为生长半径的教研互动新格局,通过系列推进机制的建立,催生了多部门共生共长的合作新生态;二是教研员成功创建学科"新基础教育"研究核心组、学科责任人和青年教师发展梯队,通过区域内开展学科"前移后续"式专题研讨、课例研修和问题攻关研究等措施,加强生态区内各层级教师之间的有效互动,有力促进了精品课和品牌教师的形成与生长。

三、综合融通,推陈出新,创生区域教研新范式

区域教研持续以问题跟进、重建更新、综合融通的整体思维,创生具有鲜明地域特质的"五步提升"教研实践范式。"五步"指的是:理念学习先行—

研训转化跟进—教学实践指导—"进阶式"训赛提升—骨干辐射推广。

第一,建构教研员常态教学视导范式,做实日常研究。利用"3+2"工作制、菜单式教研、弱校帮扶等措施,扎实开展常态化教学视导,聚焦对教学现场文本、信息技术使用、教与学过程分析及方法的设计运用,强调现状调研及数据处理、课题研究与结果诊断,增强教学视导过程价值。在基于"规准"教学视导的同时,做实前移研究、现场观察、点评反馈与反思重建等重点环节,体现过程实效与方法创新,促进教研员教学视导质量的持续提升。

第二,建构合作式专题指导范式,放大节点效应。高度重视"专家—教研员—试验教师"无缝合作研究,借助一月一次的专家指导,高质量组织教研员引领试验骨干做好"前移后续"研究,运用新的教学参照系锻造试验教师的备课、上课、听课、说课、评课等教学新基本功。重点开展"一节课""一类课"的课例研修,建档公布专家提出的问题,限时通过专题研究形成解决策略,增进教研员引领试验教师思考的深度,增强教师互助合作,以此推动精品课的不断涌现。

第三,建构进阶式研训赛提升范式,倒逼转化求变。确立教师培训、教研活动及教学评优比赛的基本流程和实施环节,把各环节的组成要素和格调基准与"新基础教育"研究的理论与实践相互融通,使各类研训赛都能够体现"新基础教育"的导向性和原则性,彰显研训赛活动的持续性和整体性,突出参与的深入性和全程性等特征,促进教师对学科育人价值及其本质的深入理解,推动区域学科教育教学水平的进阶式提升。

第四,建构本土指导力量的培养范式,打造名优品牌。组织教研员通过日常教学视导、主题教研和专题培训等方式,大力培养试验骨干和学科名师,强化教研员的示范、指导和服务职能,聚焦"新基础教育"试验研究精神、研究过程和研究策略方法的引领,力争培养出更多的具有"新基础教育"新基本功的研究型教师队伍和本土专家指导力量,为学校持续变革提供坚实保障。

"临淄区域教研"是一个既相对成熟又有待完善的实践样本,在其成长发展的历程中,始终坚持"立足本土,面向未来,面向师生"的价值目标和行动愿景,在教育发展的不同阶段体现不同的创新点。随着教研实践范式的不断创生,临淄教研将会为推动生态区"新基础教育"研究提供更多专业支撑,为全区教育改革发展及质量提升作出更大贡献。

我在"新基础教育"学校变革研究中的成长
——一位区教研员的成长自述

朱志衡*

2017年,"新基础教育"正式扎根广东省佛山市南海区,至今已有四年之久。这些年里,作为南海小学语文的区域教研员,我全身心地投入到紧张而又灵动的"新基础教育"研修活动之中。一边学习观摩"新基础教育"的丰富内容,一边对照反思过去的教研行为,一边规划着未来教研的蓝图,思想上受到的冲击和洗礼是真真切切的。我感叹"新基础教育"带来的如此强烈的冲击和显著的效果,也敬佩"新基础教育"理论提倡者的智慧!"新基础教育"理论已在外显形态、内在过程性生成机制和实体性基本品质上,在南海区显示了自己的独特创造和丰富表达。各领域各学科在专家们的高位引领和躬身力行的指导下,涌现出不少创造性经验和亮点。

在"新基础教育"研究的区域实践中,我谈一谈作为教研员的个人成长与角色体验。整体上,我觉得自己经历了四个方面的角色转变。

---

* 作者简介:朱志衡,广东省佛山市南海区教育发展研究中心(广东省佛山市南海区教师发展中心)小学语文教研员,负责南海区"新基础教育"实验研究联络工作。

一、更新观念,做一名学习型教研员

我从事教研工作多年,深感教研工作是纷繁而重要的。教育是一种"人"学,是研究人的学问,教研亦是如此。教研员是我国基础教育发展的一股中坚力量。教研员是学科与教学的研究者、教师专业发展的促进者、区域教学研究的组织者、教育改革政策的转化者和教学质量的监督与评估者。在一个浮躁的社会,做一个坚守自己理想与信念的小学语文教研员,很不容易。感恩遇到"新基础教育",让作为教研员的我走上了一条清晰的发展之路。

四年前,"新基础教育"对我而言,是一个陌生的概念。在担任教研员,长期听课指导的过程中,我发现,各级各类的公开课在很大程度上是一种表演性的、不真实的课。长期以来的教学定势使得教师在课堂上会较多地进行讲解和分析,较多地进行不断地追问,并预设一个个"标准答案",带领全体学生齐步前进。这样的教学会很具体、很细致。然而,就是在这种具体和细致下,学生自主发展的空间被压缩得越来越小,课堂较难体现学生思维的灵动性,也就无法实现学生真实的发展,对执教教师个体与团队的成长也无太多益处。学校教研领导组的重心大多落在事的达成,更多关注的是怎样将事情和任务出色地完成,在很多工作的落实过程中,往往是简单处理,或是当作单项任务进行布置,从而忽略了作为工作主体的教师内在动力的深度激发。由此带来的问题,是教师本身并没有主动寻求发展的强烈愿望。

该如何突破呢?一次与"新基础教育"的偶遇打开了我的心结。2017年,我随团外出到上海市闵行区参加"新基础教育"研究活动,"新基础教育"课堂教学中的一个个课例给我带来了很大的心灵冲击。这不就是我们一直想要追求的理想课堂吗?

理论适度先行,读懂实践,是理论产生实践影响力的前提条件,没有这个,则缺乏介入实践的资格和实力。难以深度介入变革实践,也就难以产生持久的实践影响力。

"非知之艰,行之惟艰",为了弥补先天不足,我把读书当成探索研究的头等大事,刻苦修炼,不断充盈自己的文化底气。我主动阅读"新基础教育"的相关论著,主要包括"新基础教育"研究报告集系列、《"新基础教育"论:关于当代中国学校变革的探究与认识》《"新基础教育"研究史》和"生命·实践"教育学论著系列等。

认真研读,我感受到了"新基础教育"研究的历史厚重感、育人的使命感和责任担当。作为一项已经持续了20余年,且依然在绵延推进的改革,"新基础教育"具有典型意义。它经时间与实践的淬炼,形成了多层面独特又多领域关联的整体体系,涉及学校变革理论与应用理论、教育基本理论和教育学多元研究等。"新基础教育"是指向"成人"的真研究。它反思、清醒地认识到教育学中"人的问题",始终围绕"时代新人""育人价值""成事成人""生命自觉"不断深化,从中确立自己的内立场、边界和尺度。

从书本回归现实,再次审视南海区的课堂教学,我的思想理念一下子清明亮堂了。"新基础教育"研究,它能让原本走在较高位发展路上的南海教育在一个新的思维平台上再向更高位发展。作为教研员,我策划设计工作的思维起点应该回归到"人"的身上,要从"驭人"走向"育人",要从只关心事的达成,转向促进人的成长转变,由注重对师生规范性的管理转向对师生生存方式的引导。南海区的课堂教学变革,要从"新基础教育"试验开始。

二、行动中变革,做一名变革领导型教研员

阅读专业书籍是学习理解"新基础教育"的一种方式,而实践反思则是内化新基础、体悟新基础的重要途径。"新基础教育"研究是理论与实践的深度合作。作为区域教研员,更应该以身作则,深度介入变革实践,在"共生"转化中产生影响力,创新教研模式,创新研修思路,区域合力,关注骨干培养,整体"成人",以加快提升教研品质。

在"新基础教育"理念和庞庆举老师的指导下,我更加明确了:教学结构形态要想变化,就要先从教师做起,激发教师的内在发展需求,实现形变与质变的互生。学校变革和教师的日常教育教学工作是一个整体。我将培训的

意识渗透在学校研究变革的全程之中,通过培训引领教师强化自我成长需求。从新教师入职体验、名师工作室活动,到全员教师的集中培训,我始终引领教师体验个体的职业价值,引领教师分享群体的成长幸福,引领教师共同致力于学校的发展,建立了以问题解决为导向,以差异资源为动力,以实践研究为抓手,全员参与、扎实推进、不断深化学校发展的校本研修方式,并在实践中努力打造一支有智慧、善实践、会反思、讲合作的研究型教师队伍,使校本培训成为学校发展变革的内动力。

(一) 尊重差异性,关注各试验校教研组建设

2019 年 1 月,在"生命·实践"教育学研究院的指导下组织了南海区 2018 年"新基础教育"改革的年度总结活动,南海区域总负责人卜玉华副院长总体了解了学校改革各领域的进展状况,并就南海区 2018 年的改革进展发表了看法。总体上,专家们认为南海区 2018 年的改革进展成绩是值得充分肯定的,改革成效明显,可实现跨越式发展,很有可能成为全国"新基础教育"第四个改革成效明显的区域。当然也存在着发展中的问题,专家们就问题提出了改进建议。

根据专家们给予的建议,站在成型性研究这一新的节点,我组织引领各试验校开始了一个阶段的回溯研究。我发现:不同试验校中,由于教师进入"新基础教育"的时间有先后,认识与实践相融合的水平不等,还有自身个性、投入程度或参与机会等因素的不同,教师的发展状态呈现出较大的差异。三所学校呈现出的改革中的基础差异性和发展差异性有所不同:

灯湖小学,基础较好,改革努力且富有新意,成效较为显著;

松岗中心小学,基础一般,局部领域进步较大,发展空间比较大;

小塘中心小学,基础较弱,改革努力,取得初步改革成效。

同时,我还留意到,各试验校教师呈现出来的状态也有所差异:一些试验校教师还处于"应付"阶段,未真正进入"自主"状态,处于"形变"阶段而未真正进入"质变"境界。怎样使每一位教师都全身心地爱上"新基础教育",并在每一个行动的策划中、每一天的实践中,自觉地体现"新基

础教育"、落实"新基础教育"理念？这是摆在我面前的一个亟须解决的问题。

这时，叶澜老师的一番话如醍醐灌顶，她说："尼亚加拉大瀑布之所以壮观，之所以给人美的震撼，就是因为它有落差，落差就是动力。差异也是资源，有差异的教研组，有差异的发展中人，都是宝贵的资源。正视差异，善用差异，是对管理者的挑战。"立足差异，盘点差异，在差异资源的开发、利用上做文章，成了南海区教学教研室在新的发展背景下实现目标的新挑战。

1. 盘点差异

（1）盘点基础差异

"新基础教育"要求我们具备深入研究的意识。研究人，既要研究我们的学生，也要研究我们的老师，了解老师的动态发展，了解师生的成长。2019年初，我指导各试验校教研组按"新基础教育"的要求，进行了教研组基本情况分析，对年龄、性别、学历、教龄、职称、称号的分布情况，结合参加"新基础教育"的年限进行了纵向梳理，初步确定各试验校教研组的发展梯队。

通过梳理，各校教研组长清晰地了解了本学科的优势和发展方向，对各教研组的差异及形成差异的主要原因有了比较直观的认识，并且制订了学科"新基础教育"基地学校建设工作方案。

（2）盘点梯队差异

厘清了基础差异，通过问卷调查、个别访谈、撰写成长反思等形式对各试验校教研组教师的发展状态进行了全面分析。在此基础上，着重分析了具体每一梯队教师发展中的困难，并借助教师成长计划进行调整，激发教师发展的内需，督促教师找到新的生长点，从而确定近期自我发展的目标和途径。

由此，我确定了研究目标：通过区域合作，形成合力，探索差异资源引领下的各试验校教研组活动的方式、内容、途径和模式，着力研究教研组建设和教师专业发展的校本培训模式，赋能教师成长，以形成一支有智慧、善实践、会反思、讲合作的教师团队，打造教研组文化。

2. 利用差异

(1) 彰显个性差异

一味简单化处理教研组内的个性差异,必然带来强烈的不适应感和逆反心理,产生"反作用力"。将教研组内各教师的个性差异作为资源加以利用,尊重其表达方式,尊重其个性化的教材解读,并用个别探讨、耐心交流等方式沟通相互之间的见解,欣赏相互之间的长处,提升相互之间的认识,用足其优势,就能逐渐发现其整体状态的转变。

(2) 尊重水平差异

"借助一次研讨活动,为学科组内部不同层次的教师提供帮助,使之能更快地发展"是开展教研组活动的重要目标。于是,各试验校教研组长开始尝试鼓励第一梯队的教师自主选择学习内容,为第二梯队的教师推荐学习内容,向第三梯队的教师普及"新基础教育"基本理论。每一间试验校、每一个教研组都充分发挥自主性、创造性,围绕主题,积极认真地组织了一系列的研究实践活动。

研究的重心下移,认识、利用水平差异,激发不同梯队发展的内需,使教研组活动过程变"指派"为"申报",研究变"短期"为"长效",反思变"要求"为"自觉"。教研组活动呈现专题化、精细化、系列化、全员化的发展态势,较好地促进了教研组每一位教师由内而外的改变,实现了"把日常教学工作与研究融为一体",满足了"新基础教育""活动要贴近日常教育实践"的需求。

(二) 凸显联动性,创生"五轴联动"范式

自"新基础教育"研究项目在南海区实施以来,在华东师范大学"生命·实践"教育学研究院老师的悉心指导下,南海区教学研究室融通各领域各时段节点研究,创建"五轴联动"工作机制。我借着区域力量,实现区域合力,深度推进"新基础教育"在南海区的试验研究工作。

1. 构建五轴范式

一轴(核心):试验学校领导团队。

二轴(主力):学校学科教研组研究团队。

三轴(中枢):华东师范大学"生命·实践"教育学研究院指导老师。

四轴(协同):南海区教研发展中心学科教研员。

五轴(辐射):南海区20所共生体学校("手拉手"学校)。

2. 形成联动机制

第一,以试验学校领导团队为核心,成立"新基础教育"研究中心,加强研究管理。

第二,以学科教研组为主力,实施重点突破,打造"前移后续"的共生研修模型。

我带领老师们以课堂为主阵地,把学生潜能转化为学生真实的发展,做"真"研究,推进课堂教学变革实践,构建多维、立体的研讨模式,培育研究型教师群体;充分发挥骨干教师的辐射作用,构建"前移后续"的共生研修模型,分梯度推进教师梯队内生式发展。

通过构建"三建"(初建研究—再建探讨—重建汇报)研究流程,以"前移后续"为研究原则,我们专注一个问题,研究一个专题,聚焦一个主题,基于日常,着力课堂,构建"主题—专题—课型—课例—范式"结构研究模型,形成相互支撑、互动生成的研究新体系,在磨课上下功夫,打造一个,成熟一个,放大典型,示范一批,形成教研新思维。

通过现场研讨、专题研修等节点与日常相结合的扎根式共生体活动,校长、教师逐渐形成了校本办学的核心理念和教育理想,实现了自我身份认同和当代角色更新,锤炼了变革领导力和教育教学新基本功。这些都是"新基础教育"内生力的主体表达,也是其真实实践力的根本保障。

南海区组建由"课堂教学优秀者—教学能手—学科带头人"构建的骨干教师队伍,由骨干教师制订适合自己特点的自我实现方案,自觉向名师靠拢,主动策划,带领成员自主开展工作,以更专业的方式对各梯队的改革实践进行引领驱动,推进实现整体嬗变,创新梯队共生体的发展路径。

表1是近三年南海区三所试验校开展"新基础教育"研究的情况。尽管由于疫情影响,减少了专家现场指导的节点研讨,但各校的自主研讨以及共生体学校的研讨活动从未间断。

通过制度更新保障梯队共生体的发展路径。我指导灯湖小学修改和完善了《青蓝结对制度》,借助多种路径促进教师成长:一个骨干教师指导三个

表1 佛山市南海区各实验校近三年"新基础教育"试验情况

学校	年份	研修方式			研讨专题		骨干教师梯队变化		
		初建人数	再建人数	重建人数	课型一	课型二	第一梯队	第二梯队	第三梯队
灯湖小学	2019	6	8	4	句群	略读课文	9	18	45
	2020	6	12	6	识字教学、类文	中年级习作教学	8	25	44
	2021	6	14	6	文言文教学	阅读策略研究	9	30	38
小塘中心小学	2019	11	33	11	句群	识字	5	18	35
	2020	25	75	25	识字教学	阅读教学	9	15	34
	2021	8	24	8	识字教学	阅读教学	10	17	31
松岗中心小学	2019	66	20	12	识字教学、拼音教学	阅读教学	3	5	8
	2020	54	16	8	识字教学	古诗文教学	5	10	15
	2021	36	12	6	识字教学	阅读教学	7	17	20
合计	2019	83	61	27	\		17	41	88
	2020	85	103	39			22	50	93
	2021	50	50	20			26	64	89

潜力教师的"1+3"重点辐射方式;对于有教学困难的教师采取"多带一"重点帮助的方式;有共同研究兴趣的教师采用"多带多"联动的方式等。这些方式促进了教师的成长,使梯队成为有发展生命力的团队。指导教研组灵动组建"小古文""节气""口语交际"这三个非行政性专题教研组织,由业务最突出的一线骨干担任组长,有共同研究兴趣的老师自愿参与。组织成员自主选择专题培训的内容、时间和方法,成员间实现了相互充分有效的学习交流研讨,促进了自我持续提升与发展。这种组织的机动、灵活和成员的自主、聚焦,在与行政组织的互补、互动中推动着整个团队向着日常研究实践的方向共同前行。我还放大灯湖小学的教研机制创新点,搭好共生体学校互助的台子,每次节点教研前均在灯湖小学组织推进策略分享和"多对一"的研磨教学设计等,在区域层面推动各学校的语文学科研究。

3. 辐射驱动引领

在华东师范大学"生命·实践"教育学研究院专家的引领下,南海区以3所"新基础教育"试验学校为依托,牵手7个镇(街道)共20所中小学学科基地学校组成"新基础教育"研究共生体。每个基地学校又带若干学校形成"新基础教育"研究共生圈,最终形成专家团队—试验学校—基地学校—学科名师群体,形成雁阵式"1+3+20+N""新基础教育"研究共生体,构建"新基础教育"深度研究与辐射增效机制,在全区产生强大辐射力。

同时,我关注薄弱学校和薄弱学科的发展,以"立足需求,聚焦实效"为指导思想,落实蹲点教研工作机制。区教研室聚焦一线问题与需求,开展"订单式"视导活动,将视导与名师送课、同课异构课题研究等相结合,帮扶弱校弱科;将"视"的着眼点放在课堂,把"导"的着力点聚焦平台。近三年,我以南海区教研室的名义举办了近30次区域学科蹲点教研活动。异域交流和智慧争锋不仅让教师领略了异域风采,更重要的是感悟了"新基础教育"理念的深刻内涵。每一次的蹲点教研,都会有"新基础教育"试验学校的语文骨干送教到校,开展同课异构,做课例指导及反思重建,并发证书,让参与教师感受作为攀登者的使命感。蹲点教研旨在发挥辐射引领作用,实现骨干教师在原有水平上的新突破、新发展,构建以寻找教师团队整体优化为突破口,推进以骨干教师培训培养为主的"名师工程"。其中,学科共同体、区域科研共同体、课例共同体、课题共同体、学科共同体等有力促进了教师的专业成长,"点—面—网"状式的发展路线充分带动了全体教师的专业化发展,切实深化了课堂教学改革,全面打造了南海区小学语文品质课堂,也营造了我区全域、全员、全程化日常教研的氛围。

(三)聚焦系统性,打造"前移后续"长程研修

在最初的几次节点研讨后,我意识到:单靠一所试验校的研究力量,无法整体推进区域的"新基础教育"发展,试验校之间、教师之间的个体差异,还有研究氛围的局限,使得研究团队无法对聚焦的内容展开深度研究。在庞庆举老师的建议下,我尝试以"前移后续"的研究方式,依托良好试验校的研修氛围和传统,由最初的单间学校的点状研讨,突破深化,拓展到多实验校全面并进,以这种研修方式来提升试验队伍的整体素养。

每次正式研究之前,我会让一所学校的一位责任人进行相关的主题性、预备性和铺垫性的"前移研究",拟定计划,制订内容。正式研修时,各试验校全员参与,集中互动讨论,头脑风暴。根据"前移研究"和正式研讨的成果,研究团队再进行延续性、拓展性和提升性的"后续研究"。这样,在区域研修的具体内容和时间安排上,既有"前移",又有"后续",构成了一个螺旋上升的回路,其循环机制在推进中不断反思提升,形成一个可持续发展的长程系统。研究推进的框架如图1所示。

图1 研究推进框架图

从个体到团队,"团队合作,共同创造";从团队到异域,"综合融通,主动创造",创生出丰富的各类学术型研究组织,焕发教育中更多人直至每个人的创造活力,激发出"学校生命场""教育新生活"的独特魅力与融通成长之美。

例如,小塘中心小学,从原来地区发展重心转移、多校合并、生源与骨干

教师不断流失的一所薄弱学校，坚持研究性变革实践，稳步前进，逐步成长为团队氛围较好，骨干探究愿望强，表现突出的一所学校，教研组中期评估表现优秀。松岗中心小学教师队伍结构好，有潜力，各梯队的建设在教研坚守中不断成长稳固，是一所有巨大发展空间的试验校。作为区"'新基础教育'优秀示范科组"，灯湖小学骨干教师出色，团队氛围较好；教研组组长带队伍的能力凸显，理论与实践结合最好，在中期评估获评优秀负责人；"学生学业质量"绿色指数中的个体间均衡指数、学习动力指数、师生关系指数等均居前列，真正成为学生喜爱、百姓信赖的"家门口的好学校"。

在"新基础教育"研究过程中，涌现了一批具有较高研究能力和一定教育智慧的骨干教师。他们以"新基础教育"研究为契机，走上了一条可持续发展的道路。例如，灯湖小学的刘春花、张雪、叶淑涓、梁素萍等老师，小塘中心小学的麦群弟、曾咏娴等老师，松岗中心小学的袁敏贞、朱淑贤等老师，她们的成长，是研究推进的核心力量。骨干的带领使团队有了研究的氛围。在骨干的带动下，各团队共同学习、共同进步，越来越多的教师参与进来，成为日常实践研究不可或缺的一分子。

比如灯湖小学的叶淑涓老师，她的成长颇具代表性。作为学科组长，她有着较为丰厚的"新基础教育"专业类书籍的阅读功底，富有教学改革的想法和激情。她的课堂教学管理也极有特色，用开放的心态宽容学生的成长，给学生充分自主选择和创造的空间。在她的语文课堂中，我们一次次感受她的激情，肯定她的进步，激励她的努力。从一开始的《拍手歌》中识字方法的构建，到《不一样的狐狸》上育人价值的回归，再到《秋天的雨》中学生自主选择和教师引领提升的有机调节……她自觉地运用"新基础教育"的理念创造性地建构语文教学活动，不断进步。庞老师和我不断鼓励她接受新的挑战，鼓励她大胆实践语文专题研究。在《听听，秋的声音》一课中，我们"听"出了"新基础教育"研究的坚定信念，"听"出了自我发展的一方新天地。在不断的鼓励下，她组建了灯湖小学"节气课堂""类文阅读"这两个非行政性研究团队，带领同伴参加日常专题实践研究。她和团队打造出的"节气系列"学科、"类文"学科在省、市、区各个平台展示，受到了师生的一致肯定。叶老师呈现新的形象、新的魅力，是"新基础教育"在区域教研下赋能教师成长的必然体现。

三、研究中提升,做一名研修创新型教研员

教研员是教学研究的先行者,是教育理论的普及者,是校本教研的合作者,是学科理念的共同实践者。我认为,教研离不开科研,教研靠科研提升,科研靠教研落实;经验型教研需要科研引领,创新型科研需要教研转化。教研员的事业在基层,课题、活动乃至成果要回归学校、回归教师。

作为教研员,研修能力的提升是一个认识、实践和再认识、再实践的螺旋式上升的过程,不仅要外化于行,还要内化于心。只有不断反思研修实践中存在的问题和解决问题的方案,才能固化和不断夯实研修能力。

开始做"新基础教育"研究时,我也陷入了方法误区。看着各种概念,我感到很头疼。在"理论先行"的前提下,我组建了"区新基础语文核心骨干组",带领8位团队老师成立了"新基础思享会"。每月,"新基础思享会"成员老师针对一个实践研究中的困惑点,查阅"新基础教育"研究的论著资料,交流阅读心得,或交换自己的实践做法。问题即课题,教学即研究。在这种开放的、真实的思想碰撞下,我们厘清了不少概念,解决了不少研究中的困惑。这一批先行的骨干更是将"新基础教育"的火种带回各校,甚至影响各自的镇街研究团队,为"新基础教育"在全区的顺利铺开奠定了强有力的骨干基础。

在教育教学改革中,重点、难点、热点、疑点问题常常是我思考的问题。中期评估后,"分清重心下移的问题"成了南海各区域研究的重难点。研究院的专家给我们一个建议:要通过进一步的研究,以"新基础教育"为参考系,横向比较和纵向比较,看看有什么变化,有什么生成,梳理清楚难点。

坐言起行,我组织各试验校的研究骨干,还有部分区名师骨干力量,梳理现行统编教材每一册、每一个单元的能级目标,挖掘每一种课型的育人价值,旨在让教师准确把握并落实育人价值点,厘清重心下移的困惑。目前,我们已经就统编教材12册的阅读课一到六年级的能级特点进行了具体的梳理,并汇编成册。

在经历"新基础教育"学校普查这个标志性节点后,部分教师出现完成任务的错觉,对今后继续研究和发展的方向感受模糊,在变革研究和专业发展上出现了瓶颈期。在追求精、特、美为目标和方向的研究过程中,各学校领域品牌整合度不足,呈现散点式发光的状态,有待进一步整合提升,打造系列精品与整体品牌。

为此,我再次组织各试验校自上而下对教师梯队进行了一次梳理,通过调整,有针对性地再次激活每个梯队的研究状态。前期重点关注两类教师群体,一是推动骨干教师精深研究,对已经系统认识和研究相关理论的骨干教师进行新一轮的培训,以提升引领力为核心,通过学校领导团队带动,增加区域外的共生体的学习交流,促进骨干教师拓宽研究视野,找准发展标杆,力争成为专家型教师;二是带动有潜力的教师迅速成长,充分挖掘有潜力的后起之秀,开辟"绿色通道"激活他们敢拼敢闯的干劲,帮助他们迅速成为新的研究主力军。这样"一推一带"的工程焕发了教师队伍在新阶段的研究活力,继续夯实梯队建设。

在建设开放而有活力的"新基础教育"语文学科的过程中,为营造一片朗朗晴空,耕耘一方茵茵绿洲,发掘一泓汩汩清泉,我和广大试验教师一起搜集资料,一起梳理各年级语文发展能级目标,一起编写校本教材,一起制订科研计划。为教师服务,或专题报告,或跟进培训,或现场指导,或专业咨询,在与广大教师的互动中,我也提升了自己的人生价值。

我在教育科研中不懈实践,不断探索,不辍研究,通过内化的方式,在梳理与成果转化的过程中,努力实现教师自身研修能力的改进和提升。依托研修,促进自己以及广大教师的共同成长。通过几年的自我研修,我不断创生出新自我,总结出了"研修三有"。同时,我也把这"三有"当作是自己以及推动骨干成长的方向。

一是让研修有根。要构建基于学生立场的"新基础教育"价值观,达成符合区域教师发展真实水平并指向区域教师专业成长的愿景,推进骨干教师为主体的、基于课堂育人价值的主题教研活动,注重师生的动态发展;建立"融通"机制意识(学科间的融通,事与人的融通,单向与多向的融通,管理变革与领导团队的融通,自己的文化追求、理念与"新基础教育"核心理念的融通等),让区域教师的专业素养收获成长。

二是让研修有度。每一次的"新基础教育"主题研训,要既注重教研活动度与量的结合,追求每次教研活动的实效性,又关注教师在参与研修过程中获得的真实成长,保证在整个研修过程中扩大不同梯队、不同类型教师的专业视野。不论是每月的节点教研、蹲点教研,还是"新基础思享会"的沙龙对话、主题研学、案例剖析,每次研修活动中,都紧紧围绕一个共同的任务,教师进行自主探索和互动协作相结合的学习。

三是让研修有品。在推进区域研修的过程中,要注重骨干教师、优秀成果的校本辐射,提升校本研修的品质。区、试验共同体开展的优秀成果推广等活动带来了丰富多彩的研训资源,大大提升了学校以及区域研修活动的质量。

四、系统把握教学内容结构,做一名引领型教研员

在促进"新基础教育"语文教学变革和发展的同时,如何准确评价学生的学业质量?这也是我在区教研发展中思考、关注的一个问题。

学业质量标准应基于课程内容和教学内容,明确学生在每学期应达到的学业水平和每个教学内容应掌握的程度,为衡量区域性优质均衡实施语文课程提供评价依据,同时为师生明确教学目标。经过几年的探索,南海区摸索出来一条思路:落学科,抓整体,均衡实施,整体育人。借助"新基础教育"研究,完善语文课程内容设计,系统准确地把握一至六年级所有语文教材的教学内容,心中明晰不同年级的不同能级特点。

我用了一年半时间,为试验学校的教师解析每学年的学科重点、每年级的能级目标,和每一节阅读课的育人价值,为教师提供并解析语文学科的内容设计和所有语文课的教学内容设计,要求教师准确把握并落实育人价值点,让教师成竹在胸。试验校学生的语文学业质量在两年内有了大幅提升,师生在各项赛事中均获奖无数,优质均衡实施语文学科的状态延续为常态。这就是整体发展、均衡育人所起的作用。表2罗列了南海区"新基础教育"试验校近三年的成果。

表 2　佛山市南海区"新基础教育"试验校近三年成果

学校	年份	学校荣誉	教师发展			学生荣誉	合计
			论文案例	课题课程	教学技能		
灯湖小学	2019	2	19	2	20	308	351
	2020	2	28	2	35	426	493
	2021	2	30	3	38	458	531
小塘中心小学	2019	2	14	25	15	9	65
	2020	1	15	29	11	10	66
	2021	1	16	10	36	17	80
松岗中心小学	2019	27	35	12	19	10	103
	2020	17	42	15	24	13	111
	2021	9	2	15	12	12	50
区域合计	2019	31	68	39	54	327	519
	2020	20	85	46	70	449	670
	2021	12	48	28	86	487	661

五、结语：成长，一直在路上

四年的"新基础教育"研究见证了南海区教育的变革，也见证了我的成长。我以学习为内化前提，以实践为增能手段，以研究为提升引领，以监测为价值落实，努力实现南海区小学语文的课堂变革创新，实现自我与广大试验教师的成长，体验教师职业的幸福感。

"成人"与"成事"的融通，使南海区教育整体呈现出有机生命体特征的、浑然一体的融通和谐之美。在华东师范大学"生命·实践"研究院的直接引领和指导下,在全国共生体试验区和学校的帮助下,"新基础教育"试验研究已经在南海区生根发芽,开花结果,孕育出了南海区品质课堂的八大核心理念,南海区教师逐步树立了基于学生立场的"新基础教育"价值观,"新基础教育"研究精神和文化日益彰显。南海区不仅形成了一批精品化的研究成果,更成就了教师群体的整体发展。在专家们的鼓励下,增添了更多的南海自信。

教研是一门学问,既要脚踏实地,更要仰望星空。伴随着"新基础教育"研究的深入,区域发展和骨干培养的需求会越来越强烈。面对挑战,南海区教研发展中心将继续用开放的胸襟和积极的态度,将事与人放在一个立体的关系视野中来做南海区新一轮的变革研究,践行落实"新基础教育"内涵的神圣使命。

第四编　研究新论

论"新基础教育"综合活动的独特性

庞庆举*

"新基础教育"研究团队在20余年的实践与理论交互生成中明确提出：综合活动是与学科教学并列的独特育人领域，提炼、形成了综合活动的独特性，包括直接目标、构成要素、主要内容和开展过程等。在与课程和已有活动的辨析比较中，可进一步厘清综合活动的特质，警惕将其知识化、边缘化等问题。对综合活动独特性的研究具有重建当代"育人"完整体系和更新教育学基本理论的价值。

改革开放以来，我国经历多次教育改革，其中，"新基础教育"研究是具有持续生命力的一项中国创造，至今已有近30年，在国内外理论与实践界产生越来越深远的影响。[1] 有关"新基础教育"的研究，涉及整体与具体多个层面，包括其价值追求、性质定位、推进策略、过程与主体等。本文聚焦已有大量实践创造，但理论研究相对较少的"综合活动"这个育人领域，从其内在生

---

* 作者简介：庞庆举，教育学博士，华东师范大学教育学系副研究员，"生命·实践"教育学研究院研究员。研究方向：教育学基本理论和基础教育改革。

[1] 详阅：Ye Lan. 'New Basic Education' and Me: Retrospective Notes From the Past Ten Years of Research[J]. Frontiers of Education in China, 2009(4)：558-609；余慧娟.为了精神生命的主动发展——记叶澜和她的"新基础教育"[J]. 人民教育,2009(17)：32-37；Yuhua Bu, Jiacheng Li. The New Basic Education and Whole School Reform: A Chinese Experience, Frontiers of Education in China, 2013(8)：576-595；王明娣,王鉴.论叶澜先生的课堂教学论思想[J].西北师范大学学报(社会科学版),2015(1)：68-72；"新基础教育"研究成果专辑[J].人民教育,2016(3-4)：32-111；李政涛.什么是"新基础教育"研究[J].中国教育学刊,2017(6)：1-5；徐蓓.基础教育必须走出自己的路——专访华东师范大学终身教授叶澜[N].解放日报,2021-2-26(3)；等。

成、内外比较中思考其独特性,阐明其实践与学理价值。

一、综合活动:在 20 余年的"新基础教育"研究中生成

"综合活动"是在持续 20 余年的中国"新基础教育"研究中创生的与学科教学并列的独特育人领域。

(一)领域生成简史

"新基础教育"研究伊始,叶澜即明确提出:在日常教育教学层面,以学校生活中与学生发展最直接相关也是最普遍的两大活动——课堂教学与班级教育的活动构建为重点,[1]并提出了"两条腿"走路的变革策略。

2012 年创建首批"生命·实践"教育学合作研究校[2]后,叶澜提出以"二十四节气"为抓手,将学校活动与自然世界相关联,解决现代教育中缺失自然等问题,并在试点学校开始综合探索。2015 年,叶澜提出:以"综合"的方式命名学校的四季生活——"探春""嬉夏""品秋""暖冬",将原来单项开展且多与学科相关的科技节、体育节、艺术节、读书节等主题活动融入四季,随季而变、而生、而长。[3] 同年,"生命·实践"教育学合作校和"新基础教育"研究基地校普遍开展四季综合活动。这期间组织开展"寒暑假生活与学期生活"的转换融通研究。[4] 这是"新基础教育"学生工作领域在新时期的自我超越与再创造。

---

[1] 叶澜."新基础教育"探索性研究报告集[M].上海:三联书店,1999:32;叶澜.变革中生成:叶澜教育报告集[M].北京:中国人民大学出版社,2019:144.

[2] 合作开展"新基础教育"研究的中小学一般要经历若干推进阶段,学校在不同阶段的新型品质不同,命名也不同:首先是"新基础教育"研究试验校,经 3—5 年时间,试验校通过中期评估、普查和精品研讨之后,成为"新基础教育"研究基地校;基地校再经 3—5 年,从"全实深"发展到"精特美",且自主扎根研究,创生新品牌,整体再上新台阶,成为"生命·实践"教育学合作研究校。1994 年开始的"新基础教育"研究,至 2012 年才确立首批 9 所学校为合作校。至今,陆续颁布 4 批 31 所合作校,分布在上海市闵行区、江苏省常州市、江苏省淮安市和山东省青岛市等地。

[3] 叶澜.俯仰间会悟:叶澜随笔读思录[M].北京:中国人民大学出版社,2019:73.

[4] 李家成,郭锦萍.你好,寒假!——学生寒假生活与学期初生活重建[M].北京:北京大学出版社,2018.

2016年,叶澜在全国"新基础教育"研究第八次共生体会议上提出:综合活动是原来以班级为单位的学生工作在更综合意义上的提升,它以四季系列综合活动的设计和实践为抓手,使学生成长和学校生活与人文、社会、传统和自然等相联系;它不是以学科为单位的综合,而是和学科教学不一样的独特的另外一条腿,"两条腿"走路,才能走得好。

2018年,在全国"新基础教育"研究第十次共生体会议上,叶澜进一步提出:学校教育改革再出发的两大核心是学科育人价值的全面深度研究和学校综合活动育人价值的充分开发。① 会议期间,推出四季系列综合活动研究专辑。②

2018年至2020年,叶澜陆续发表《溯源开来:寻回现代教育丢失的自然之维》(上、中、下三编共10万字),将理论思考深入民族传统文化之根,研究教育与自然的关系,提出基于当代新自然观的学校变革新思路。综合活动的理论与实践研究进入新阶段。

叶澜明确提出:学科教学和综合活动是学校教育特殊性的体现,是师生在学校承担社会责任的具体表现,也是师生的学校生活的基础性构成。③ 综合活动与学科教学各有独特的教育价值,但不是非此即彼的对头,也不能相互替代,而是基于各自独特价值的充分发挥,寻求"育人"上的融通。其中,学科教学是基础,为综合活动提供发现和研究新问题的基础。基础不扎实,则难以实现综合运用的发明创新。学科界限不是在教学中打破的,而是在综合活动中打破的。综合活动的跨界融通,包括跨学科之界、行政组织之界、校内外之界、学期与假期之界,具有极大的灵活性,是相对自由的天地。她一再强调,必须认清综合活动的特殊性:它以学生的成长需要为出发点,以主题和项目(不是学科)为活动构架,以学生全程参与(包括策划、组织和总结交流等),主动承担责任,产生积极发展效应为开展活动的原则。④ 教师应关注学

---

① 叶澜.变革中生成:叶澜教育报告集[M].北京:中国人民大学出版社,2019:248-262.
② 华东师范大学"生命·实践"教育学研究院,编."生命·实践"教育学研究(第二辑)·校园四季系列活动设计[M].上海:上海教育出版社,2018.
③ 叶澜."生命·实践"教育的信条[N].光明日报,2017-2-21(13);叶澜.变革中生成:叶澜教育报告集[M].北京:中国人民大学出版社,2019:448.
④ 叶澜.变革中生成:叶澜教育报告集[M].北京:中国人民大学出版社,2019:257.

生在综合活动中"成事成人",教师与学生在综合活动中应当是平等合作、相互欣赏和相互成全的关系。

(二) 实践案例举隅

综合活动的创生,是一个理论与实践交互构建的过程,理论适度先行,实践探索创造,积累、提炼出有关的基本原则和典型案例。

1. 基本原则

第一,学生立场。综合活动以学生的成长需要为出发点,主题、项目可由教师或学生提出,但全体学生应参与策划、实施与总结等活动全程,即活动内容与开展方式来自学生,经由学生又促进学生成长。学生的策划实施、分工合作、责任担当等能力越来越强。这是未来社会主人的重要基础能力。

第二,系列化开展。活动的开展以学生的能力发展为基础,有意识地将个体与群体相结合,在环环相扣的系列活动推进过程中,逐步提升个体的社会化素养,提高群体的凝聚力和创新活力。这不是一次次偶然、孤立的活动所能达成的。

第三,活动成效有反馈。每个系列活动都有总结评价、节点绽放,让学生学会总结、反思,分享成长过程,强化团队合作,放大育人价值。与之相应,家庭、学校、社区多元主体适度介入、指导和支持,但避免成人替代学生。

第四,在终身教育视野中开发活动资源。把有课时保障、有意识的团队培养与课余周末节假日的自由活动相结合,关注课时内外、学校内外和学期内外的时空衔接与持续养成。

2. 典型案例

综合活动以春、夏、秋、冬四季为大时段单位,把自然、社会、学生成长节律和学校生活节奏,融合在"春生""夏长""秋实""冬藏"四季主题中。因学期主要在春、秋两季,故学校普遍开展"探春""品秋"活动。此处以"品秋"活动为例进行分析。

首先,基础教育阶段的学生对自然既敏感又热爱,教育者适当引导学生近亲、观察、感受秋天,包括气温和典型物候等。基于观察感知,讨论形成班级和各组的系列活动策划。

其次,组织实施。一般包括:记录物候、气象等变化,探索科学奥妙;欣赏、表达草木之变幻,玩彩叶,赏巧云,陶冶审美情操;参加田园劳作,体悟农事,欢庆丰收;探索玉米、红薯、木瓜、莲藕等秋实的丰富价值与独特文化,感恩自然,珍爱生活,走进中国文化之根。

最后,总结交流。将过程中的体验和发现,以画影、诗文、歌舞、情景剧、调研报告、美食制作等方式,做出群体的个性化表达,在班级、年级或学校层面进行交流,品秋天的收获、成长的味道。

具体开展时,不同学校有不同创造。如"新基础教育"合作校之一的上海市闵行区实验小学,根据校情、学情开展"豌豆庄园丰车节"系列活动,包括"寻秋"感知、"思秋"策划、"研秋"创造和"晒秋"校园展等。① 活动最后,全校学生带着自己中队设计制作的大"丰"车(有果蔬车、环保车、幻想车,还有致敬祖国建设发展的先锋专车),在碧空丽日的大操场上,身着环保服装,伴随音乐律动,整个校园变成创意激荡的海洋。又如"新基础教育"基地校之一的山东省淄博市临淄区太公小学,以"寻觅秋景"(含:校园秋色、田园秋风、秋日画影)、"玩转秋叶"(含:树叶书签、树叶风铃、树叶拓印)、"品尝秋味"(含:采摘秋果、秋果创意、咀嚼秋味、抒写秋意)三个子系列,开展大小活动 10 次,让学生们在自然、社会、校园和班级的时空转换衔接中,走出斗室,到大自然中去,又采撷秋天带回班里来,将活动体验和班级建设相结合,将个性表达与团队合作相结合,把丰富的秋变成学生学会做事、学会融入世界的宝贵资源。

(三) 独特性的提炼

综合活动是与学科教学并列的独特育人领域,它具有多维综合性:其内容,可以是发生在班级、学校、家庭、社区、社会和世界各地的事情;其过程,人人知情意行整体投入、综合发展,人与人分工合作、多元共生;其方式,有商讨、观察、试验、创作、表演、报告等;其主体,由全体学生主动参与并承担责

---

① 彭鹏.豌豆庄园"丰车节"[J].少先队活动,2020(11):44.

任,同时,全体教师、家长、校外辅导人员、志愿者和部门负责人等随需参与,形成综合教育力。

在综合活动与学科教学两个领域比较的意义上,综合活动呈现多层面特质。

在直接目标和内容上,综合活动不是课程化学习,而是社会化养成,在学会共生的过程中,养成当代新人的社会化人格。综合活动不是一次活动,而是系列活动;不是"秀"给别人看,而是我与你、我们共同生活。

在基本要素及其关系上,综合活动不以学科为中介,而以各类直接体验的活动为中介;活动中的学生不是独学而"知"者,而是乐群、善群者;活动中的教师不是间接经验的"教"者,而是共同生活的"知心人"。

在开展过程中,综合活动的重心不在间接经验的育人价值的开发与落实,不在特殊才艺的习得与展示,而在群体中全员全程交往、体验,走进社会、亲近自然。

学科教学与综合活动的主要差异见表1。

表1 学科教学与综合活动的差异

项 目	学科教学	综合活动
直接目标	传承人类文明 增进个体智识	学会共同生活 养成社会德行
基本要素	人—学科—人	人—活动—人
主要内容	学科教学、学科活动	日常生活、系列活动
开展过程	学科育人价值开发 师生互动生成	全员全程体验 策划实施总结交流

适当区分学科教学与综合活动两个领域,是为了发挥其各自的独特功能,进而优势互补,不是为了制造割裂,更不能强势替代。做教育,需要整体系统、互动转化的思维与行为,因为教育的目的是为培育新人,教育是多重生命交互转化的复杂过程。

二、综合活动的特质：与课程和已有活动的辨析比较

现实中经常发生"活动"被课程泛化、课外窄化等问题。在与易混或近似者的辨析中，可进一步明晰综合活动的特质。此处着重将综合活动与课程、已有活动进行比较。

（一）与课程的比较：警惕将活动知识化

1. 课程是什么

当前的"课程"概念和理论主要来自英美国家，是近代以来西学东渐、超英赶美在教育领域的一种体现。一般认为，curriculum（课程）一词原出于拉丁语"跑道"。"跑道"意味着是被划定的、有明确界限的。19世纪中期，斯宾塞在（H. Spencer）《什么知识最有价值》一文中提出以科学知识为主，为完美生活做准备的五类课程，包括生理学、化学、生物学、心理学和历史等科目。① 拉尔夫·泰勒1949年出版的"现代课程理论的奠基石"②——《课程与教学的基本原理》，书名原为 Basic Principles of Curriculum and Instruction。将 curriculum（课程）与 instruction（教学）并称，意味着课程与教学密切相关，但二者是两个不同的概念，不能混淆。但此后，英美国家的课程研究走向涵盖"教学论"的"大课程论"，并强势影响包括中国在内的许多国家。有研究者提出：如果"课程"超越"教学内容"的范围，把课程从计划延伸到实施、评价，那将导致"课程"与"教学"的混淆，乃至取消"教学"和"教学论"；若把学生已经获得的经验作为课程，把"隐性课程"也视为课程，则课程设计将漫无边际而失去确定性，"课程"将失去其本初的"跑道"之义，成为"无轨课程"，这隐含着"课程取消论"。③ "课程"将会成为一个无边界的泛概念，往往是缺乏独特性、内部尚不

---

① 任钟印.西方近代教育论著选[M].北京：人民教育出版社，1999：478-492.
② 施良方.课程理论——课程的基础、原理与问题[M].北京：教育科学出版社，1996：13.
③ 陈桂生.变化中的"课程"概念[J].江苏教育学院学报（社会科学版），2007(3)：8-11.

专业的体现。"隐性课程"和"第二课堂",其在隐喻的意义上有启发,但容易带来混淆。因此,我们必须明确区分课程与教学,区分学科教学与综合活动。术业有专攻,只有如此,才能实现更高层次的综合融通,共同育人。

在中国文化和语境中,课程的基本内涵是:科目、课业结构及其进程安排。此处主要将综合活动与易混的综合课程、活动课程和综合实践活动课程进行比较。

2. 综合活动不是综合课程

综合课程形成于20世纪初,它针对学科课程的单科设置、彼此割裂、实施时与现实脱节等问题,强调将若干相关联的学科整合成一门跨学科的共同领域,如科学、历史与社会、品德与生活、道德与法治等。它注重知识的关联、现实问题的解决,但也产生知识"拼盘"混杂、师资欠缺、学生浅尝辄止等问题。

与之相比,综合活动开展时的"跨界",不只是跨学科,而是更灵活、广泛,它不以学科为基础进行综合,而是以学生的成长需要为出发点,随活动开展的需要进行综合。如前所述,四季系列综合活动几乎都涉及对自然的观察和探索,对景物的欣赏和表达,还涉及劳作、制作,对文化传统、农事习俗的体悟和交流。它需要知识,更需要亲身体验,有更强的跨界综合和生成性,不限于被规定的相关学科知识。

3. 综合活动不是活动课程

活动课程也是针对学科课程的弊端提出的,一般认为活动课程的代表人物是杜威(John Dewey),他认为按学科逻辑组织起来的间接知识体系容易造成儿童被动静听,间接知识与直接经验相隔离,学校教育与社会生活相割裂等问题,主张从儿童的直接经验出发,教育与生活相结合,将纺织、缝纫、烹饪、木工、金工等("是生活和学习的方法,而不是各种特殊的科目"[①])纳入学校教育,强调主动作业,做中学。其针对性很强,但易使学生所学支离破碎,不利于人类社会文化的系统传递。

---

① 杜威.学校与社会·明日之学校[M].赵祥麟,任钟印,吴志宏,译.北京:人民教育出版社,2004:29.

杜威认为，各种科目是人类一代代努力奋斗所积累的经验经过有组织、系统化之后的呈现。他区分"教师的教材"和"学生的教材"，认为教师的教材是人类社会生活和经验成果中被选择、表述和组织起来的条理清楚的系统文化，可用以增进儿童的经验，但并非完美无缺或一贯正确，它"代表着和儿童经验相类似的许多经验的成熟产物……成人的材料是学生的材料的可能性，而不是学生的材料的现状"①，教师的教材不能替代学生的教材。教学就是要"从儿童的现在经验进展到以有组织体系的真理，即我们称之为各门科目为代表的东西"②，从学生的初始教材，经与教师相互作用、持续改进，达到更成熟的教材。为此，教师在教学时，"需要精通教材；他的注意力应该集中在学生的态度和学生的反应上。教师的任务，在于了解学生和教材的相互影响……注意教材和学生当前的需要和能力之间的相互作用。所以，教师仅有学问还是不够的。……教师既须懂得教材，还须懂得学生特有的需要和能力"③。

关于"学生的教材"，杜威提出它有三个发展阶段："在第一阶段，学生的知识表现为聪明才力，就是做事的能力。学生熟悉了事物，就表明他已掌握材料。在第二阶段，这种材料通过别人传授的知识，逐步地得到充实和加深。最后阶段，材料更加扩充，加工成为合于理性的或合于逻辑的有组织的材料——掌握这种材料的人，相对地说，就是这门学科的专家。"④第一阶段重视个体的直接经验，第二阶段直接与间接经验相结合，第三阶段则是相对普遍化的间接知识体系。儿童的主动作业只是"原始的或最初的教材"⑤，是其"初级阶段"，儿童的经验是起点，是过程，但不是最终的发展状态。杜威晚年在《芝加哥实验的理论》一文中坦陈：芝加哥实验学校在拟订课程和教材方面并没有成功，"关于'教材'，迫切的问题是要在儿童当前的直接经验中寻找一些东西，它们是在以后的年代里发展成为比较详尽、专门而有组织的知识

---

① 杜威.民主主义与教育[M].王承绪，译.北京：人民教育出版社，2001：199.
② 杜威.学校与社会·明日之学校[M].赵祥麟，任钟印，吴志宏，译.北京：人民教育出版社，2004：116.
③ 杜威.民主主义与教育[M].王承绪，译.北京：人民教育出版社，2001：199-200.
④⑤ 同上：201.

的根基。要解决这个问题是非常困难的,我们并没有解决好;这个问题到现在还没有解决,而且永远不可能彻底解决"①。从儿童的经验、活动发展到专门、有组织的材料,杜威没有走通,"活动课程"的主张尚需回归、清思。长寿的杜威,其思想不断发展变化、自我改进,一以贯之的是强调相互作用、持续改进的转化过程。他认为目的寓于过程之中,反对割裂、对立的思维和生活方式,但他本人思想中的关联转化却常被孤立、对立起来。这亦需警醒。

综合活动自始至今强调:不能将其知识化、课程化,"请大家不要乱套课程概念,否则你实际上没在做'新基础教育'的'综合活动'"②! 在中国原创的"新基础教育"研究中,综合活动是与学科教学并列,与课程有明确区分度的独特育人领域。综合活动不把自己"课程化",也不把自己定位为走向学科体系、成人教材的出发点或"前课程",而是更加强调"学科教学是基础……坚守基础教育对人类文明传承和个体生命发展的基础价值,在基础教育阶段老老实实做好最基本的学科教学"③。做好综合活动的前提,恰恰是强调学科教学的基础性和独特性。综合活动和学科教学两个领域既区分又融通,背后是整体育人的价值追求和思维方式。

4. 综合活动与综合实践活动课程不同

综合实践活动课程也是针对学科课程的问题提出的。2001年它被纳入学校课程体系,当年的《基础教育课程改革纲要(试行)》提出综合实践活动的内容包括:信息技术教育、研究性学习、社区服务与社会实践以及劳动与技术教育。它包括需要教的知识技能体系(如信息技术),也包括须体验学习的实践活动(如社区服务与社会实践),还包括化在各学科教学中的学习方式(如研究性学习)。这种杂糅使其在现实中处于尴尬的地位。近年来,国家层面先后推出《关于推进中小学生研学旅行的意见》(2016年)、《中小学德育工作指南》(2017年)和《中小学综合实践活动课程指导纲要》(2017年),强调学生在教育中的自主性、实践性,强调活动育人、实践育人、学生自主合作,并对时间、经费、安全和人员等作出规定,以保障其实施。2017年的《中小学综合

---

① 杜威.杜威教育论著选[M].赵祥麟,王承绪,编译.上海:华东师范大学出版社,1981:323.
② 叶澜.变革中生成:叶澜教育报告集[M].北京:中国人民大学出版社,2019:257.
③ 同上:449.

实践活动课程指导纲要》将《基础教育课程改革纲要（试行）》中的四大内容板块化到价值体认、责任担当、问题解决和创意物化的目标体系里，强调：它"与学科课程并列设置"，是国家义务教育和普通高中培养方案规定的必修内容，是从学生的真实生活和发展需要出发，在生活情境中发现问题，生成活动主题，通过探究、服务、制作、体验等方式，培养学生综合素质的"跨学科实践"活动。同时提出：教师不能"教"综合实践活动，也不能推卸"指导"责任，而应成为学生活动的组织者、参与者和促进者。但在现实中，却普遍存在综合实践活动类课程的地位边缘化、实施教学化、学生被动化等问题。[①] 综合实践活动被纳入课程后，其实施几乎等同于"上课"。负责任的教师"上课"自然是要"教"的，所"教"主要是相对确定的间接经验、知识和道理，而不是充满不确定性、生成性的具身体会，而这恰恰是综合活动异于学科教学之处。综合实践活动丢失了其独特性，当然难以发挥独特价值。综合活动明确：给时间，保障"课时"，但给课时不等于课程化。

（二）与已有活动的比较：重审地位边缘化

1. 已有活动概览

中华人民共和国成立伊始，国家层面即在配合教学计划实施的意义上，发文保障课外活动的开展，对课外活动的时间和内容作出规定。其中要求：课前操或课间操、清洁检查等日日进行；课外集体活动（包括校会、班会、少先队活动、体育锻炼、生产劳动、学习小组和社会活动等），每周至少进行3次，周时至少要达到120分钟。此外，还规定要让学生有各自自由活动的时间。[②]

改革开放以来，创造出第二渠道、第二课堂、综合活动体系、综合实践活动、研学旅行等做法和提法，有关举措在提供经验的同时，也引发争论。如，课外活动的"上课"现象和"课程化"问题[③]，尤其是课外活动与第二课堂及课

[①] 高霞,等.中小学综合实践活动：困境、成因与出路[J].课程·教材·教法,2020(3)：76-80.

[②] 瞿葆奎,吴慧珠,蒋晓.教育学文集·课外校外活动[M].北京：人民教育出版社,1991：197-199.

[③] 详见：丛立新.综合活动课程刍议[J].中国教育学刊,1995(1)：25-28；李臣之."课外活动'课程化'"问题探析[J].教育科学,1997(4)：11-14.

堂教学的关系等①,争议较多,不同学者先后提出从属论、主次论和并重论等。在课程改革自上而下的推行中,新举措在争取到课时的同时,也陷入课程教学化实施的困境。② 如何既保障课时,又不变成"上课",既不"教"又不推卸责任? 这对实践者提出了挑战,也对理论研究者提出了挑战,现实混乱的深层原因是理论混淆,因此,须对综合活动的独特性有清晰的把握。

2. 综合活动与已有活动的具体比较

此处,将综合活动与课外活动、少先队活动、社团活动和主题节活动进行比较,进一步清晰其独特性。

课外活动的"课"有多种解释。

在西方,课外活动(extra-curriculum)的"课"指的是课程(curriculum)。针对课外活动不受重视的问题,西方曾提出 co-curriculum 以提高其地位。但这个概念存在先天不足:与 curriculum(课程)并列,却以课程为名,还是被纳入课程,甚至被窄化为课程体系里的一个科目。

在中国,"课"可以指课堂、课程和课时。当其指"课堂"时,强调的是空间,即课外活动发生在课堂之外。如此一来,因缺乏课堂内有意识的社会化培养,课外集体活动易流于纪律管理和行为规范,难以提升其育人价值;课外个体活动则流于随意、散漫,教育价值弱化。当其指"课程"时,则非班主任、非德育部门的众多学科教师与之无关,对其无责。班主任也常视之为"额外"附加的"外"事务,研究意识和创造能力被弱化。当其指"课时"时,课外活动缺乏时间保障,在教育体系里已无实质地位。

一般而言,课外活动在学校有意识的安排中,但不在课程教学计划中,它有自己整体、独特设计的教育活动,包括集体的课外教育活动和个体的学生自由活动。在中国语境中,课外活动常发生在课堂之外,也常缺乏课时保障(通过每周作息表可一目了然)。与之相比,综合活动纳入学校整体教育计划,在地位上是与学科教学并列的独特教育领域。在时间上,综合

---

① 详见:董祥智.论课外活动——兼评"第二课堂"[J].教育研究与实验,1985(3):85-91;石中英.课外活动与课堂教学关系的传统与变革[J].教育研究,1996(2):58-62.等。

② 详见:钟启泉.综合实践活动:涵义、价值及其误区[J].教育研究,2002(6):42-48;孙宽宁.综合实践活动的价值反思与实践重构[J].课程·教材·教法,2015(5):43-48.

活动有明确制度化的"课时"保障,包括学生组织开展活动的时间和教师活动教研的时间;在空间上,综合活动可发生在课堂内外、学校内外,开放灵活。

少先队活动具有鲜明的政治性和组织性,综合活动则不限于此。社团活动是课外活动的下位概念,它强调学生的个体兴趣、自愿组合和个性发展,与之相比,综合活动更强调学生的社会化养成,注重有组织地分工合作,学会共生。主题节活动也是课外活动的下位概念,它常与学科相关,由相关学科教师分别承担各主题节活动的组织工作,如体育节主要由体育教师承担,科技节主要由理科教师负责,艺术节则主要由文科教师负责,而且一般独立开展,活动之间缺乏关联,在内容的丰富、主体的多元、时段的连续上,尚可改进。

已有活动在关注直接体验、学生参与方面与综合活动契合,但综合活动内涵更精炼,外延更丰富,在学校教育体系中的地位更高。它不是"课外",不是"第二",也不是间接的辅助,而是不受教科书、教学大纲、课程标准、教学流程等限制的教育领域,具有与教学并列的地位。基于扎实的教学改革,以综合融通的思维与行为方式做"活动",让学科教学和综合活动共同创造教育新生活。与之相应,其专业要求高,需要有组织、有时间保障的研究、实践和积淀、提炼。

三、综合活动独特性研究的实践与学理价值

培养怎样的人,如何培养人,这是教育研究中永恒的"目的与过程"话题,也是教育事业不能不深度清思的百年基业问题。综合活动的当代创造与独特性研究,具有重建完整"育人"体系和更新教育学基本理论的价值。

(一)实践层面:重建完整的"育人"体系

回归育人,才能育出时代新人,这需要教育体系的当代反思与重建。

1. 回归"育人"的完整教育

中华人民共和国成立70余年来,在教育目的和方针上,始终强调培养有

文化的劳动者、多方面发展的社会主义建设者,在方式上强调教育与劳动和实践相结合。中国共产党第十七次全国代表大会以来,先后提出"育人为本、德育为先""把立德树人作为教育的根本任务",强调教育最直接和根本的"育人""育德"问题。中国共产党第十九次全国代表大会上,习近平总书记提出"培养担当民族复兴大任的时代新人"①。时代新人的培养,需要均衡有力的"双翼"起飞,需要稳健的"两条腿"走路。完整的时代新人需要完整的教育,包括完整的学校教育以及更大层面上的完整的教育体系。完整的学校教育体系以学科教学为坚实基础,但不能只有学科教学,而应学科教学与综合活动"两条腿"走路;"如果我们力求使儿童的全部精神力量都专注到功课上去,他的生活就会变得不堪忍受"②。"单脚跳",不堪重负的个体,极易人际摩擦矛盾,会成为社会隐患。完整的宏观教育体系以学校为教育的专业机构,但不能只有学校教育,而是家庭教育、学校教育和社会教育有机转化、分工合作、共同担当。2022年1月1日施行的《中华人民共和国家庭教育促进法》,表达了国家层面的意识与行动。

在世界范围内,联合国教科文组织曾发布若干有影响的教育报告,包括《学会生存——教育世界的今天和明天》(1972年,又译《学会做人》,即《富尔报告》)、《教育——财富蕴藏其中》(1996年,又译《学习:内在的财富》,即《德洛尔报告》)、《反思教育:向"全球共同利益"的理念转变?》(2015年),以及《2050年教育宣言:学会融入世界》(2021年)。其中,世纪之交、迎接21世纪的《教育——财富蕴藏其中》提出教育的"四个支柱"③,即学会认知、学会做事、学会共生、学生生存。"在一般情况下,正规教育仅仅是或主要是针对学会认知,较少针对学会做事。而另外两种学习往往带有很大的随意性,有时也被看作是前两种学习的一种自然而然的延伸。然而,委员会认为,在任何一种有组织的教育中,这四种'知识支柱'中的每一种应得到同等重视,使

---

① 习近平.决胜全面建成小康社会 夺取新时代中国特色社会主义伟大胜利——在中国共产党第十九次全国代表大会上的报告[EB/OL].(2017-10-27)[2022-03-22].http://www.gov.cn/zhuanti/2017-10/27/content_5234876.htm.

② 苏霍姆林斯基.关于教育伦理学的一封信[J].杨春发,译.教育研究,1983(8):79.

③ 联合国教科文组织.教育——财富蕴藏其中[M].联合国教科文组织总部中文科,译.北京:教育科学出版社,1996:75-88.

教育成为受教育者个人和社会成员在认识和实践方面的一种全面的、终生持续不断的经历。"①完整的教育需要教学,也需要基于教学但以学会做事和共生为直接目标的综合活动。

人类社会日益严峻的冲突、暴力和校园内外的青少年霸凌等,从反面疾呼学会共生的重要性。"正规教育应在其计划中留出足够的时间和机会向青年人传授这类合作项目;要从幼儿开始,就在体育或文化活动中,以及通过参加居住区的翻新、帮助处境最不利的人、参加人道主义行动及两代人之间相互帮助等社会活动,对学生进行这种教育。"②班级、学校里的人际差异与交往,学校内外的日常生活都可以变成学会共生的鲜活资源。在班级、学校日常生活中有意识养成个性化差异共生力,面对社会、文化差异乃至冲突时,才能基于尊重,寻求共生,在更大的范围里学会共生,形成越来越大的"命运共同体""万物共生体"。

2. 教育体系的整体重建

首先,学校作为师生开展教育活动的"生命场"③,其完整体系包括学科教学和综合活动,以及学校领导与管理。其中,学科教学和综合活动各有不同的直接目标、构成要素、主要内容和转化过程,不能相互替代,而是有基础的综合融通,共同指向身心多方面、个性化与社会化和谐发展的时代新人之培养。综合活动的开展,在回归整体育人,培养学生学以致用、以用促学,把个体兴趣与团队合作相结合,有意识促进学生身心健康主动发展的同时,有意识地把教育的创造权"还"给师生,师生成为学校新生活的主动创生者,让学校真正成为生命成长的精神家园。开展了 20 余年的"新基础教育"已创生出以合作校为代表的一批当代学校,呈现出价值提升、重心下移、结构开放、过程互动、动力内化、综合融通的新型特质。④

其次,完整的当代教育体系需要重构家庭、学校和社会的关系,整个社

---

① 联合国教科文组织.教育——财富蕴藏其中[M].联合国教科文组织总部中文科,译.北京:教育科学出版社,1996:76.
② 同上:84.
③ 叶澜.变革中生成:叶澜教育报告集[M].北京:中国人民大学出版社,2019:447.
④ 叶澜.转化融通在合作研究中生成——四论教育理论与教育实践的关系[J].教育研究,2021(1):31-58.

会蕴含着巨大的教育力量,可称之为"社会教育力"①,包括教育系统内各种教育活动所生成的"教育作用力",以及教育系统外其他各类社会系统的活动所产生的"教育影响力"。教育是人类社会有意识自我改进和培养新生力量的自我更新与再生机制,它不能被"狭义"为学校教育,完整的教育首先是家庭教育,然后是学校教育、社会教育。综合活动因其多维"跨界"的特点,特别具有沟通家庭、学校、社会与个体的功能,是唤醒全社会教育责任的突破口。

综合活动对于学生身心的全面健康发展、当代完整教育体系的重建,具有牵一发动全身的价值。它绝非学生自发、班主任单挑或学校承担全责之事,而需要学校整体策划,主动开拓时空和内容资源,社会多元责任主体积极支持、合作开展。国家层面对此已开始关注,如多部门联合发布的关于研学旅行的意见,规定其实施开展和组织保障都由多部门共同负责,②这体现出社会的教育责任,也考验社会共育的运行机制。切实做起来,才能积累经验,逐步成熟。

(二) 理论层面:更新当代教育学基本理论

教育实践的改革与发展需要清晰有力的教育理论,同时,变革实践的过程能检验、修改和创生新的有生命力的教育理论。教育学本就是在转型时代的教育变革中创建和发展的,它由"教"之学、"教法"研究、"教学"艺术的探索起步,③并以之为研究的核心,这使教学研究相对丰富,教学实践倍受重视,但也很大程度上遮蔽了教学之外的教育活动的独特育人价值及其组织实施。在学理层面,综合活动的当代创造,有助于更新当代教育学的体系及其基本理论。

---

① 叶澜.终身教育视界:当代中国社会教育力的聚通与提升[J].中国教育科学,2016(7):41—67,40,199.

② 中华人民共和国教育部.教育部等11部门关于推进中小学生研学旅行的意见[EB/OL].(2016-12-02)[2022-03-22].http://www.moe.gov.cn/srcsite/A06/s3325/201612/t20161219_292354.html.

③ 陈桂生.历史的"教育学"现象透视——近代教育学史探索[M].北京:人民教育出版社,1997:2.

1. 更新学校教育学

教育学诞生于近代西方,经夸美纽斯(J. A. Comenius)、洛克(John Locke)、卢梭(Jean-Jacques Rousseau)、康德(Kant)、裴斯泰洛齐(J. H. Pestalozzi)等欧洲思想家、哲学家和教育家们的理论与实践探索,至赫尔巴特(Johann Friedrich Herbart)集大成。赫尔巴特创建了以教学和训育为核心,为教师做教育提供"地图"的"普通教育学"[①]。这成为此后学校教育学的基本构架。"赫尔巴特的伟大贡献在于使教学工作脱离陈规陋习和全凭偶然的领域。他把教学带进了有意识的方法的范围,使它成为具有特定目的和过程的有意识的事情,而不是一种偶然的灵感和屈从传统的混合物。"[②]杜威在肯定赫尔巴特历史贡献的同时,认为他忽视了人的主动性、对环境的改造、对共同经验的参与,因此,杜威强调从主动作业、活动等学生的"原始教材"出发,向科学体系的正式教材过渡转化。如前所述,他提倡人类基本活动的教育价值,主张学生教材的"三阶段"论等。

如果说,赫尔巴特使教师的教学变得明晰、有意识化,那么杜威则努力使学生的活动成为有意识的教育实践和研究内容,发挥独特的教育价值。但是杜威实验学校短短的7年研究,远未完成这条探究之路。在此意义上,叶澜及其合作研究团队在"两条腿走路"、综合活动的独特价值、教育地位、实践开展方面的持续系统研究,整体重建了学校教育学的当代新体系,[③]并有意识地将其与社会、自然建立有机关联,有意识地将新人培养扎根到民族文化根脉里。

2. 更新教育基本理论

教育基本理论是对教育的整体把握,包括概念、命题及其体系。

教育基本理论的核心概念有:教育、教学、学生、教师、学科、学校、班级等。综合活动的提出,强调了活动(不只是教学)、自然(不只是学科)、育人(不只是德育或某个方面的"育")、家庭和社会(不只是学校)的重要性。与之

---

① 赫尔巴特.普通教育学[M].李其龙,郭官义,等,译.杭州:浙江教育出版社,2002.
② 杜威.民主主义与教育[M].王承绪,译.北京:人民教育出版社,2001:80.
③ 详见:叶澜."新基础教育"论——关于当代中国学校变革的探究与认识[M].北京:教育科学出版社,2006.

相应,课程、教学、活动各自的独特性有了明确区分,它们不可相互替代,而是在明晰区分、各尽其责的基础上,寻求合作,努力达到综合融通;明确家庭、学校和社会皆有独特的教育责任和功能,在培养时代新人的意义上,三者缺一不可。

教育基本理论的经典命题是教育与社会、教育与人的发展。综合活动的实践探索和理论研究,生成出"社会的教育责任""社会的'教育尺度'"①"社会教育力""教育与自然""文化与自然""当代新自然观"②等新专题和新命题。把教育研究的视域从学校拓展到更广阔的社会、更深沉的民族文化和自然,努力把社会、民族文化与自然所内蕴的育人价值,从自发、偶然,提升到有意识的自觉开发和聚通,丰富了教育与社会、人、文化与自然的多重关系研究。这些新命题开拓、重建了终身教育时代教育基本理论的研究领域与内容体系,当然,尚待继续积淀,并与学科、学术共同体的更多创生和提炼相互碰撞、论辩,接受实践和时间的检验。

---

① 李政涛.中国社会发展的"教育尺度"与教育基础[J].教育研究,2012(3):4—11,34.
② 叶澜.溯源开来:寻回现代教育丢失的自然之维——《回归突破:"生命·实践"教育学论纲》续研究之二(上编·其一)[J].教育发展研究,2018(2):1-13;叶澜.溯源开来:寻回现代教育丢失的自然之维——《回归突破:"生命·实践"教育学论纲》续研究之二(上编·其二)[J].教育发展研究,2018(3):26-37;叶澜.溯源开来:寻回现代教育丢失的自然之维——《回归突破:"生命·实践"教育学论纲》续研究之二(中编)[J].中国教育科学,2020(1):3-17;叶澜.溯源开来:寻回现代教育丢失的自然之维——《回归突破:"生命·实践"教育学论纲》续研究之二(下编)[J].中国教育科学,2020(2):3-29.

再造结构：小学美术学科课堂教学改革刍议

徐冬青*

本文是在"新基础教育"综合学科美术学科教学改革实践基础上形成的反思。文章系统梳理了小学美术教学中的三个缺失和四个问题，即作品意识缺失、评价意识缺失和情境意识缺失，导入无任务、创作无依据、概念无层次、展示缺参照，进而提出了新的小学美术教学结构的设想，即任务驱动、评价前置、概念分层、创作实践、情境展示。

美术学科是中小学艺术学科中的主要学科。美术教育是中小学美育的重要组成部分。作为艺术教育重要分支的美术教育，在学生审美素养的培养中担当着主要任务。因此，美术教学改革是提升整体美育质量的重要内容。

美术学科教学是否需要改革？需要改革什么？在美术教育界可谓众说纷纭。不同学校有着不同的做法，进行了多种不同的探索。比如，有的学校针对美术教学资源的不足，注重美术资源的开发，包括本土资源、视频资源等；有的学校针对美术学科素养培养课时有限的情况，积极探索在课外进行的社团活动、兴趣活动或主题活动；有的学校则针对某种类型的课型，如造型设计、水墨、陶艺、手工、素描等进行课型系列开发；也有学校从特色课程或艺术特色学校建设的角度进行了整体的课程开发实践等等。尽管有着多种探

---

* 作者简介：徐冬青，复旦大学高等教育研究所副研究员，"生命·实践"教育学研究院研究员。

索,课堂教学依旧是目前多数小学的主要实施路径,依据教材进行的教学依旧是普遍的绝大多数中小学学生美术素养甚至美育素养养成的主渠道。因此,提高课堂教学质量就成为小学阶段美术素养养成的主阵地。某种意义上,对于一些校外资源缺乏,家庭支持较弱的群体来说,课堂教学是学生学习美术的唯一渠道。在这个意义上,特别是在整体上我们小学的学科结构还没有大的调整,升学考试还没有大的改观的条件下,小学美术教学的质量决定了小学生美术素养养成的质量。本文是笔者以参与"新基础教育"综合学科教学改革中的美术学科教学改革为基础,通过对大约 800 节课的听课记录、教案、课件和实录的分析、归纳、提炼,从教学结构的角度对当前小学美术学科教学改革提出的认识和思考,供实践者参考。

一、三个缺失

既然说到进行教学改革,就需要对目前的美术学科教学现状和所存在的主要问题进行分析。目前,小学教学实践中出现的问题是多样的:有教学设计的问题;有目标叙写不清晰的问题;有互动不充分的问题;有对作品的感受不够充分的问题;有开发视频资源不足的问题;有教学语言不够生动规范的问题……这里,笔者不对这些问题展开讨论,而是从课堂教学结构的角度,从教学环节的结构设计方面谈谈自己的看法。

在美术课堂教学中,普遍存在着令教师困惑的问题。例如,教师示范后,学生作品变成了一个模样,但是,教师又不能不教绘画技法,学生总是要掌握基本的技法技能的,怎么办?如何改变普遍存在着的美术课中的"就技法而技法"(我喜欢称为"技法切入派"或"技法秀")的机械训练式的教学状态?对美术作品本身的评价具有多元性,而学生作品的差异又很大,其作品表现很难有音乐音准那样的对错明确的区分,同时,在需要鼓励儿童大胆画或大胆自由创作的时代要求下,很难评价学生的绘画水平的发展,尤其是很难在系列化的课程教学中实现学生的绘画技能和欣赏水平的提高。事实上,美术课堂上,学生呈现出的状态是:好的更好,有兴趣的更有兴趣,而大多数学生往往处于一种模糊和待定的状态下。许多教师由于缺少明确的发展要求和目标,其课堂往往呈现出低水平的徘徊状态。

问题究竟出在哪里呢?能不能从教学结构的角度进行一些分析和突破呢?在分析大量课例的基础上,笔者感到,小学美术教学存在着以下三个缺失。

第一,作品意识缺失。某种意义上,美术课就是由作品作为主线串联起来的教学,欣赏作品和创作作品是基本的教学状态。令我感到惊讶的正是作品意识缺失。美术课堂上,看到的往往是色彩、重叠、折染、揉搓、线条等技法,却很难看到对作品的整体意识,没有体现在以作品为单位的整体思维与直觉能力等。这就如同语文课上,只有字词句,没有篇章结构一样。学生在学习技法时玩得开心,但画出或手工制作出的成品并不能称之为严格意义上的"作品",其中缺失的是作品意识。说得客气点,这是对美术教学的意义理解得不够深刻。说得严重一点,这是不够尊重美术教学中的作品之人格和人性起源,意义理解肤浅。

第二,评价意识缺失。事实上,美术课堂上,教师是很重视鼓励学生的。就我所看到的,教师都特别尊重学生,积极鼓励。这里说的评价意识的缺失,是指我们可能对美术课堂教学中的评价问题的研究还不够深入。如何通过教师的评价帮助学生提升包括欣赏评价在内的美术评价能力,值得深入思考。以学生评价能力的提升帮助学生提高学习获得感,值得我们关注。

第三,情境意识缺失。美术课堂中,借助故事导入教学内容,提出创作要求是比较普遍的教学策略。笔者不是指这种教学策略存在问题,而是说这种教学策略缺乏意义层面的深化。学生创作作品不能仅停留于知道如何制作,更应该思考和体悟为什么要这样制作。在小学美术课堂上,情境设计多用来激发学生的学习兴趣,一旦引发出了学生的兴趣,情境就失去了意义;有些情境用于学习环节的过渡,一旦这种功能达到了,教师就把情境丢掉了,接下来的环节又用另一个情境来铺垫。这样,教师从一个情境"走过""路过"另一个情境,"走过"的是情境场,"路过"的是生成地,"错过"的则是各种各样的有效资源。情境的价值挖掘不够充分,是值得我们关注的问题。

基于以上三个缺失,笔者认为,美术教学改革应该重点关注创作(制作)、评价和情境意义的生成环节,通过整体教学结构的再造,尝试突破。这个观点已经在很多学校得到了教师的认同。许多教师尝试进行了一些实践探索。

二、四个问题

在进行"新基础教育"小学美术教学听评课大约8年的时间里,笔者始终在思考一个问题:美术课堂或美术教学与其他学科教学的区别在哪里?从一般的教学论或学科教学角度,已经有了大致的认识,也形成了"新基础教育"的开放、生成、互动、提升、自然、有机、融入和美感等基本课堂教学改革原则,在一些课堂教学改革实践中涌现出了很多优秀的课例。可以说,一些美术素养高,教学技能强的教师能够关注到上述问题,其课堂教学呈现出了非常好的效果。但是,大量的年轻教师,还有一些校外兼职教师,需要多年的积累才能带来课堂教学的变化,并且,教师之间还存在着教学水平的差异。这使得笔者思考这样的问题:教师的变化和学生的发展需要什么样的脚手架?教学结构的调整是否有助于教师更加自觉地开放课堂,更加透彻地挖掘意义,更加凸显学科素养,更加有效地提升师生互动质量,使课堂教学更具张力?为了更好地填补小学美术教学中的三个缺失,笔者对此进行了更深入的分析,将缺失导致的课堂教学问题大致概括为以下四个方面。

(一)导入无任务

导入有情境,激发了学生的兴趣但也止步于兴趣。导入没有涉及创作任务或欣赏作品的任务。如果导入教学内容后,教师又接着回到预设的任务中,那么美术课堂教学还是教师"牵着走"的状态:教师示范技能,学生模仿、欣赏名家作品,接着进行创作、评价、展示。这样"走流程"式的教学带来的结果是评价滞后或随意,任务不清晰。教师没有将导入与创造冲动、创作任务有机联系起来,笔者将之称为"导入无任务"状态。这样的导入虽然也能激发学生的兴趣,强调学生的感受,但没有深层地激发学生的创作冲动,停留于表面。通常的情况是,开放导入带来了学习兴趣,接着,教师基于学生的兴趣展示技法,接下来的欣赏环节、制作环节和评价环节均为学生的兴趣所主导……这种一"趣"到底的状态,短期内尚且可以维持,但长期来看,显得后劲不足。兴趣如果没有与要求有机结合,这种学习不可持续。

(二) 创作无依据

这里说的创作无依据,主要是指学生的创意制作过程缺少评价依据,学生只是在教师示范技法之后进行创作。其结果是千篇一律的模仿。美术教学在一定意义上需要教师引导学生进行有创意、有差异的创作,但也不能因为需要创意而不作要求。正是因为缺失了依据和要求,美术教学往往缺少骨架,最后归于几个技法的运用,导致低水平重复。

(三) 概念无层次

除了学习创作技法,在美术教学活动中,学生还需要学会欣赏美、评价美、表现美,比如,理解对称、平衡、和谐、构图、背景、边界、整体等概念。但是,目前的美术教学活动常常就技法说技法,就技能评技能,缺少概念分层,甚至缺少基本的美术概念。这使得学生在欣赏、创作、评价的过程中思维挑战不够。无论是教师还是学生,在欣赏评价环节都出现"词穷"的问题。因此,我们需要在美术教学活动中强调概念,甚至强调概念与概念之间的关联。

(四) 展示缺参照

创作完成后的作品展示环节缺少情境设计。一般来说,教师将学生的作品有序排放在一块展板上,有的干脆将学生作品堆放在一起。教师缺少对作品展示场合、目的、背景、情境、评价标准的思考。这往往导致在作品评价的过程中情感缺失、意义缺失、对话缺失、想象与创意缺失。有意义的美术课堂就难以形成了。

三、再造结构的基本原则

"新基础教育"在课堂教学改革实践中,突出了课堂结构的设计,针对封闭、缺少生命活力、缺少生成、缺少互动等问题,提出了开放式导入、核心过程推进以及拓展性延伸这样的大结构课堂教学设计思路,并以单元整体教学设计为载体,优化了"教"结构和"用"结构转换的结构教学策略,在语文、数学、外语教学过程中取得了实质性的突破。强调创作的美术课堂教学应该走向更加开放、互动、生成的状态。很多学校已经在这方面进行了探索,收获了一批非常好的课例和实践经验。不过,我们还需要在此基础上作进一步的探究。在开放式导入—核心过程推进—拓展性延伸的基本教学框架中,应该更加聚焦美术素养的培育,形成以任务驱动—评价前置—概念分层—创作实践—情境展示为基础的基本美术教育流程。当然,这并不是所有课型都适合的流程,但应该可以覆盖大多数美术课型。这是一个非常初步的认识与思考,供广大同行参考与批评指正。

(一)任务驱动

开放式导入的结果是什么?为了回答这一问题,提出"开放导入—任务驱动"这一更加具体的导入原则。导入后形成具体的任务目标:将美术创意制作或创作作为先导性概念,聚焦美术认知、技法学习,在整体创作作品的背景下将新知识、新技法"课题化",使得技法学习与作品创作的整体意义理解建立联系。为此,可以将导入和引出创作任务相结合,站在创意制作的角度,定位学习目标,使具体的知识技能获得意义背景。明确的任务驱动有利于学习动力的激发,也有利于形成学生的整体性思维。

(二)评价前置

评价前置是最关键的突破。教师给出任务之后,不马上教授学生完成任务的技法,而是在引导学生欣赏相关作品的前提下建构评价框架。因为评价框架可以引导学生思考,教师的示范有了评价框架的参照才能够更好地启发学生。如果没有了评价,教师的示范就成了范本,其结果必然是学生自主理解和思考的缺失,得到千篇一律的作品。以往的美术教学活动中,评价都是放在最后环节,有些时候甚至不了了之,其原因在于创作目标与欣赏、评价环节之间缺少关联。评价前置有利于师生共享创作标准,共同探讨欣赏作品的思路,共同探讨创作的可能,有利于学生理解教师的示范不是标准而是对一种标准的体现。这样,既可以使教师的示范发挥辅助学生学习的作用,也可以避免因教师的"技法秀"而限制学生的"自由画"。评价是关键。

(三) 概念分层

美术教学课的常态是教师注重技法而忽视技法背后的美感、均衡、对称等美学概念,缺少对技法的价值和意义在美术创作中的揭示,技法、活动、概念之间缺少有机联系,这使得学生在模仿技法和创作作品的过程中缺少意义体验。为此,在任务定位和评价设计中需要有概念理解的要求,也需要在欣赏、评价环节中进行概念渗透。美术课堂教学的时间有限,不像项目化学习那样有较长的时段,因此,只有有机整合或一体化建构美术知识、技法、美术概念、美术实践体验来实现结构教学的综合功能。基于大观念下的概念的层次性学习,既有利于评价,也有利于欣赏,能够为后续美术作品的创作、评价打下基础。这是值得探索的课题,对教师的挑战也比较大。

(四) 创作实践

创作实践应当带着评价目标和任务要求,不能只是简单模仿。前面三个环节准备充分的话,创作实践应该是水到渠成的。在评价框架下,具有一定开放度的美术创作实践,其效率可能更高,也更符合课堂教学的要求。许多教师经历了从简单评价维度到多种评价维度转换的改革实践后,能够在课堂上引导学生提升创作中的技法、创意,丰富创作背景,优化作品构图,从而提升美术素养。

(五) 情境展示

许多美术教学活动结束后,学生常常把各种作品堆放在桌上、画布上、黑板上……美术教学活动存在着点评不到位、互动不充分、作品分析不够、评价没有连续性等问题,自评、互评、教师评价变成了套路。其实,美术教学活动应当是绵延连续的小夜曲,每节课都是学生成长过程中的一个节点,不是终点。将任务与情境相联系,可以促使学生形成丰富、有感情的作品评价,对作品进行更生动的展示。情境中的意义转换、意义解释,可能正是评价产生意义的关键。

在美术教育中提升学生的美感和表现美的能力,提升学生的智力,涵养学生的性情,陶冶学生的情操,反对"依样画葫芦",实现学科概念与创造学习的有机结合,可能是未来一段时间需要继续探索的课题。

从"漂泊不定"到"稳中求进"：一位教师在学校转型性变革中蜕变的叙事探究*

郑蕊** 戴孟***

研究者考察了一位教师在学校转型性变革前后，其职业成长状态所发生的变化。研究发现：该教师在参与学校转型性变革之前的十年中，其职业成长状态可以用"漂泊不定"来描述，具体来说，就是在专业发展上因未得到全面、系统的指导而只是获得了"点状"的发展；在参与学校转型性变革之后，其职业成长状态可以用"稳中求进"来描述。究其原因，正是"新基础教育"研究倡导和采取的"前移后续"式教研，造就了该教师"稳中求进"的职业成长状态。此种教研方式关注改变教师以往所秉持的不恰当的教育教学理念与实践，帮助教师形成新的教育眼光和思维方式，因而在教师成长与发展方面具有积极的促进作用。但是也应当看到，在学校转型性变革的进程中，如果只是单纯地强调管理权力下放，而不关注教师自身的发展需求与内在心声，那么再科学合理的教研方式也不一定能够发挥出促进教师更好发展的作用。

---

* 本文为全国教育科学"十四五"规划国家重大项目"未来学校组织形态与制度重构的理论与实践研究"（项目编号：VFA210006）成果之一。

** 作者简介：郑蕊，华东师范大学教育学系博士研究生，主要从事教育基本理论、基础教育改革研究。

*** 作者简介：戴孟，华东师范大学教育学系博士研究生，主要从事教育基本理论、基础教育改革研究。

一、引　言

海德格尔(Martin Heidegger)曾通过批判人因受到技术的裹挟而成为异化的自身来表达他对教育本质规定性的理解,即"帮助人寻求生命本真、追求自由和激发创造性,使人成为一个完整的存在"[①]。因此,在教育的背后,隐藏着人类本性之完善的重大秘密,而人只有通过人,通过同样是受过教育的人来受教育。[②] 从某种意义上来说,无论教育的本质规定性被框定得多么精妙和符合逻辑,如果缺少了具有鲜活生命的教育者富有智慧的教育指导,则人之成长即便不是不可能,至少也可以说是缺少一定教育章法的。由此看来,倘若教师对教育的本质、职业的特质以及自身的发展方向的理解都是不清晰的,我们又如何期待这样的教师能够培养出海氏笔下描绘的"完整的存在"呢?"新基础教育"变革研究的推动者正是认识到这一道理,才在推行学校转型性变革的过程中尤其注重对教师群体进行整体转型。

"新基础教育"研究是由叶澜教授领衔并于1994年率先在上海发起的一项大规模的大中小学合作研究,其目的在于提升处于社会转型时期的中国基础教育质量。"新基础教育"变革研究以学校整体转型作为变革追求,因而尤其注重对学校教师群体及个体教师的在校生存状态和生存方式进行转型性变革。正如加拿大学者迈克尔·富兰(Michael Fullan)所述,教师是有思想意识的人,如果把教师不是作为道德的殉葬品就是作为无权又无能的人,制度永远不会变革。[③] 为此,探究教师在历经学校变革前后职业成长状态的变化及其与学校变革之间的内在关系,是本研究重点关注的问题。为了回答这一问题,本研究将以叙事探究作为研究方法论和研究方法,首先通过叙事方式呈现一位教师——夏天老师历经学校变革前后的职业成长状态;其次基于

---

① 邹小婷,扈中平.海德格尔诗性哲学视域下当代教育人性化的困境及其出路[J].教育研究与实验,2018(3):9-16.
② 康德.康德论教育[M].李其龙,彭正梅,译.北京:人民教育出版社,2017:6-7.
③ 迈克尔·富兰.变革的力量:透视教育改革[M].中央教育科学研究所,加拿大多伦多国际学院组织,译.北京:教育科学出版社,2004:93.

夏天老师的职业成长故事进一步归纳和总结出促进教师真实成长的原因;最后尝试探讨有效教研方式的特征。

二、理论基础及其与本研究的适切性

(一)反思性实践学习理论

20世纪80年代以来,"反思性实践""培养实习教师的反思能力"成为教师教育领域的共识理念和指导原则。① 反思性实践的研究起源于舍恩(Donald Schon)和阿格里斯(Chris Argyris)的研究②,这是一种思考与行动的对话③,反思性实践使反思实践者对自己的行为进行批判性评估,以此来发展自己的专业技能。科尔布(Kolb)的体验学习理论也是反思性实践的一种,作为体验学习理论的集大成者,科尔布以杜威(Dewey)、勒温(Lewin)和皮亚杰(Piaget)的学习理论为基础,提出了体验式学习。这三种学习理论都认为学习是一个连续的过程,其共同主题是:学习依赖于经验与反思、理论与实践的融合。④ 科尔布由此将学习分为四个环节,即具体体验、反思观察、抽象概念和主动检验。

本研究以科尔布的体验学习圈理论分析夏天老师的职业成长历程。虽然有学者提出,体验学习圈并不适用于学科教学⑤,但是就体验学习圈之各个环节的内容来看,该理论能够引发教师在体验过程中的心理过程变化,基于体验进行反思,从而生成新的经验,进而迁移到其他教学场景中去应对、解决问题。因此,该理论对于本研究中实践反思者的学习历程有着较好的适切性。

---

① 程耀忠,饶从满.理念—实践—反思—评价:美国教师教育理论与实践黏合的闭环[J].外国教育研究,2021(5):3-14.
② ARGYRIS C, SCHON D A. Theory in Practice: Increasing Professional Effectiveness[M]. San Francisco: Jossey-bass, 1974.
③ SCHON D A. Educating the Reflective Practitioner[M]. San Francisco: Jossey-Bass, 1987.
④ KOLB D A. Experiential Learning: Experience as the Source of Learning and Development[M]. Englewood Cliffs, NJ: Prentice-Hall, 1984.
⑤ 庞维国.论体验式学习[J].全球教育展望,2011(6):9-15.

(二) 教师专业学习社群理论和实践社群理论

教师专业学习社群(teacher professional learning community,简称TPLC)这一概念源于美国学者霍德(Shirley M. Hord)提出的专业学习社群(professional learning community,简称PLC)这一概念。受到彼得·圣吉(Peter Senge)关于学习型组织(learning organization)概念理解的启发,霍德进一步提出专业学习社群应当具备五个特征:共同愿景、合作学习、共享领导、支持性条件,以及共享实践。① 哈蒙德(Darling-Hammond)和理查德森(Richardson)认为,教师专业学习社群是促进教师发展的重要范式,教师可以在社群中通过分享和讨论新的教学方式与方法,运用集体智慧获得解决问题的有效策略;教师专业学习社群的核心目标并不仅仅指向教学问题的解决,更为重要的是促进教师的专业发展和持续提升学生的学习成效。② 而实践社群理论则是基于社会文化学习理论发展而来,该理论认为,学习不仅仅是个体知识的获得与内化,③更在于人与周围环境的交往与互动,实践社群必须具备三个条件:共同的事业、彼此参与以及共享经验,学习者通过在实践社群中的交往实现意义的获得和身份的建构。④

本研究以教师专业学习社群理论和实践社群理论作为分析夏天老师职业成长历程的另一理论基础。依据英国学者鲁思·迪肯·克里克(Ruth Deakin Crick)的理解,学习同时具备"个人性"和"社会性"两大特征,⑤教师的专业发展抑或是说教师的职业成长离不开与他人的沟通与交流,而教师专业学习社群理论和实践社群理论正是因其强调教师学习的"社会性"特征而

---

① STOLL L, LOUIS K S. Professional Learning Communities: Divergence, Depth and Dilemmas [M]. New York: Open University Press, 2007: 1-13.
② DARLING-HAMMOND L, RICHARDSON N. Teacher Learning: What Matter? [J]. Educational Leadership, 2009, 66(5): 46-53.
③ 陈丽翠.国际视野下的中国教研组研究述评[J].外国中小学教育,2018(4):5.
④ WENGER E. Communities of Practice: Learning, Meaning, and Identity [M]. New York: Cambridge University Press, 1998: 73.
⑤ CRICK R D, HUANG S, SHAFI A A, GOLDSPINK C. Developing Resilient Agency in Learning: The Internal Structure of Learning Power [J]. British Journal of Educational Studies, 2015, 63(2): 121-160.

对于分析教师职业成长历程具有一定的适切性。

三、研究方法论

(一)研究方法论:叙事探究

本研究以叙事探究为研究方法论。有学者指出,叙事探究不仅是理解经验的一种方法,而且是一种体验形式、一种生活方式。[①] 加拿大叙事探究者康纳利(Connelly)等人认为,叙事探究是对"经验的经验研究"。[②] 那么,就此来说,叙事本身既是作为探究的现象,同时亦是作为探究现象的方法。[③] 叙事探究理论思想源于杜威的实用主义实践哲学思想,因而更加突出经验对于认识和人生的意义。对教师来说,经验是个人的人生经历,是身处教学中的教师领悟出来的各种意义,是教师对他们的生活世界的个体化理解。[④] 依据康纳利和克兰迪宁(Clandinin)的理解,叙事探究包括三个特征,即时间性、社会性和地域空间性。[⑤] 而教师的教学经验恰恰是由各种事件、人物和场景构成的,作为一种关系研究形式的叙事探究因而更加适合作为将个体教师在家庭、学校和社会等不同场域中的成长经验呈现出来的研究方法。[⑥]

(二)研究参与者

夏天老师出生于 1980 年,是广东省梅州市人,2001 年毕业于一所师范专科学校,当前就职于深圳市光明区郊区的一所学校(化为名"翠竹学校")。

[①] D. 简·克兰迪宁,F. 迈克尔·康纳利. 叙事探究:质的研究中的经验和故事[M].张园,译. 北京:北京大学出版社,2008:代序.

[②] XU S, CONNELLY F M. Narrative Inquiry for School-Based Research[J]. Narrative Inquiry,2010,20(2):349-370.

[③] CONNELLY F M, CLANDININ D J. Stories of Experience and Narrative Inquiry[J]. Educational Researcher,1990,19(5):2-14.

[④] F. 迈克尔·康纳利,D. 琼·克兰迪宁.教师成为课程研究者——经验叙事[M].刘良华,邝红军,等,译.杭州:浙江教育出版社,2004:序言.

[⑤] DENZIN N K, LINCOLN Y S. Handbook of Qualitative Research [M]. CA:SAGE Publications,2011:421-434.

[⑥] 侯秀云,兰英.加拿大教师专业成长的"叙事探究"方法探析[J].外国教育研究,2017,44(7):47-59.

夏天老师是一名英语老师,也是翠竹学校小学部英语学科组唯一的一名男老师。翠竹学校于 2014 年加入"新基础教育"学校变革研究当中,开启了学校转型性变革之路,而夏天老师在 2012 年 8 月来到翠竹学校并一直工作至今。从时间上来看,夏天老师经历了翠竹学校变革的整个过程。不过,2014 年到 2015 年期间,夏天老师去其他学校帮扶了一年,他帮扶回来后就接替另外一位老师成为英语学科组的科组长,从 2018 年开始正式担任翠竹学校的教学主任。

(三)资料收集与分析方法

夏天老师所在的学校是"新基础教育"研究在深圳市的基地校之一。我曾先后两次进入该校进行过总时长将近两个月的沉浸式田野研究。期间,我对夏天老师进行了多次正式或非正式的访谈,收集了大量关于他的职业成长历程、他对教育教学的理解、他在学校变革中的体悟与感受等方面的资料。不仅如此,我还多次参与了该学校英语学科的"节点研讨活动"(该活动是"新基础教育"研究团队为了推进学校课堂教学变革而采取的一种旨在促进教师改变旧有的、不恰当的、片面的教育教学理念和实践的大中小学合作进行课堂教学研究的重要策略)以及夏天老师的课堂教学,撰写了大量的田野笔记。除此以外,我还有意识地收集了夏天老师的个人反思以及他在会议上或学术期刊上发表的研究论文等资料。

本研究主要采用三种分析工具,即"拓展""深挖"和"讲述与再讲述",来阐述在学校转型性变革背景下夏天老师的职业生存状态。具体来说,我将通过"拓展"这一分析工具将夏天老师置于当前中国教育变革的历史进程之中;接着,我将使用"深挖"这一分析工具来解释夏天老师的经验故事;最后,我将采用"讲述和再讲述"这一分析工具来呈现夏天老师随学校转型性变革进程的推进而发生的职业成长状态上的变化。

(四)研究伦理

本研究开展前,研究人员已将研究目的告知研究参与者,并根据学术伦理规范的要求请研究参与者签署了知情同意书。本研究中涉及的访谈资料和田野资料在使用前均已获得研究参与者的确认,以保证研究资料的真实性。此外,为保护个人隐私,本研究中涉及的教师姓名均为假名。为了保障研究的可信度,撰写完毕本研究报告之后,研究人员特将其发给研究对象本人审阅。在得到理解和分析无误的反馈之前,研究人员未曾向任何公开发行的书刊投稿。

四、研究发现

在这一部分内容中,研究者将通过叙事的方式呈现夏天老师的发展阶段,并以此描绘出夏天老师从职业生涯起始阶段一直到当前的职业成长状态的变化。

(一) 那十年,"我"一直处于"漂泊不定"的职业成长状态

夏天老师自2001年从师范专科学校毕业后,一直在中小学担任英语老师。他先后在五所学校任过职,他的前两所任职学校都是公办学校。夏天老师在第一所学校工作了三年(2001年至2004年),在第二所学校工作了一年(2004年至2005年)。夏天老师离开这两所学校都是因为被解聘。他就职的第三所学校是一所民办学校,他在这里工作了五年(2005年至2010年)。据夏天老师自己说,他在这十年里一直处于"漂泊不定"的状态,其原因与这十年中他一直是一个没有正式编制的临聘教师不无关系。尤其是在前两所学校中,临聘教师的工作经历给夏天老师带来的是"没有尊严"和"没有地位"的消极体验,夏天老师对这种消极体验至今仍记忆犹新。正如夏天老师在访谈中所说的那样:

"……像我们作为一个临聘老师,我们的角色是非常尴尬的,除非你非常有能力,……就是(学校)留你也行,不留你也行……我在那里(前两所公办学校)活得是很没有尊严和地位的。"(2020 - 12 - 31,访谈资料)

从某种意义上来说,"漂泊不定"的状态不仅是夏天老师当时面临的随时可能被解聘的现实处境,也可以用以描述夏天老师那十年的职业成长状态。也就是说,夏天老师在那十年中始终未能在教学职业中找寻到自己清晰的未来发展方向和目标:

"那个时候,对于我自己来说,我个人的人生是很迷茫的,因为我找不到我自己的人生方向和目的,我不知道我该做什么……所以,我当时是边教书,边物色有没有更好的行当,我去找到适合自己的东西。"(2020-12-21,访谈资料)

不仅如此,夏天老师还道出自己在那十年中也未能在专业上获得任何较为显著的成长。当夏天老师谈及职业上缺乏清晰的方向以及专业上没有获得发展的原因时,他略显无奈地说:

"……我从2001年毕业,我也没人指引,也没有人牵引着走,我能有什么方向?"

"因为你没有一个平台,也没有人牵啊,没人指啊,有些东西依靠自己去摸索,你永远都是散点的,看到的东西都是表面的,你看不到背后的东西,都是出于这样的状态的,没有学到东西。"(2020-12-21,访谈资料)

从第二所公办学校离开后,夏天老师在2005年9月进入了一所民办学校。与在前两所学校不同的是,夏天老师在这所学校获得了成长,但却不是专业上的成长,而是沟通能力与技巧上的成长。从对夏天老师的访谈中可以得知,他在民办学校工作的五年中,虽然在与学生、家长沟通方面的能力得到较大的提升,但他自己却仍将这一阶段划归到"漂泊不定"的职业成长状态之中。从这所学校离开不是因为被解聘,而是夏天老师主动辞职的结果。夏天老师用"漂泊不定"来描述自己毕业后十年的工作经历与职业成长状态,除了与没有正式教师编制而总是面临被解聘的潜在风险有关之外,更重要的应当是与其一直没有找寻到清晰的职业发展方向和始终未能得到专业指导和引领继而没有获得显著的专业发展有很大的关系。

（二）2015年9月开始，"我"在专业上步入"稳中求进"的状态

大约是在2011年的时候，夏天老师考上了深圳市光明区的教师编制。成为有正式编制的教师后，夏天老师重回公办学校，但也辗转过几所学校。夏天老师提到一个有意思的现象，他说："2010年我回到公办学校的时候，每次开英语科组会，一个学期我从来不说话，我不敢说话。"当被问及原因时，夏天老师回答："因为我不懂啊，所以第一个学期我啥东西也不敢说。"夏天老师的这一番话确实也印证了他所说的工作的前十年没有在专业上获得多大的成长，否则他不会在长达一学期的科组会上不敢说话。但好在后来，夏天老师终于在专业上有了些许成长，虽然只是"点状"的成长：

> 夏天老师："然后，2010年到2011年，我算是找到了一个'点'（补充田野笔记的记录：夏天老师在画自己的职业成长曲线的时候，在2010年到2011年这个时间段上画了一些点，用以描述自己在这一阶段的成长状态）。"
>
> 研究者："是专业上吗？"
>
> 夏天老师："对的，专业上有所成长，但是成长都是比较点状的东西。"

夏天老师这一时期的专业成长引起了研究者的探索兴趣。研究者认为，其原因可能与教研活动及其方式有关。

> 研究者："我要怎么理解你的这种'点状'的成长呢？"
>
> 夏天老师："一般谁上了研讨课之后呢，会有一个研讨，这种有（研讨）与没有（研讨）对人的促进肯定会不一样嘛。"
>
> 研究者："那么，（评课的人）会提出一些问题或者是建议吗？"
>
> 夏天老师："会的。因为我是一个新老师，（所以）也要上那个研

讨课,教研员也会过来指导,教研员过来指导也会给一些相关的建议,而且非常有针对性和指导性,就是针对你这个教学过程中存在的问题……但不像'新基础教育'那么系统,那么全面,但是从人的成长的角度来讲的话,往往是从点到面的。"

夏天老师认为自己在专业上真正走"上坡路"是从 2015 年开始的。

"就我个人来讲的话,从 2015 年 9 月开始到现在,我是处于一个上坡的状态……(但)也是有波动的。"(夏天老师一边说着,一边在纸上画着一条上升的曲线。2020 - 12 - 21,田野笔记)

2015 年 9 月,夏天老师正式担任翠竹学校英语学科组组长一职,而这个时候是翠竹学校参与"新基础教育"学校转型性变革研究的第二年。作为科组长的夏天老师自然而然需要上"新基础教育"研究的节点研讨课。翠竹学校的不少老师都上过节点研讨课,并且获得了很大的感触。一位英语老师是这样描述节点研讨课的:

"就是没有想到教研是这么的直言不讳,跟我以前想象的那种说一些客套话,就是大家都客客气气的这种氛围是完全不一样的。然后在这种教研(氛围)下,我就感受到了'哇,这个不是玩玩而已的哦',就是很认真、很严肃,而且上得不好,就会有压力的。"(2021 - 6 - 2,访谈资料)

翠竹学校的副校长张女士对节点研讨课的印象是这样的:

研究者:"你能不能用一些词来概括一下现在的这种教研文化?"

张校长:"就是觉得它是很真实的,不会讲一些虚的东西,然后也不会去浪费时间讲一些客套话。"(2021 - 6 - 15,访谈资料)

夏天老师用一个真实的例子向我们讲述"新基础教育"的节点研讨课给他的专业发展带来的影响。夏天老师说他十几年前有一个非常敬仰的女英语老师,但是十几年过去了,夏天老师对这位女老师的看法已经发生改变了。夏天老师说他非常感谢"新基础教育"研究团队的专家,因为现在的他不仅能够在实践层面把握课堂教学,而且能够从理念层面去设计课堂教学的各个环节,但是那位女老师的课堂教学与十几年前相比没有太大的变化。

"……我当时真的是很仰望她的了,但是我现在再去看她的课,我不得不感谢 B 老师('新基础教育'英语学科指导专家)……B 老师她给到我们的是什么东西呢?我觉得她给我们很多思考……就像 B 老师讲的,老师应该要会思考,你会去进行一些创新,因为人的教育工作为什么不同于产品的加工,产品的加工有模式,有标准,但教育没有……"(2021-2-23,访谈资料)

夏天老师的成长还可以从我的观察中得到验证。一则田野笔记可以说明夏天老师经过多轮"新基础教育"研究节点研讨课的磨炼后,将"新基础教育"相关课堂教学理念内化,之后转化为真实的教学实践。

这次的教学主题是 Our Neighbours。夏天老师在导入环节后切换出投影仪上的画面,画面上有一个卡通人物头像和几幅表示建筑物的简笔画。夏天老师一边用手指着投影仪上的画面,一边用全英文向学生解释画面想要表达的内容,他说:"Miss Fang and Peter are talking about neighbours. So, now, if you were Miss Fang, and what do you want to know about Peter's neighbours? You can whisper the question with your partner, ok? Go!"夏天老师在引导学生进行同伴交流的时候,用双手在胸前作交叉动作。然后研究者看见,四大纵组(两列构成一大纵组)内部学生开始两两面对面交流……夏天老师用英文对学生说,是否有同学愿意分享自己想要问 Peter 的问题时,有不少学生举手。夏天老师请了好几个学生进行

回答。在学生说出问题的时候,夏天老师有意识地将学生的问题记录在黑板上。(2020-11-15,田野笔记)

"新基础教育"研究强调教师在课堂教学过程中要注重焕发学生的生命活力,为此要"把课堂还给学生,让课堂充满生命气息"。教师不仅需要把"时间""空间""工具""提问权"和"评议权"还给学生,还要不断捕捉、判断和重组课堂教学过程中从学生处涌现出来的教学资源,从而推进教学过程在具体情境中的动态生成。[①] 无疑,从上述的田野笔记中,我们可以看到"问题下放""过程互动""资源回收"等"新基础教育"课堂教学理念的影子。

具体来说,"问题下放"在夏天老师的课堂教学中体现为:他在呈现画面之后,先是让学生想象假如自己是 Miss Fang,那么自己会向 Peter 了解哪些关于他邻居的信息。这样的教学环节设计能够说明夏天老师在课堂教学过程中很注重通过将问题下放给学生的方式来激发和调动学生的思考。"过程互动"在夏天老师的课堂教学中也有体现,但更为明显的是夏天老师有意识地让学生进行同伴交流,不仅如此,夏天老师也很注重师生之间的互动。比如说,在一个学生给出"Who are Peter's neighbours?"这个问题之后,夏天老师反问学生:"So you want to know Peter's neighbours' names, right?"学生给出肯定的回答。"资源回收"也很明显地在夏天老师的课堂教学中呈现:学生在教学过程中提出的问题作为一种教学资源并没有被夏天老师忽视,而是被他有意识地重组进自己的课堂教学过程中,并且还被书写在黑板上。当然,其他田野笔记中也有很多能够说明夏天老师将"新基础教育"课堂教学理念内化进自己的实践当中的例子,在此不一一赘述。总之,与以前的"因为不懂,所以不敢在科组会上说话"相比,夏天老师现在的课堂教学中相当自然的理念转化为实践的真实表现,恰恰说明了夏天老师在学校转型性变革中所获得的真实成长。

承接前文提及的成长历程的问题,夏天老师反思自己的成长速度不如其他一些教师那么快的主要原因在于:每个人的成长路径是不同的,而每个人

[①] 叶澜.重建课堂教学过程观——"新基础教育"课堂教学改革研究的理论与实践探索之二[J].教育研究,2002(10):24-30,50.

的成长路径不同又与每个人的自身特点有关,如学习特点、能力特点、性格特点等。夏天老师也坦言,虽然自己的成长速度与其他人相比较慢,但他会一直坚持前行的步伐:"到了后面的时候,前面的人到了这个程度就不坚持了,他就不去做了,那我到了这个程度我还坚持继续走,继续走,我还可以走,但是前面的这个人就不走了。我这样的有什么好处呢?虽然我走得很慢,但我走得也比较稳。"

夏天老师对"稳中求进"的成长状态给出了解释,因为他需要比别人更长的时间去领悟和内化一些新理念或理论:

> "每个人的悟性和能力是有差别的……我这种人属于,比如说第一步我要走这么久,然后一直在这里转啊转啊转啊我转不出去,然后突然哪一天我就懂了,我到了这个程度,可能(中间)有些步骤我就直接没了。然后到了这里的时候(指下一个阶段),我又转转转,我又突不破,(我)又需要很长时间。"(2021-6-10,访谈资料)

如前文所述,夏天老师从2015年9月以后,其专业成长整体上是处于上升状态的,但夏天老师的专业成长并非总是显著提升的。夏天老师的专业成长速度与他对新理念领悟和内化的速度和程度有很大的关系。而正是因为他需要长时间对新理念的思考和内化,他才会说"虽然我走得很慢,但我走得也比较稳"。

五、对夏天老师不同阶段职业成长状态的反思性分析

(一)为什么夏天老师的专业成长直到2015年9月才缓缓开始

夏天老师的言语间透露,2010年到2011年间,他在专业上获得了一些"点状"的发展,但他画自己的职业发展曲线的时候却将发展的起始点置于2015年9月。夏天老师工作至今已然有20余年了,但其专业成长却是从近几年才缓缓开始的。这不禁使我感到困惑并激发我探索其中的缘由。

如前文所述,夏天老师所在的翠竹学校是从2014年开始加入"新基础教

育"学校变革研究当中的。从时间上来看,夏天老师的专业成长可能与"新基础教育"学校转型性变革有关。如果是这样的话,夏天老师的专业成长应当比 2015 年 9 月稍早一些。夏天老师解释说:

> "应该是到 2015 年吧,为什么呢? 因为 2014 年到 2015 年(我)是去民办学校帮扶了……所以就我个人来讲的话,我从 2015 年 9 月开始到现在是处于一个上坡状态。"(2020 - 12 - 21,访谈资料)

夏天老师接下来的话证实了他的专业成长确实与"新基础教育"学校转型性变革研究有关。

> "像 2015 年 9 月到 2016 年那一年多,我上了几次'新基础'的课……然后自从那次(2017 年的一次节点研讨课)以后,很多东西我突然之间有了一个顿悟。"(补充说明:研究者从 2019 年 12 月开始进行田野观察,关于 2017 年夏天老师上节点研讨课的田野观察是缺乏的,但研究者认为夏天老师现在的成长亦能够成为此时"顿悟"的证明。)

那么,"新基础教育"研究的节点研讨课为什么能够促进夏天老师的专业成长呢?

"新基础教育"倡导的教学研究方式是:研究团队的指导专家直接提出授课教师课堂教学中存在的问题,并且给出有建设性的修改意见。诚如叶澜老师要求的那样:"研究人员应具有审视课堂教学的能力并诚恳发表自己的意见,尤其要着力于发现'问题',分析教师课堂教学行为背后隐藏的观念,而不是以往评课中常见的那样:多讲优点,少讲问题;具体肯定,抽象否定;客客气气,皆大欢喜。研究人员还应提出建设性的改革意见,使教师感到有启发,有帮助。"[1]在"新基础教育"话语体系中,上述过程被称为"捉虫"和"喔效

---

[1] 叶澜,吴亚萍.改革课堂教学与课堂教学评价改革——"新基础教育"课堂教学改革的理论与实践探索之三[J].教育研究,2003(8):42-49.

应"。所谓"捉虫",就是诊断教学问题;"喔效应"用以表达教师从教学研讨中获得顿悟。① 如此看来,夏天老师在专业发展上"走上坡路"的说法也就很好理解了。基于此,我们来分析其中的缘故。

首先,依据教师专业学习社群理论和实践社群理论,夏天老师 2015 年之前在专业上基本没有获得显著成长的原因在于缺乏与周围环境的交往。具体来说,是外部没有给夏天老师提供交往的机会与平台。2015 年 9 月之后,他的专业成长得益于节点研讨活动中不同主体之间的(包括大学研究者、本校本学科组内的骨干教师、其他兄弟学校的同学科骨干教师等)交互学习。不同主体在共同参与和交流中帮助夏天老师发现其课堂教学中存在的问题并提出可能的解决建议或意见。正是多次的这种交往与互动使得夏天老师的专业成长稳步向前。

其次,科尔布的体验学习圈对于夏天老师的职业成长同样是具有解释力的。体验学习圈构建了包括四个环节的学习过程,即具体体验、反思观察、抽象概括和主动检验。其中,具体体验对应抽象概括,反思观察对应主动检验。科尔布将这样的心理结构称为"理解"和"转换"。② 就夏天老师的经历来看,2015 年之后,夏天老师上了几次"新基础教育"的节点研讨课,在经历了"顿悟"后觉得自己有了螺旋上升、稳中求进的成长状态。节点研讨课即为"新基础教育"给夏天老师带来的具体体验。"新基础教育"节点研讨课与其他教研方式以及夏天老师原有的经历有所区别,因此,可能会引发夏天老师的思考:为什么"新基础教育"的节点研讨课会带来不一样的体验?当夏天老师产生"'新基础教育'给了我什么?"或"我为什么会从中成长?"等问题时,他便进入了反思观察阶段。接下来,夏天老师会形成"节点课中的……促进了我的成长"或"我通过……(具体教学指导经验)逐渐进入了稳中求进的状态"等结论,此时,就进入了抽象概括环节。抽象概括的关键在于体验的事件对夏天老师来说是否有价值,这是学习发生的标志。通过经历、反思完成对事件中

---

① 卜玉华.有效课例研究的基本特征及其认识论原理——兼析中国教学研究特色形成的问题[J].教育学报,2019,15(5):35-44.

② KOLB D A. Experiential Learning: Experience as the Source of Learning and Development [M]. Englewood Cliffs, NJ: Prentice-Hall, 1984:41,27,23,24,42.

体验的抽象概括之后,夏天老师将在"新基础教育"节点研讨课中获得的抽象经验进行类比。这样,在日后遇到相似的教学情境时,他便会采取措施主动改进教学,这就是主动检验。当夏天老师在新的环境中进行主动检验时,便产生了新的认识,那么新的一轮体验学习循环便开始了。正是这样的反思实践学习过程,使得夏天老师有了"稳中求进"的成长感受。

体验学习理论也告诉我们:对于学习来说,只有经验是不够的,如果学习者缺乏对经验的反思,则经验很快就会被遗忘或者丧失其潜在的学习支持力。同样地,如果我们的目的是通过学习来改变行为,那么仅仅学习新概念和发展新概念也是不充分的,学习者必须通过计划行动、实施行动以及反思,将理论和行动联系起来,从而在理论与行动之间建立联系。教师的转变只有当新观念体系能转化为其新行为方式时,才可能真实地发生。[①] 然而,对于夏天老师来说,问题恰恰就出在理论与实践之间时常发生阶段性地不能建立起清晰的联系,因此,才总是会出现"原地打转"的无奈现象。夏天老师在变革前期学习了大量的"新基础教育"相关理念,但在很长一段时间内,他无法将这些理念内化并转化为真实的教育教学实践,正如他说:

"像2015年9月,甚至是差不多整整一年的时间里,我对'新基础教育'的东西也不是很理解,(就是)理解不透,也理解不了。"
(2020-12-31,访谈资料)

正如体验学习理论强调的,学习需要经由反思和内化才能真正发生。那么,当夏天老师在变革初期甚至都无法理解"新基础教育"的相关理念时,他又如何能够迅速且富有成效地将这些理念化为自己真实的教育教学实践呢?

夏天老师略有遗憾地向研究者坦言,他从2018年起,专业上开始出现停滞不前的问题。原因是,夏天老师从这时起开始担任教学研究中心主任一职。这需要花费大量的时间和精力来应对、处理众多的事务性工作,占据了夏天老师很多自我学习和反思的时间与精力。并且,自从他担任教学主任一

---

① 叶澜.变革中生成:叶澜教育报告集[M].北京:中国人民大学出版社,2019:103.

职后,他也很少参与上节点研讨课了。虽然他会参与每次节点研讨课的听评课活动,但总归不再是针对他自己的课堂教学问题进行多主体参与的教学研讨。

通过深入探究,我们可以发现,夏天老师在2015年9月之后在专业上获得了真正的成长,与"新基础教育"所倡导的"前移后续"式教研是密不可分的。接下来,研究者将继续探究夏天老师的专业成长及其职业成长状态与"前移后续"式教研之间的内在联系。

(二) 为什么"前移后续"式教研能够促进夏天老师的专业成长

"新基础教育"的课堂教学变革在促进夏天老师专业成长的过程中发挥了重要的作用。"新基础教育"主要是通过节点研讨课的形式对教师的教育教学理念和实践进行诊断和指导。然而,需要指出的是,"新基础教育"的节点研讨课是通过变革以往的教研方式来改变教师以往所秉持的不恰当的教育教学理念与实践的。"新基础教育"的节点研讨课更加强调具备不同经验的多主体参与,真正地基于课堂教学,围绕课堂教学中的问题进行分析,提出可能的改进策略,以引导教师发现自我、反思自我和重塑自我。"新基础教育"研究所倡导的教研方式是"前移后续"式教研。"前移后续"式教研注重公开研讨课之前的集体备课与试教、之后的评课研讨以及反思重建。①

"新基础教育"倡导需要变革的不是领域本身,而是怎样去重新认识这些领域内每天所要进行的工作的意义与性质,怎样用新的观点去重新发现学生和重新设计工作。其实就是一种观念更新后的重新认识,一种重新认识指导下的行为更新,因行为更新带来的更新体验又加深了重新认识。从形式上来看,"前移后续"式教研包含三个阶段,即前期集体备课阶段、节点研讨阶段(包括上课、说课、评课),以及节点研讨之后的反思与重建阶段。从某种意义上来说,"前移后续"式教研体现了科尔布的体验学习圈理论中学习所要经历的几大环节。也就是说,此种教研方式本身的科学性有了理论依据。或者也

---

① 漆涛."前移后续式教研"与传统教研的有效性比较[J].教育科学论坛,2016(22):12-14.

可以说,"前移后续"式教研本身体现了完整的学习阶段。教师若是能够积极投入每个阶段,在每个阶段都进行切实思考,那么终究能够在教育观念和行为这些较为根本性的方面发生变化,并带来学生的解放和发展,逐渐更新教学和班级工作的面貌。

六、反思与总结

研究者发现,无论是 2015 年 9 月前夏天老师所提及的"点状"发展,抑或是之后其"稳中求进"的职业成长状态,其实都与教研指导方式有很大的关系。夏天老师谈及"点状"发展阶段时,认为那时候的教研员的指导是比较有针对性的,但夏天老师却说这样的指导不及"新基础教育"所倡导的"前移后续"式教研,因为"前移后续"式教研更具系统性和全面性。可尽管如此,后期,夏天老师的专业发展却还是出现了停滞不前的现象,其主要原因在于夏天老师的职业角色更丰富了:既是英语学科的老师,也是教学主任。多重角色的相互"牵制",使得夏天老师再次面临专业成长方面的困境。这在一定程度上反映出"分布式领导"框架存在教师领导者在应对学校转型性变革中的复杂的工作角色与个人发展之间矛盾方面的解释力不足的问题。即便有研究者指出"分布式领导与教师领导力的契合,绝非在书斋案头苦思冥想、推理构建的产物,而是适应需求、理念重塑注入的'新酒',是在学校领导实践中成功解决矛盾后的必然结果"[1],我们也需要认识到"分布式理论的建设并不完善"[2]。有鉴于此,反思与总结不能忽视这一个方面的问题。

第一,"前移后续"式教研不仅在于有针对性地提出教师教学过程中的问题,给出相关意见或建议,还帮助教师逐渐形成诊断教学问题的能力,分析问题背后隐藏的教育教学观念,继而改变以往不恰当的教育观念与实践。教育是一项需要不断探索和创造的事业,需要教师不断在观念与行为相结合的水

---

[1] 蒋园园.教师领导力的生长逻辑与实践定位——北京市中小学经验与分布式领导整合研究的视角[J].教育科学研究,2020(10):41-46.

[2] 周格,李浥尘.分布式领导理论的困境[J].外国教育研究,2021,48(4):45-60.

平上发生转变。[①] 然而,在实际的教育教学情境中,有不少教师并不具备上述能力。教师唯有自身具备了诊断自我和他人教学问题的能力,能够分析教师教学行为背后隐藏的教育教学观念,才会有不断创新课堂教学的基础。否则,就可能出现周而复始地践行以往不恰当的教育教学理念与实践而不自知的现象。"新基础教育"研究正是看到了理论与实践在个体教师身上相结合对于推动变革的重要性,才尤其重视通过定期听课和评课的方式,使"新基础教育"的理念与教师日常的教育行为产生"碰撞",来促进教师在观念和行为双重意义上的转变。

第二,"前移后续"式教研不仅关注教师的思考,还注重帮助教师形成新的教育眼光和思维方式。正如科尔布的体验学习圈理论所呈现的那样,体验式学习最重要的意义在于,为学习者提供主动的学习经验。与过去不一样的是,现在的儿童不得不生活在不确定的环境中,他们必须对他们的生活作出积极的选择,这意味着教育学的使命就是从教育的意义上投入儿童工作,赋予孩子们权力,使他们积极塑造和改变自己生活中的各种偶然性。[②] 马克斯·范梅南的这一观点对我们理解学校变革的本质具有一定的启发意义。学校变革归根到底是为了能够培养出符合时代精神的人。无论是帮助教师诊断他们课堂教学中的问题,还是使教师在理论与实践相结合的意义上实现转型,其实都是为了使培养出来的理想新人能够以不同以往的思维方式应对包含诸多复杂性与不确定性的挑战。为此,教师势必应当树立新的教育眼光,形成新的思维方式。如果说,传统教学观认为一节好课的标准在于短时间内向学生输送更多的知识,那么"新基础教育"好课的标准则在于能够激发每一个学生的生命活力以及挖掘学科教学的育人价值。而"新基础教育"研究所采取的"前移后续"式教研在指导的过程中尤其注重使教师明白应当在什么意义上追求好的教学。这就是帮助教师形成新的教育眼光和思维方式。

第三,"分布式领导"的确契合近年来所提出的教育治理能力现代化、领

[①] 叶澜.在学校改革实践中造就新型教师——《面向21世纪新基础教育探索性研究》提供的启示与经验[J].中国教育学刊,2000(4):58-62.
[②] 马克斯·范梅南.教学机智——教育智慧的意蕴[M].李树英,译.北京:教育科学出版社,2014:3.

导力共同体等。但是,从夏天老师的职业成长经历来看,在担任教学主任之后,他的专业发展开始出现停滞不前的问题。从"分布式领导"视角来分析,夏天老师确实分享了学校管理权力,但这对其专业发展并没有产生多么显著的促进意义,反而还使夏天老师觉得有些无奈:"一做这个工作(教学主任)的话,我专业上又停滞不前了。"如此看来,想要真正促进教师的专业成长,管理权力上的"重心下移"是有必要的,因为这可以激发和聚合教师的智慧,但仅仅只是下放权力,而不关注教师自身的发展需求以及教师的心声,是无益于真正促进教师的成长的。

由内向外,破"壳"而生

——小学语文教研组的建设之路*

张向众**　　唐永玲***

在学校日常变革与发展进程中,教师个体的成长如何与教研组的团队发展相融合,使学校整体呈现出创造、生成和内在发展的活力,是当前学校发展中值得探究的问题。案例中的C小学通过与高校合作,不遗余力地投入人力、物力做教学研究,一批骨干教师在此过程中成长起来。为了加强骨干教师的辐射引领作用,在高校专家Z老师的介入式指导下,T老师带领所在教研组坚持日常课堂变革,从教研组功能定位、活动开展、组织、制度、文化建设等多方面入手,逐渐打造了一个研究型的有内生力的教研团队。本文基于学校变革内生力视角,通过案例讨论,具体分析教研组建设经历中的关键事件,概括教师个体生命自觉与团队主动发展的交互作用,共同推进教研组自主发展的核心特征及影响因素,反思每一阶段的问题,为下一阶段发展奠定基础。

国家要基本实现教育现代化,创新人才培养模式,落实立德树人根本任务,关键在于学校变革及教师发展。学校要通过日常变革实践研究,真正转型为现代学校。2020年9月,教育部等八部门发布《关于进一步激发中小学

---

* 本文为国家社会科学基金教育学一般课题"教育评价的实践思维转向研究"(BAA180018)的研究成果。

** 作者简介:张向众,教育学博士,云南师范大学教育学部教授,主要从事教育基本理论、教育评价研究。

*** 作者简介:唐永玲,昆明市官渡区萃智海伦学校副校长,主要从事小学语文教学、教育管理研究。

办学活力的若干意见》,指出:要充分发挥教师课堂教学改革主体作用,鼓励教师大胆创新,改进教育教学方法,开展丰富多彩的教育教学活动,积极探索符合学科特点、时代要求和学生成长规律的教育模式。提升教师整体素质,激发学校内在活力成为当代学校变革的时代课题。

2019年,中共中央、国务院《关于深化教育教学改革全面提高义务教育质量的意见》提出,要发挥教研支撑作用,加强和改进新时代教研工作。同年,教育部出台了《关于加强和改进新时代基础教育教研工作的意见》,明确了要强化校本教研,同时要创新教研工作方式。这表明校本教研在教师发展中发挥着作用,并与教师日常教育实践变革结合起来,要从教育教学中发现问题、研究问题、解决问题。2020年,中共中央办公厅、国务院办公厅印发《关于减轻中小学教师负担进一步营造教育教学良好环境的若干意见》,其中提到针对教师的专业培训,要结合教师工作和生活实际,优化内容、改进形式、合理开展,注重采取多种方式做好对教师的教研指导。当前,大中小学合作研究逐渐形成一种新趋势,主要通过U-S、U-G-S等模式在学校变革、教师发展、课题研究等方面开展合作研究,由此促生并增强学校变革与发展的内生力。但是,总体而言,我国中小学校在正规管理系统内的生存环境是较逼仄和繁杂的。就学校内的运行状态看,当前学校管理重心太高,导致价值浅表化,见事不见人,目标太浅,思维简单化。[①] 这些问题可谓学校变革必须破除的种种坚硬之"壳"。

鉴于此,中小学校要想激活自身变革与发展的内生力,就必须思考:如何既成学校变革之"事",又成教师发展之"人"?学校实现"成事成人"目标,意味着通过转型性变革实践,既要建设成为价值提升、重心下移、结构开放、过程互动、动力内化的现代新型学校,又要基于"教师立场",培养出一支具有生命自觉意识、善于学习、引领变革、主动策划、富有活力的团队。

扎实、日常化的校本教研是帮助教师改进教学方式,提高教书育人能力,提升自我发展动力的有效途径之一。缺少教育学视角的全面的、人道的观

[①] 叶澜,张向众."新基础教育"研究手册[M].福州:福建教育出版社,2015:117.

照,不考虑教师的社会生境和职业生境、社会生存方式和职业生存方式而孤立强调专业化发展,可以预料的结果就是以专业形式的方式实现新型教书匠的速成,这与"旧匠"之间并无本质区别。① 教研组是教师在学校教育教学工作中最基本的、具有专业协作功能的组织,可以促使教师在教学研究的过程中加速理念转化、能力提高、行为改进。学校教研组织更新重在将团队发展和个人发展的决策权还给各层次、各学科领域的团队责任人和教师个人;重在提升组织与个体的主动发展的需求和能力,让每个教师成为学校和自我发展的主人;重在多渠道实行不同层次的沟通,相互激活,补充支持,使学校整体呈现出创造、生成和内在发展的活力。通过重建教研组织,将发展的动力由外在内化到组织内部和个体内部,是组织更新的内涵追求。而教研方式的有效变革,可以提升教师在教学活动中的专业合作和经验分享,无疑是教师发展的有效途径,它避免了教师由于自发的教育行为而带来的盲目性。无论哪一种教育教学模式,学校教研组建设都不能局限在教学常规管理上,都不能停留在听课、说课、评课等教研活动的层次,不能局限在少数优秀教师"作秀"、广大教师观摩的活动形式上,不能停留在单纯为了教学质量而教研的目的上。总之,教师从"知性自卑"到"知性自立",拥有自我发展的需要与潜力,从"被动应对"到"自我更新",在教育实践中达到主动发展的、生动的、具体的、真实的人的水平,②是我们的目标。

  本案例中的K市C小学③成立于2014年,学校教师普遍年轻,教研水平、教研能力明显不足。建校初,学校教研组建设与教研活动仅仅以传统管理和行政模式运作,教研组毫无凝聚力与活力。2016年,高校Z老师④到校听课指导,建立了大学与小学合作研究的路径。以此为契机,T老师⑤积极进行课堂教学实践。随后,T老师担任C小学语文教研大组长、教学副校长。

---

  ① 吴黛舒."新基础教育"教师发展指导纲要[M].桂林:广西师范大学出版社,2009:22.
  ② 同上:23.
  ③ 该校创建于2014年,校名为"昆明市官渡区中华小学海伦国际学校";2017年,与华东师范大学"生命·实践"教育学研究院签约成为"新基础教育"研究实验学校;2022年,学校更名为"昆明市官渡区萃智海伦学校"。
  ④ 本文作者张向众,下文简称Z老师。
  ⑤ 本文作者唐永玲,下文简称T老师。

T老师结合学校变革需求,依托自身课堂教学变革的经验总结,带领C小学语文教研组在高校专家指导下,创造新的教研环境,营造新的教研文化,打造了一批年轻、专业功底扎实、教学研究能力过硬的骨干教师。其教研组建设取得了显著成果,在所在地区教育局组织的先进教研组评比中多次荣获"先进教研组"称号,具有代表性。

一、破"被动"之"壳":变上传下达为主动策划

在学校发展初期,各层级的教研主要有两项内容,一是教研组长接受学校教学部门的工作安排后给组内教师"划重点",直接告诉组内教师每节课如何把握教学重点,每周的教研工作内容有哪些;二是学科责任人组织全校老师集中听研讨课,各组老师轮流来上。教研组长并没有主动带领组内老师成长的意识,组内老师更没有意识到自己为什么上研讨课,只是等着领导布置任务然后被动地完成,更有甚者,主动边缘化,找各种借口不参与研讨。虽然逐渐有个别教师成长起来,但多数教师成长极慢,缺乏教研的内在需求和创造力。"研究被动化"是这一阶段教研组建设的最大"心病"。

> 当时,学校教师的语文课普遍是机械化地把知识讲给学生听。教师课堂教学的设计、互动等能力几乎没有得到提升,更没有日常化的教研活动,教师缺乏教研能力。然而,我们去兄弟学校听课,明显感觉到他们学生的状态不一样,教师的评课水平也高出我们许多。他们正在高校Z老师的带领下进行课堂教学变革实践。因此,我们校区开始谋求一条和高校专家的合作研究之路,实现真正的课堂教学变革。(选自T老师的工作札记)

2016年3月,高校Z老师终于进入我们学校,T老师抓住机会,承担研讨课,主动寻求改变自己课堂教学的"满堂灌"现象。虽然初次尝试并不成功,但有了打破"被动"之"壳"的意识。这是学校教研组发展、学校整体转型

的重要一步。

  有了高校专家 Z 老师的引领、学校领导的帮助,我开始变得自信,主动研究课堂,分析学生,承担了多次研究课。学生的状态在悄然变化,我很欣喜,但研究之路若有同伴协作,不是更快乐、更容易吗?于是,我极力说服同年级的另外两名教师跟我一起研讨。每周,我们三个抽出固定时间学习理论,然后三个人分别执教,在彼此的基础上不断优化。这一举措大大提高了我们的理论转化能力,课堂教学较之以前轻松了不少。我不由得想,如果能把这种研究的方式推广开,让更多的老师像我们这样教研,学生在校的生命状态就不一样了。所以,我开始把我的想法在我所在的教研组提出来。
(选自 T 老师的工作札记)

经过一段时间的实践,主动寻求变革的个别教师,其课堂教学与其他教师的课堂教学形成鲜明的对比,所带班级的孩子思维水平远远超过同年级其他孩子,这给很多老师带来了触动。随之,学校对其进行晋升认可。半学期后,T 老师成为了 C 小学二年级教研组的教研组长。有了将近一年的课堂教学变革经验、Z 老师多次的指导,T 老师开始带领教研组主动策划教研活动,教研组计划、教研内容等都不再是空洞的口号,而是详细地计划了组内教研活动的主题、方式以及课堂实施、重建的具体人员等。

然而,在研究实践层面,组内其他老师依然是被动的。T 老师针对不同的教师选取了不同的策略:给有意愿变革但能力欠缺的老师提供机会,每周承担一节组内研讨课;给变革意愿不强但是教学能力突出的老师压担子,每次研讨课来评课并重建。学期末集中评价,只要班级学生及教师自身较之前有所变化都给予评优评先。

在要求与评价的双重措施下,一学期的实践后,组内三名不到两年教龄的教师课堂有了很大变化,组内教师都期待自己班级学生主动自觉,于是几乎都愿意主动在自己的课堂上实践。组内研讨的质量提升了,研讨质量的标准也逐渐清晰。从年级层面说,全组人员集体备课,参与听评课,评课中每个人都发言,从目标的清晰程度、大问题的设计、教学活动的推进几个层面来谈,其实也就是要求执教老师务必思考清楚从设计到实施的每个环节。而变化较大的三位老师就在重建思路上给予具体的建议,帮助执教老师再次做五大分析与教学设计①。教研组的功能由上传下达逐渐向主动策划、追求自我发展转变,教研组的"被动"之"壳"开始打破。

作为二年级教研小组长,我结合《"新基础教育"语文教学改革指导纲要》一书中提出的理念——"'新基础教育'语文教学改革十分强调对语文学科内容整体性的重组与加工,主要方式是将语文知识按结构关系进行重组",将日常研究按照教材划分主题,确定了每月的研究主题,结合研究主题确定了研讨课课题。相当于每位老师读完该部分理论,即开始到课堂中实践。表1呈现了二年级某一学期教研活动的主题与理论学习计划。

表1 学期教研活动主题与理论学习计划表

年级	三 月	四 月	五 月	六 月
二年级	语文教材分析＋二年级语文教学特点梳理	识字教学＋集体备课	童话课文教学＋集体备课	复习研讨＋集体备课＋学期总结
	组织组内教师对教材进行完整的分析,制订详细的教学计划。学习语文指导纲要,了解二年级语文教学的特点,在一年级基础上有所深入。	在前一个月的基础上,组织组内教师继续学习理论知识,认真研读语文教学指导纲要。组织组内集体备课,进行识字类结构教学。	本学期将进行童话类文章教学初探。需要教师在认真学习理论的基础上,通过听课、评课了解童话类结构教学。组织组内集体备课、探讨,掌握二年级童话教学的要求。	集体备课,开展复习研讨课。制作期末小试卷,组织模拟考试。对本学期的几次教研活动进行总结,组织教师写写自己的心得体会。

---

① "五大分析",即教材分析、实践分析、课标分析、学生学习困难和障碍分析、育人价值分析。多年来,云南师范大学教育学部张向众教授与昆明萃智教育集团三所学校教师共同合作,在教学改革研究与实践中,结合"新基础教育"研究形成了结构化的整体性教学设计框架。

在学期教研活动主题与理论学习计划框架下,教研组确定了研讨课题,将理论学习与课堂教学实践结合起来,组织了针对识字教学和童话教学相关的理论学习。教研组教师明确了本学期聚焦这两类课型开展研讨课,由组内较主动的教师承担初建及重建。表2呈现了相应的学期教研活动研究课计划。

表2 学期教研活动的研究课计划表

教师	班级	研讨课题	研讨时间	重建人	重建时间
W老师	二(1)班	《狐假虎威》	3月21日	T老师	3月23日
T老师	二(5)班	《识字6》	4月19日	X老师	4月21日
W老师	二(1)班	《鸟岛》	5月16日	Y老师	5月18日
X老师	二(4)班	《欢乐的泼水节》	6月6日	Z老师	6月8日
T老师	二(5)班	童话故事复习课	6月20日	X老师	6月21日

(选自T老师的工作札记)

教研"被动"之"壳"首先在二年级语文教研组悄然打破,整个小组发生了很大变化:组内教师间关系融洽,合作顺畅,学习欲望和学习能力增强,自我改变意愿强烈,一种和谐、积极、进取的教研氛围逐步形成;教师的课堂教学能力有了很大提升;学生学习变得更轻松但成绩更好了,思维更活跃了,因而教师的积极性也变高了。

当然,当时主动求发展的教师只是少部分,大部分教师依然觉得学校的教研任务太重,教研活动过于密集,不愿意参加。有时,校级教研活动甚至只有一半老师参加,许多教师不愿意主动承担教研任务,整个学科组的"被动"之"壳"依然坚硬。然而,不可否认的是,二年级语文教研组的角色定位及功能转变为整个语文教研组破"被动"之"壳"奠定了坚实的基础。

很多教师很被动,这一问题一度让我感到迷茫。我坦白告诉

Z老师目前学校教师的现状。Z老师亲切地说:"你有没有分析为什么有这个问题呢?老师不愿意做是因为不会做还是什么原因?希望你们能主动思考,找到解决策略。"一语点醒梦中人:是啊,老师不主动的根源是什么?找到原因才能对症下药啊!我首先进行了问题分析,我认为原因有三:一是教师理论学习不够,所以五大分析能力不足,教师对教材的解读浅显,对学生困难与障碍的分析不实在,对学科育人的价值挖掘不充分,缺乏系统理论知识,没有结构意识,因此,只能停留在接受任务之后做事;二是教研小组长读懂课堂的能力不足,教学经验、管理经验不足,指导和引领教学的能力不足,因此领导力不足;三是骨干教师提出建议和课堂重建的能力不足,因此很多教师没有参照系,没有标杆,不愿意参加教研活动……基于以上问题,打造标杆,让老师们找到可以学习、模仿的对象很关键。学校在全校范围内,结合学段、教师个人素养等物色了几名老师,集中承担研讨课,打造全校教师模仿的对象。

表3呈现了对六名骨干教师各项能力的分析。

表3 骨干教师分析表

教师	年级	教学设计能力	课堂实施能力	反思重建能力	指导能力
T老师	四年级	目标清晰,大问题明确,对应的教学活动有效,但是文本解读不深入。	收放自如,资源回应能力不足。	能听懂专家建议,并吸收转化,形成重建。	读懂课堂的能力较强,能从设计到实施给其他教师提出有效建议。
F老师	五年级	教材分析能力与育人价值分析能力不足,擅长做课标分析,教学设计思路清晰。	能做到全程开放,资源处理能力弱。	基本能听懂专家建议,并吸收转化,形成重建。	指导能力较弱,需要磨练。

续 表

教师	年级	教学设计能力	课堂实施能力	反思重建能力	指导能力
Y老师	五年级	擅长做教材分析、实践分析、课标分析、学生学习困难和障碍分析、育人价值分析能力较弱。	开放不够稳定，只能做到有些环节开放，而有些环节不开放。	反思能力需要加强。	有一定的指导能力，能给教师一些基本的备课思路。
T老师	三年级	教材分析能力与育人价值分析能力不足，擅长做课标分析，教学设计思路清晰。	课堂开放，资源意识强，课堂节奏比较好。	善于对照别人的课堂进行反思，重建能力较强。	指导能力不够，没有形成系统，只能就点而言。
W老师	四年级	教材分析能力与育人价值分析能力不足，擅长做课标分析，教学设计思路清晰。	课堂开放，但推进的思路不够清晰，收放不自然。	内化专家建议的能力需要加强。	指导能力不够，没有形成系统，只能就点而言。
D老师	五年级	擅长教材分析、学生学习困难和障碍分析，育人价值分析能力不足。	收放自如，课堂节奏感好。	反思重建能力强，在上完课后能结合专家建议较好地重建。	指导能力强，能从设计到实施给予其他教师有效的指导。

（选自T老师的工作札记）

至此，学校组织了多次以几位先行骨干教师为主角的教研活动，他们就教材分析、实践分析、课标分析、学生学习困难和障碍分析、育人价值分析、课堂开放点、课堂问题设计、课堂互动等方面逐一分享。全校教师记录并在班级实践。学校沿用之前二年级教研组的经验，不断给教师压担子、搭台子，细致地分工，使人人有事做。

通过多次沙龙活动、分享交流、研讨课等，学校逐渐打造出几名骨干教师。他们的课堂教学与其他教师的课堂教学形成鲜明对比。每次研讨课，师生的表现都能收获听课教师的阵阵惊呼，其他教师也想要有这样的学生，因此他们开始主动想办法培养学生，同时，学生一点一滴的进步激励着教师再探索。随之，学校对教师的评价奖励进行了一系列倾斜，这不仅让先行骨干尝到了"甜头"，更让很多教师看了"眼红"。课堂教学研究越来越受到教师的重视，想上好课成了教师教学研究的重要目标，教研组存在的意义不再是上传下达的工具，而是真实促进师生共长的媒介。每一次研讨活动都不再有人缺席，甚至有多个小教研组争相承担研讨任务，既想展示课堂变化的成果又想找到新的生长点。"被动"之"壳"由一个小组打破到整个教研组打破，由几个先行骨干打破到一个群体打破。

二、破"形式"之"壳"：变散点教研为专题研讨

全校教师愿意主动参与教研活动，也愿意主动承担教研任务，但教研活动依然存在问题——只是为了研讨而研讨。哪些课题名师上得多，或者比较好上，又或者课赛需要，就来研讨这些课，没有真正从师生成长需求、学科育人价值等角度去研究，教研活动常常流于形式，因此，教研组整体教研水平并未明显提升。怎样才能让教研真正落到实处，充分发挥教研组的作用？这个问题亟待解决。为此，我们采取了以下措施。

（一）进行系列化的理论学习

教研活动的形式化问题归根结底出在教师自身。因此，每个教研小组长对组内教师的理论学习做了规划，由整个学科组负责人统筹，分为寒暑假学习和日常学习。每次教研活动中，教师将前一阶段的理论学习成果进行交流展示，可以是研讨课的形式，也可以是分享读书报告的形式。简言之，教研活动不再停留于对一节课的研究，而是结合理论学习的实践。同时，教师以研讨课和读书报告的形式进行反馈，确保理论学习落到实处。表4呈现了其中一学期的理论学习计划。

有了理论学习的具体安排，C小学的语文教师遵循《"新基础教育"研究手册》《"新基础教育"语文教学改革指导纲要》等理论书籍的指导，结合Z老

表 4　学期理论学习计划表

时间	三 月		四 月		五 月		六 月	
板块	学习内容	反馈方式	学习内容	反馈方式	学习内容	反馈方式	学习内容	反馈方式
一年级	《"新基础教育"语文教学改革指导纲要》中的识字教学部分	研讨课	《"新基础教育"研究手册》中的教学设计与过程部分	读书沙龙	《"新基础教育"研究手册》中基于"有向开放"的预设与生成部分	研讨课	《"新基础教育"研究手册》中的反思与重建部分	形成教研成果
二年级	单元五大分析＋学习《"新基础教育"语文教学改革指导纲要》第二章第三部分《语文课堂教学中价值观的具体综合》	组内分享	《"新基础教育"语文教学改革指导纲要》第三章《"新基础教育"语文教学的过程机制》	研讨课	《"新基础教育"研究手册》第四章第三部分《教学设计、过程与反思重建》中实施过程、反思重建的相关内容	研讨课	《"新基础教育"研究手册》第四章第一部分"教学方法论"的基本内涵与核心构成	沙龙活动
三年级	《"新基础教育"研究手册》中的课堂教学评价标准表	读书沙龙	《"新基础教育"语文教学改革指导纲要》语文教学改革的价值理念结构	读书沙龙	《"新基础教育"语文教学改革指导纲要》语文教学过程机制	研讨课	《"新基础教育"语文教学改革指导纲要》语文教学改革方法论转化	研讨课
四年级	《"新基础教育"语文教学改革指导纲要》四年级阶段教学整体结构部分	读书沙龙	《"新基础教育"语文教学改革指导纲要》语文教学改革的价值理念结构	心得交流	《中小学生语文能力培养与实践》课堂实践部分	读书沙龙	期末总结与反馈	研讨课
五年级	抒情类散文教学指导	研讨课	说明文教学指导	研讨课	记叙文阅读指导	研讨课	古诗教学指导	研讨课

续表

时间	三月		四月		五月		六月	
板块	学习内容	反馈方式	学习内容	反馈方式	学习内容	反馈方式	学习内容	反馈方式
六年级	《"新基础教育"语文教学改革指导纲要》第一章当代中国社会转型中的儿童发展问题（六年级学生分析）	组内集中学习	《"新基础教育"研究手册》第二章中的第二部分《准备：形成愿景，组建队伍》	沙龙活动	《"新基础教育"研究手册》第四章中的第三部分《教学设计、过程与反思重建》	沙龙活动	《"新基础教育"语文教学改革指导纲要》第六章《"新基础教育"初中阶段教学整体结构》（六年级部分）	沙龙活动

师的指导，以调动学生的积极性，培养学生主动自觉发展为出发点，以实现师生共长为目标，加强理论学习，反复实践，充分发挥专家Z老师的桥梁纽带和专业引领作用，规范备课过程，利用教研组教研学会解读教材、课标和分析学情，在此基础上学会设计具体可操作的教学目标。教研组以集体备课的方式，帮助教师学会围绕教学目标设计大问题并与学生实际相结合，实现个性化的教学设计。研讨活动的内容更聚焦了，以专题的形式推进。例如：如何进行单元教学设计？如何确立教学目标及大问题？如何进行学生分析？怎样挖掘教材的育人价值？如何设计与实践常规性积累活动？如何使用课堂记录单？等。

（二）进行常态化的日常教研

教研活动不再是只有每月一次的校级教研，而是下移到小组内，每个小组每周进行集中研讨，每次研讨有专题，明确研究任务和方向，明确时间、地点、人员，并做好记录，上传学校工作群以便不同学段进行互动。通过每个小教研组的"日教研""周教研"，整个语文组的"月教研"，教研活动实现了常态化。

(三) 进行课型研究

两年多的课堂教学研究仍然缺乏实践成果,其原因在于研究的散点式、形式化。因此,结合学校的三年发展规划,语文学科建设与支持组内教师成长应该成为语文组的重点工作,散点式、形式化的教研必须转向基于师生成长需求的教研。

1. 确立课型,研究聚焦

我深刻认识到,目前研究很投入但缺乏成果的原因在于研究不深入。越具体才会越深入,才有可能形成我们的成果。因此,每个教研组都要围绕一类课型,制订出贯穿整学期的系列教研活动计划,保证经过一个学期的组内研讨,能在期末推出一节相应课型的优质课。结合理论指导与骨干指导落实常态化的教研活动,关注每位教师的成长,才能真正实现组内教师全员成长。通过不断改进,研讨课更加聚焦,如表5所示。

表5　课型研究计划表

教　师	班　级	研讨课题	研讨时间	重建人	课型
T老师	四(5)班	《秋天》	9月11日	X老师	散文
Y老师	四(1)班	《九寨沟》	10月9日	Z老师	
W老师	四(2)班	《桂花雨》	11月13日	Z老师	
T老师	四(5)班	《珍珠鸟》	12月11日	Y老师	

(选自T老师的工作札记)

2. 聚焦课型,研究深入

2018年,高校专家对学校课型的指导,帮助C小学把课型研究落实得更具体,确立了"单元类结构"以及"词串教学"两个课型研究方向。2018年底,学校支持成立了课型研究工作室,有效推动了学校日常研究,同时加速了语文教研组的建设步伐。

在近四年的"新基础教育"实践中,学校培养出了一批骨干教师,他们努力学习"新基础教育"理论,构建"新基础教育"教学教研体系;他们以单元意识、整体意识、目标意识认真备课;他们勇于进行"新基础教育"课堂实践,在课堂中下移重心,尝试实现有向开放—交互反馈—聚集生成;他们深刻反思重建,不断在课堂实践中优化资源、螺旋上升。由此,骨干教师分散到两个工作室,分别由T老师和D老师负责,集中骨干的智慧,形成研究合力,抓住专家到校的机会呈现研讨课,力争在课型研究方面有所突破。表6和表7呈现了课型研究实践的大致面貌。

表6 "词串教学"课型研究实践

时间	主题	主持人	执教教师	参与研讨成员
2019年3月9日	初探词串在散文教学中的运用——以《爱如茉莉》为例	T老师	D老师	高校专家L教授、Z教授、学校校长、语文教师
2019年5月15日	词串在叙事散文教学中的贯穿运用——以《昙花》为例	T老师	T老师	高校专家L教授、Z教授、学校校长、语文教师
2019年10月30日	初探词串在单元类结构阅读策略之批注策略中的运用——以《牛和鹅》为例	T老师	C老师	高校专家L教授、Z教授、学校校长、语文教师
2019年10月30日	初探词串在科学小品文中的运用——以《只有一个地球》为例	T老师	F老师	高校专家L教授、Z教授、学校校长、语文教师
2020年1月5日	学科沙龙:"词串教学——读写一体化的桥梁"	T老师	D老师	全体语文教师
2020年5月28日	词串在状物类散文中的运用研究——以《猫》《母鸡》为例	T老师	C老师	全体语文教师

续 表

时间	主 题	主持人	执教教师	参与研讨成员
2020年6月15日	初探词串在议论文教学中的运用——以《真理诞生于一百个问号之后》为例	T老师	Y老师	高校专家L教授、Z教授、学校校长、语文教师
2020年7月2日	词串在童话教学中的运用研究——以《蜘蛛开店》为例	T老师	Y老师	全体语文教师
2020年7月14日	学科沙龙:"词串教学——新突破"	T老师	D老师	全体语文教师

表7 "单元类结构"课型研究实践

时间	主 题	主持人	执教教师	参与研讨成员
2019年3月9日	单元类结构教学研讨:"记叙文单元导读课"	T老师	T老师	高校专家L教授、Z教授、学校校长、语文教师
2019年5月15日	单元类结构教学研讨:"人物类单元推进课"——以《爱因斯坦和小女孩》为例	T老师	W老师	高校专家L教授、Z教授、学校校长、语文教师
2019年10月30日	单元类结构教学研讨:"古诗中的数字"	T老师	T老师	高校专家L教授、Z教授、学校校长、语文教师
2020年1月5日	学科沙龙:"单元类结构之'类'研讨"	T老师	Q老师	全体语文教师
2020年5月28日	单元类结构教学研讨:提问策略单元	T老师	Z老师	全体语文教师
2020年6月15日	单元类结构教学研讨:思维角度组织的阅读单元	T老师	X老师	高校专家L教授、Z教授、学校校长、语文教师
2020年7月2日	单元类结构教学研讨:"童话故事中的阅读表演"	T老师	Q老师	全体语文教师

续表

时间	主题	主持人	执教教师	参与研讨成员
2020年7月14日	学科沙龙:"单元类结构教学建议"	T老师	Q老师	全体语文教师
2020年10月15日	单元类结构教学研讨:"复韵母单元整体教学"	T老师	N老师	全体语文教师
2020年10月21日	单元类结构教学研讨:"与阅读表演结合的单元教学"	D老师	T老师	高校专家L教授、Z教授、学校校长、语文教师

(选自T老师的工作札记)

通过近两年的课型研究,C小学有了不少教研成果:两个工作室都有了较为成熟的案例,呈现了几堂具有研讨价值、有示范性的研讨课。在专家多次悉心指导下,在工作室的引领下,通过课型研究,骨干教师的研究力、学习力、实践力、反思重建力、组织策划能力、指导诊断能力有了很大的进步,骨干教师也明确了自身的问题,并能够找准目标,有针对性地进行深入研究,落实课堂实践与反思重建,形成自己的教学风格,在"成事"中"成人"进一步得以体现。

以下是部分骨干教师主动实践初期与不断历练后对课堂改革的心得体会。

T老师的心得体会:

2018年6月,L教授莅临我校指导,我主动出来上《欢乐的泼水节》。专家针对我的课,提出了两点看法和五点建议。他肯定了我对小组合作、交互评价学习的有效指导,建议继续下放提问权,让学生更充分地感受"期待"与"快乐"饱含的深意,提升各环节的推进感,灵活运用静态板书和捕捉资源后生成的动态板书,学习如何基于词串开展多元化教学,并尝试让学生在后续课程中用演一演的方式深入理解文本。专家的指导让我清晰地意识到：教学目标应该体现语文课的语文味，环节之间的推进感应该更加明显，教师应该灵活机动，充分捕捉学生的反应，充分利用板书动态生成。

2019年5月，L教授再次来到我校指导。有了上次的经验，这次我进行了大胆的尝试，在研讨活动"词串在叙事散文教学中的贯穿运用"中，执教了《昙花》。通过这次研讨活动，我尝到了扎实研讨的"甜头"，专家的肯定让我很惊喜。L教授的评课让我茅塞顿开，仿佛拨开云雾见到了阳光。我们语文组在教研过程中遇到的问题，L教授都一一给了解决的方向，还给了我们很多有关词串教学的建议。我到现在都记忆犹新，例如：词串教学要立足文本，要根据不同文体、不同年段来进行设计，一节课的设计必须要有层次性和梯队性，要从预习开始就渗透词串，还要把朗读渗透在其中。

D老师的心得体会：

2017年11月14日，这是我职业生涯中非常重要的日子，因为这一天彻底唤醒了我学习的自觉意识。那天上午，我执教的《珍珠鸟》有幸得到专家指导。我深刻体悟到：一堂课，唯有让学生亲身经历才会有情感的迸发！我才真正明白设计课堂记录单的意图，才真正明白"生长"的含义。

2019年3月，我非常幸运地再次得到了专家指导。我执教了《爱如茉莉》，L教授欣喜地说，我的课堂已经构建"新常规"了。通过Z老师、L老师的指导，我对课堂教学有了全新的认识，尤其是在以词串为支架设计教学方面，我有了更为清晰的努力方向：目标清晰、载体清晰、方法清晰是一堂好课应具备的基本要素。词串教学不仅要做到这些点，还要做到"五抓"：抓难点，抓关键，抓育人，抓整合，抓力度。自此后，我着力于研究词串教学，尤其是词串教学在不同文体中的应用,以及词串教学如何凸显文体特征。

系列化的理论学习、常态化的日常研讨、深入化的课型研究,让各级各类的研讨不再是散点的呈现,教研方式、内容有了明显的改变。这样的教研让教师不仅有了方向、目标,更有了研究的兴趣和底气。

三、破"固化"之"壳":变行政领导为"双驱"激活

为了规范日常研讨,提升日常研讨质量,学校进一步加强了行政组织的领导。首先,教学副校长组织学科组长、教研组长带领团队从教研组计划的制订着手,详细计划组内教研活动的主题、方式以及教学设计、课堂实施、重建的具体人员等,并首次明晰研讨质量的标准。其次,转变教研方式,不同梯队教师从不同角度参与,做好说课、评课、反思等。最后,变革教研内容,变散点研讨为有方向、有策略的专题研究。随着时间推移,行政领导教研的弊端也显现出来,最明显的就是事事以固定的模式推进,由固定的教师完成,人和事都固化了,教研缺乏活力。

为此,学校探索了"双驱"相互激活式教研。"双驱"即行政组织与非行政组织交互驱动,行政组织主要是学校层面的学科组和年级层面的教研组,非行政组织主要是课型工作室、导师团。"双驱"模式旨在通过非行政组织增强研究活力。学校根据研究的主题和方向,设立工作室,从而进行主题聚焦式的研究,同时便于将研究成型的案例进行转化。工作室的骨干教师在基础课型上均有更深的研究、更好的案例,形成了大量的教学设计、实录、论文等宝贵材料。这些都是值得学校其他教师进一步学习和转化的,例如,识字课型、童话教学课型、词串课型、类结构课型等。工作室将已有的成型的课例下放,各学科以及教研组在教学研究时将已有案例进行研究和转化,而非另起炉灶,导师团成员全程进行指导和修改,与教研组充分互动,不断补充形成更多更好的案例。

我深刻认识到,要让整个组呈现出创造、生成和内在发展的活

力,必须把提升教师教学水平作为重点工作,力求骨干教师能够从学习力、实践力、反思重建力、组织策划、指导诊断等多方面进行反思重建,有针对性地进行深入研究,落实课堂实践与反思重建,形成自己鲜明的教学风格。为了提升教师的理论学习能力和现场学习能力,让教师具备真正的教学指导能力,不再只停留于零散的建议性指导,同时推动二梯队教师及其他教师的发展,学校围绕师生发展需求成立了课型研究工作室,并明确了发展目标。表8呈现了课型研究工作室的研究计划。

表8　工作室课型研究计划表

时间节点	目标	具体成果
2019年4月至2020年2月	初步成型	1. T老师组织推出一套类结构单元整体教学的精品课例：导读课一节,推进课一节,总结课一节。 2. D老师组织推出三节词串精品课：低段一节,中段一节,高段一节。 3. 两个工作室各自打磨出一篇高质量的研究论文。
2020年3月至2021年2月	形成精品	1. 工作室所有教师各出一节精品课例。 2. 工作室所有教师各写一篇高质量的研究论文。 3. 初步形成学校特色学科。
2021年3月至2022年2月	打造品牌	1. 完成工作室发展报告,初步形成学校品牌。 2. 工作室内教师可独立成立工作室,带动更多教师。

与此同时,二三梯队的教师渴望得到骨干教师群的指导和带领。于是,学校进一步成立了导师团,在全校范围内听评课,督促教师对理论学习、现场学习等深刻内化,把学到的理念转化为自身的认识,提升为自我的思想,而不再是跟从状态,让教师都有机会尝试主持科研沙龙、校级教学研讨活动。这种活动中,导师充分体现认同、否定、提升他人观点的能力,同时展现组织别人观点形成碰撞的智慧,这是一种挑战,在带动别人成长的同时,导师自身的能力、个性也得到了发展。表9呈现了导师团人员分工的情况。

表9 导师团人员分工表

教师	角色	指导年级	工作内容	具体标准
D老师	导师团团长	六年级	扎根组内研讨,指导教研组日常研究,促进教师成长为"新基础教育"研究骨干教师。	组内研讨课指导标准: 课前指导教案撰写,确保执教教师的教案规范; 组内研讨课上听评课:从目标的设计到环节的实施、资源的利用等给予细致有效的指导; 课后指导执教教师反思,上重建课,直到重建成型; 依据课堂评价表给出具体的分数。
F老师	导师	二年级		
Y老师	导师	三年级		
W老师	导师	四年级		
X老师	导师	五年级		
Q老师	导师	一年级		
T老师	行政导师	除了主攻年级,还要随机参与全校各年级的研讨		组内常态课听课要求: 随机进班听课,从目标的设计到环节的实施、资源的利用、重建思路等给予细致有效的指导。

(选自T老师的工作札记)

一方面,导师利用工作室研究课型,把自己的研究成果输送到每个年级,深入课堂教学,进行帮扶指导,以自己的成长经验帮助其他教师成长,在成就他人的同时也成就了自己。渐渐地,导师团成为了学校的"本土专家";另一方面,导师团和学科组长、教研组长进行互动,不断深化课型研究。

至此,学校教师队伍的发展形成了"群带群"效应,整体的教研水平得到了较大提升。不仅教师的课更为成型、成熟,学生的学习更为主动,学习质量和学习成绩均在不断提升和突破,同年级班级间的成绩差距也在缩小。行政组织保证了教研的日常组织推进,非行政组织推进了研究的深化和成型,它们共同驱动着学校教研的深入和创新,教研组焕发出了勃勃生机。

四、破"轨制"之"壳":变"管人"为"成人"

从学校管理来看,学校语文教研组的建设初见成效,教师全员加入了,主动自觉了,骨干教师的数量增多了,质量提高了,课型成果形成了,教研氛围浓厚了……但也存在新的问题:教研制度种类多、数量大、层次不清,让人眼花缭乱;规定死,缺少整合,不断做加法,变得十分僵硬,令教师反感,既不利于教研活力的持续激发,也无法促进教师的持续发展。为此,T老师带领教研组先梳理了教研制度。

1. 211加1制度

每人每学期完成两节自检课,一节组内研讨课,一篇教学小论文,班主任加上一节班队活动研讨。

2. 教研组长责任制

动态进行组内成员现状、潜势分析,组织成员制订出本组教研计划,学期末完成教研工作总结。

组织组内成员进行每单元的质量分析,达到教学目标。

组织组内研讨课及活动。研讨课及活动要有充分的准备,主题明确,计划周密,有中心发言人,有记录人,形成纪要发校长。

积极为学校输送骨干。

每周听组内常态课不少于两节,进行具体指导。

完成本学科教学成果的征集和评优。

对年级内本学科教学存在突出贡献或突出问题的教师,向学校领导提出表彰或调整建议。

3. 教研组组内研究日制度

每个教研组每月选出一天,上午进行组内研讨课执教,下午进行评课、重建。

4. 教研组听评课制度

全员参与听课,组内主评,其他组轮流评课;做好"前移后续"——课前有初建研讨课，课后由组内其他教师重建。

5. 梯队互动制度

专家课主要由骨干教师承担，互相评课。

校级课由二梯队教师承担，三梯队教师评课，骨干教师对二梯队教师的评课进行点评。

组内课由骨干教师和二梯队教师承担，骨干教师和二梯队教师评课。

6. 工作室带动制度

工作室每个成员深入年级组，协助教研组长进行课型研究。

7. 梳理成果制度

每个教研组每学期最少有两篇成熟的教学小论文或者教学案例。

……

学校的教研制度是不断做加法的。起初，"211加1制度"要求每位教师每学期有两节自检课、一节组内研究课和一篇教学小论文，班主任加上一节班队活动研讨，最大程度地保障全体教师参与教研，增强研究意识，提升研究能力，提炼研究成果。然而，在教研水平不断提升的过程中，更注重备课、磨课、上课这三个环节的"211加1制度"显现出了其短板——轻视了研讨"后续"。所谓的"前移后续"，是以节点研究（如组内研讨、专家研讨）为中间点，做好备课、磨课的"前移"准备，还要做好上课之后的"后续"——反思与重建。在工作室引领和"211加1制度"运行的一年多时间里，无论是组内研讨课还是专家研讨课，都存在课堂教学中以及教学设计上反复出现类似问题的情况。其原因在于缺乏理论层面的沟通，以及教师缺乏问题反思能力和重建能力。因此，我们意识到，要更好地转化理论，仅仅加强实践的力度是不够的，还需要实践与理论深层次的互动。重建课便是最好的桥梁，由此，学校重建了教研制度框架，将其分为三部分。

首先，在"211加1制度"的基础上，"212研讨制度"应运而生，凸显了重建课的地位，大大提升了教师的反思重建能力。教师要在日常教学教研中完整地、扎实地经历备课、磨课、上课、反思重建的过程。

其次,优化教师成长路径,形成动态梯队制度,旨在促进人的发展而非把人"管死"。以"212研讨制度"为载体,三梯队教师通过主动参与研讨和向有经验的教师学习,快速熟悉教育教学的理念和实践;二梯队教师在骨干教师的帮助下,通过承担校级研讨课来提升教学设计与实践能力、反思重建的能力,为课型研究提供案例;准骨干教师通过主动承担专家级研讨课提升课堂教学能力与研究能力,争取发展成为骨干教师;骨干教师加强指导能力、诊断能力、课型研究能力的提升,承担专家课,打造精品课。为了鼓励教师主动发展,学校制订了骨干奖励机制,更有效地促进语文学科的发展。

最后,形成动态评价制度——每个月及期末分别就教师的教学设计、教学过程推进、反思及重建等方面进行评价,达到所对应的层次即可调整梯队,评优评先相应浮动。

通过一系列制度的重构,教研变得更有序、有效,质量更高;教师变得更有发展方向和发展动力,实现了"人"与"事"的共同发展。

五、破"封闭"之"壳":变个人独行为团队共进

整个教研组不断破"壳"的过程就是不断往前走的过程。整体来看,教研组大部分教师的课堂能稳定地开放,资源意识更强了,课堂更活了,教师有了自我成长的意识和自我追求的目标,骨干教师的辐射作用越发明显。同时,骨干教师在帮助其他教师的同时,自身的指导能力,读懂课堂的能力也有了明显提升。教研组成员有了归属感和荣誉感,主动并高效地参与各项教研活动。但是,也有部分教师封闭自己的内心,对教研组的发展不够关心,发展愿景、目标追求等多停留于个人层面。俗话说"独行快,众行远",为了让教师进一步理清个人与团队的关系,我们以小教研组为单位,开展全员普查,但不以个人成绩为评价,而以团队形式给予评价,同时,几乎每一次每一类的考核评价都以团队为单位。这样,教研组全体成员都不再封闭自己,而是把自己的成长放在教研组中来思考,教研组全体成员形成了共同的发展愿景与目标追求,密切合作,浓郁的教研文化先在小教研组中形成,不因为任何一个成员的

离开而影响全体,有内在持续力。

  我与导师团教师分别进行了沟通,他们都提到,他们在听课指导的过程中发现,教师的课堂教学设计及实施都有了进步,但是依赖性也很强,脱离了导师的指导,似乎就无所适从。学校是两级管理,年级组长的作用不可忽视,如果因为导师的介入而弱化了教研组的研讨氛围,那是不利于教研文化形成的。因此,学校制订了普查表,由年级组长、教研组长、责任人和导师团共同普查,但大家的角色不同。年级组长、教研组长着力带动组内教师形成统一的愿景,导师团、责任人帮助教研组提升、凝练,进一步形成富有活力的教研文化。表10呈现了普查课的评价标准。

表10　普查课评价标准

教学设计方面									
教学设计结构完整性	学生学习困难分析	学科育人价值分析	教学目标清晰度	常规性积累活动	大问题设计	核心过程推进	拓展延伸	板书设计	教学反思
课堂实施与反思方面									
目标达成度	大问题的有效性及关联程度	教学活动与大问题的对应程度	资源呈现与利用	师生互动节奏	生生互动节奏	动态板书	反思重建		

(选自 T 老师的工作札记)

  随着每个小教研组教研文化的不断形成,这种教研文化悄然渗透进了整个语文教研组的日常研讨中。目前,C小学语文教研组已经有了清晰的共同目标:做开放、主动、自觉、学习、实践、重建型教师,从而形成开放、主动、自觉、学习、实践、重建、协作、共生、共长型团队。这种文化形成了,不会因为任意一个教师的变动而影响全体,更是推动整个组不断向前的力量。

六、结　语

自 2014 年 9 月 C 小学成立以来,语文教研组克服了重重困难,无论是教研方式还是教师都实现了翻天覆地的变化。语文教研组曾经是"上传下达"的工具,而现在是具有自主研究能力的团队。这一切转变离不开 Z 老师的指导,离不开常态化的日常实践。当然,目前 C 小学的教研工作仍然存在很多问题,随着不断的发展,必然还会有新的问题,但经过这些年的建设,C 小学教研组已经成长为具有内生力的研究团队,也形成了"学习、实践、重建、协作、共生、共长"的教研文化,C 小学定能不断地朝着新的发展空间攀登。

图书在版编目（CIP）数据

"生命·实践"教育学研究.第五辑，新时期教研质量提升与新骨干教师培养/华东师范大学"生命·实践"教育学研究院编.—上海：上海教育出版社，2022.9
ISBN 978-7-5720-1600-4

Ⅰ.①生… Ⅱ.①华… Ⅲ.①生命哲学–教学研究–高等学校 Ⅳ.①B083

中国版本图书馆CIP数据核字(2022)第142288号

策划编辑　董　洪
责任编辑　钦一敏
封面设计　赖玟伊
封面照片　广东省佛山市南海区狮山镇小塘中心小学　辛小文

"生命·实践"教育学研究（第五辑）
——新时期教研质量提升与新骨干教师培养
华东师范大学"生命·实践"教育学研究院　编

出版发行　上海教育出版社有限公司
官　　网　www.seph.com.cn
地　　址　上海市闵行区号景路159弄C座
邮　　编　201101
印　　刷　启东市人民印刷有限公司
开　　本　700×1000　1/16　印张 17.25
字　　数　256 千字
版　　次　2022年9月第1版
印　　次　2022年10月第1次印刷
书　　号　ISBN 978-7-5720-1600-4/G·1485
定　　价　58.00 元

如发现质量问题，读者可向本社调换　电话：021-64373213